龍·穴·砂·水·向을 중심으로 논한

풍수지리학개론

백남대·이강대

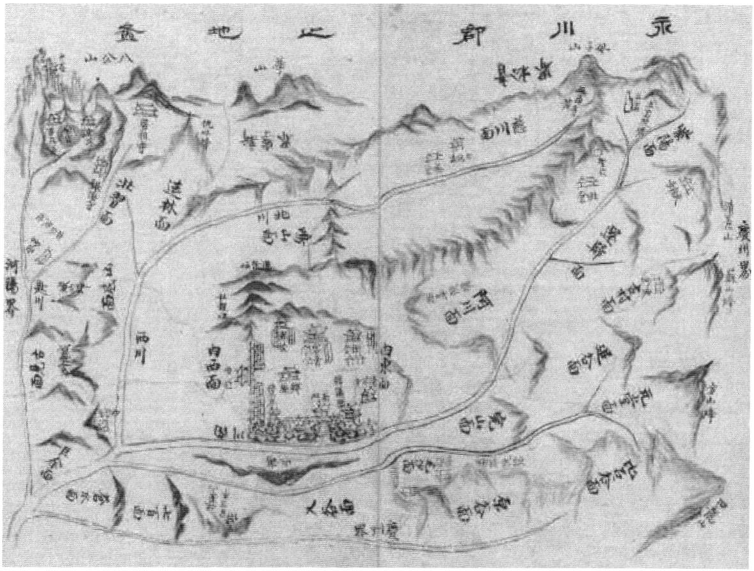

『영남읍지도(嶺南邑誌圖)』: 영천

자연의 조건과 환경이

인간생활에 영향을 주어 그 삶의

길흉에 관여하는 것은 자명한 사실이다.

【著者 紹介】

李康大

〈학력〉
영남대학교 사범대학 한문교육과 학부과정 졸업
대만문화대학교 대학원 철학과 석사과정 졸업
대만국립사범대학교 교육학과 박사과정 수학
파리7대학교 대학원 동양학과 박사과정 졸업(중국학박사)

〈경력〉
대구한의대 대학원 동양사상학과 학과장 및 중국학과 교수
(주)NIP 교원기업 대표이사
동서풍수역리학회 회장

〈저서〉
『주자철학의 인간학적 이해』
『유가철학의 이해』
『중국어 표현다루기』 등

〈논문〉
「택리지의 가거지에 관한 소고」
「강유위의 대동사상」
「왕충의 기론과 성론」
「정림학의 근대적 성격 연구」
「동양에 있어서의 자연주의와 과학기술주의」
「중국에서 근대적 개인의 존재방식에 관한 연구」 등

【著者 紹介】

明坡 白南大

〈학력〉

경북대학교 전자공학과(공학사)

영남대학교 환경보건대학원(풍수지리학석사)

영남대학교 일반대학원 한국학과(한국학박사)

〈경력〉

대구한의대 학부 동양문화학과 및 대학원 동양사상학과 초빙교수

한국공인중개사협회 대구지부 풍수지리 강사

삼성전자 Software 연구개발 담당과장(전)

서라벌대학 장례지도과/풍수명리과 겸임교수(전)

〈저서〉

『地理輯要』(오성미디어, 2007)

『풍수지리 좌향론』(북랜드, 2009)

『상·장례의 역사와 문화』(들샘, 2012)

『제·의례학』(자미원, 2013)

〈논문〉

「永川의 山水와 地理」, 『骨伐』 16 (永川鄕土史硏究會, 2014)

「좌향론의 이해와 문헌적 연구」, 『디지털 문화콘텐츠』 19권 (대구한의대학교 디지털 문화콘텐츠 개발연구소, 2013)

「古地圖로 본 永川의 風水」, 『骨伐』 17 (永川鄕土史硏究會, 2015)

「傳統 喪禮의 初終 節次에 나타난 死生觀」, 『디지털 문화콘텐츠』 20권 (대구한의대학교 디지털 문화콘텐츠 개발연구소, 2014)

책머리에

세상에는 한평생 고생하면서 생을 마감하는 사람들이 있는가 하면 또 태어날 때부터 부귀공명을 누리거나 초년에는 고생을 하다가도 중년부터 부(富)와 귀(貴)의 소원을 성취하여 노년까지 떵떵거리며 살다 가는 사람들이 있는데, 그 중에 본인이 열심히 노력하여 부귀를 이룩하는 경우도 있고, 부모로부터 상속을 받아 부와 귀를 얻는 경우도 있으나, 대(代)를 넘어 지속되는 대부대귀(大富大貴)는 대체로 땅과의 좋은 인연을 맺은 경우가 많다. 달리 말해, 조상의 산소를 명당(明堂)에 모셨거나 명당에 주택을 지어 삶을 영위함으로써 좋은 삶을 유지하는 경우가 발생될 수 있다는 것이다. 이는 농경사회에서부터 출발한 풍수지리사상이 지식정보사회를 살고 있는 현대인들에게도 여전히 유효할 수 있음을 시사하고 있다.

풍수지리 이론은 크게 형법파(形法派)와 리기파(理氣派)로 나누어 볼 수 있는데, 이 책에서 다루고자 하는 『지리오결(地理五訣)』은 리기파의 대표적인 이론으로서 한국 풍수사상의 근간을 이루는 역할을 하여 왔다. 리기파의 입장은, 산의 형상(形象)만을 보아서 길흉을 논한다는 것은 사람의 얼굴만 보는 것과 같다. 중요한 것은 얼굴이 아니라 마음인 것처럼 산의 중요함도 산의 형상에 있다기 보다 용혈사수향(龍穴砂水向)의 리기법(理氣法)에 있다는 것이다. 청말(淸末) 조정동(趙廷棟)선생이 용혈사수(龍穴砂水)의 사과(四科)에 88향법을 더하여 풍수지리이론을 구성하는 '다섯 가지 요소'[五訣]로 보았다. 이러한 조정동(趙廷棟)선생의 견해에 대해 이해해 보고자 하는 의도에서 이 책이 쓰여 지게 되었다. 다만 그가 말하는 향법 부분에 대해 조금 다른 입장, 즉 좌향(坐向)이 시운(時運)과 형국(形局)에 맞아야 왕성한 발음(發蔭)을 기대할 수 있다는 현공좌향법(玄空坐向法)의 입장을 취하고 있기 때문에 서명(書名)을 『풍수지리학 개론』으로 하게 되었다.

끝으로 이 보잘 것 없는 책이 풍수지리학 분야에 관심을 가지고자 하는 초학자 분들에게 좋은 길잡이가 되었으면 하는 바람이다. 다만 대구한의대학교 학부 동양문화학과 신학기 교재로 사용하기 위해, 보아 미흡한 점을 서둘러 마감하였다. 이 점 여러분의 양해를 바라는 바이다.

2015년 입춘(立春)

저자 씀

목 차

Ⅰ. 기초이론 1

1. 풍수지리(風水地理) 개념

일반적으로 말해 풍수지리(風水地理)에 대한 정의(定義)를, 눈에 보이지 않는 기(氣)의 움직임을 가시적인 지상의 현상[바람과 물 등]에 의해 판단하고, 인간 생활에 기(氣)가 가져오는 길복(吉福)이 미치도록 생활[조형]공간을 정리하는 것[1]으로 내릴 수 있는데, 장명징(張明澄)은 『주역(周易)』의 '수풍정괘(水風井卦)'를 풍수(風水)의 어원이라고 하는 주장을 하고 있다.[2] 정괘(井卦)는 '水'가 위에 있고 '風'이 아래에 있는 괘(卦)이다. 그런데 주역의 괘는 아래에서 위로 효(爻)를 읽기 때문에, 그 순서로 말하면 사실은, '風'이 내괘(內卦)로서 먼저 있고, '水'가 외괘(外卦)로서 나중에 있는 것이 정괘(井卦)가 된다. 따라서 정괘(井卦)를 순서대로 읽으면 '風水'가 되고, 이렇게 볼 때 장명징(張明澄)의 주장에도 일리가 있다고 하지 않을 수가 없다.

그러나 지금까지는 곽박(郭璞)의 풍수에 대한 정의에서 그 어원을 찾는 것이 일반적이었다. 곽박은 『금낭경(錦囊經)』에서, "기(氣)는 바람을 타면 흩어지고, 물을 만나면 〈그것을 경계로 하여서〉 멈춘다. 옛 사람들은 바람을 모아서 〈氣를〉 흩어지지 않게 하고, 물을 흐르게 하여 〈氣를〉 멈춤이 있게 했다. 그러므로 이것을 풍수(風水)라고 한다"[3]고 하고 있다. 이러한 풍수를 곽박은 '장풍득수(藏風得水)'로 표현하고 있다.[4] 따라서 풍수(風水)란 장풍득수(藏風得水)의 준말이 되기도 하는 것이다.

풍수지리(風水地理)에서 명당(明堂)이라고 하면, 바로 이 장풍득수(藏風得水)가 그 기준이 된다. 장풍득수를 구체적으로 설명하자면, 주산(主山: 혈 후방에 높이 솟아 있는 산), 안산(案山: 혈 전방에 있는 나지막한 산), 좌청룡(左靑龍: 주산에서 안산을 향해 왼쪽으로 내려온 산줄기), 우백호(右白虎: 오른 쪽으로 내려온 산줄기) 등의 여러 산(砂: 혈 주위의 형세 즉 산이나 언덕)들로 둘러싸여 있는 것이 장풍(藏風)이고, 물이 혈(穴) 주변을 감돌아 흘러서 산맥이 더 이상 나아가지 못

---

1) 와타나베 요시오(이화 옮김), 『동아시아 풍수사상』, 이학사, 2010, 8쪽 참조.

2) 張明澄口述 · 掛川掌瑛編著 『周易の真実』 1998年. 2008年에 ファイブ · アーツ社로부터 改訂版을 出版.

3) 『錦囊經』, 「氣感」 : 氣乘風則散, 界水則止. 古人聚之使不散, 行之使有止, 故謂之風水.

4) 『錦囊經』, 「氣感」 : 風水之法, 得水爲上, 藏風次之.

하는[山盡處] 것이 득수(得水)이다. 장풍(藏風)은 천기(天氣)가 바람을 타고 밖으로 새어나가지 못하게 하는 역할을 하고, 득수(得水)는 지기(地氣)가 뭉쳐있도록 하는 역할을 한다. 이러한 장풍(藏風)과 득수(得水)의 조건을 갖춘 넓고 평평한 땅[穴場]은, 기가 모이고[氣聚] 기가 융화될[氣融] 뿐만 아니라, 천기(天氣)와 지기(地氣)가 조화되어 생기(生氣)[5]가 나오는 땅이 된다. 이러한 곳이 바로 명당(明堂)인 것이다.

산맥을 따라 흐르는 지기(地氣)가 뭉쳐진 혈처(穴處)에는 묘지[陰宅]를 쓰고 그 아래 안산(案山)과의 사이에 펼쳐진 평평한 땅 즉 명당(明堂)에는 주택[陽宅]을 지어서 살면 당사자들이나 그 후손들이 부귀(富貴)·왕정(旺丁)·고수(高壽)해진다는 입장에서 풍수지리사상이 나왔다. 바꿔 말해, "풍수는 가상(家相)과 묘상(墓相)을 통합한 사상체계이고, 또한 환경 평가로서의 지상(地相), 도시계획으로서의 '입지론', 산수화의 '미학', 일본 정원의 '조경법', 게다가 집안의 가구배치나 사람의 잠자는 법까지도 설명할 수 있는 동태적 이론이다"[6]라고 언표할 수 있는 것이다.

2. 풍수[자연]지리와 인문[서양]지리의 터전

주지하듯이, 전통중국의 사상에 있어 '하늘'이라는 일반적인 뜻을 갖는 '천(天)'은 의지를 지닌 인격적 주재자(主宰者)로부터 우주간의 원리, 즉 더 이상 상위개념이 없는 형이상학적 천(天)으로 변화되어 왔다. 또 이러한 천(天)으로부터 '발생'[生]의 개념을 낳게 됨으로써 우주를 끊임없이 스스로 재생시키는 영속적인 존재로 형용하여 유기체론적 자연관을 이끌어 내었다. 따라서 중국인에 있어서 궁극적 이상은 하나의 유기화된 우주와 일체감을 추구하는 것이었고, 중국철학은 천인합일(天人合一) 혹은 천인합덕(天人合德)을 지향하는 유기체적 전체론을 시종의

---

5) 최창조 선생은 생기(生氣)에 대해 "풍수(風水)에서는 하늘[天]과 땅[地] 사이에 있는 음양오행(陰陽五行)의 기(氣)를 일원적(一元的), 혼일적(混一的)인 혼융무간(混融無間)한 일기(一氣)로 보아 천기(天氣)가 하강한 것은 지기(地氣), 지기(地氣가 상승한 것은 천기(天氣)로 보고, 음양(陰陽)의 기(氣)가 지중(地中)에 있을 때를 생기(生氣) 혹은 내기(內氣)라 하여 인간을 비롯한 만물이 이 생기(生氣)의 발로를 받아 생장하고 번창할 수 있다고 본다"고 설명하고 있다.(최창조, 『한국의 풍수사상』, 민음사, 1998, 310쪽.)

6) "대부분의 풍수 문화권에서 양택풍수라 부르는 것을 일본에서는 가상(家相)이라고 한다. 양택풍수는 풍수이론에 따라 산 자의 공간인 주택, 마을, 도시 등을 판단하는 것이다."(와타나베 요시오[이화 옮김], 『동아시아 풍수사상』, 이학사, 2010, 7쪽.)

목표로 여기게 되었다. 이러한 유기체적 자연관이 중국적 사유의 대전제였기 때문에, 인간과 자연은 직접적으로 연속(連續)관계에 있게 되고 인간과 자연의 관계는 상호간에 대립 경쟁이 아닌 긴밀한 상보적 의존성을 갖는다.

그렇지만 서양의 경우는, 신(神)은 창조주(創造主)이고, 피조물(被造物)인 인간이 일체가 되기를 추구할 수 없는 존재이다. 이러한 근본존재와 인간과의 관계로부터, 인간의 지성(知性)은 자연과 대치(對峙)하고, 결국은 자연을 자신의 뜻대로 지배하고자 했다.

이상의 동양과 서양에 있어서의 인간과 자연의 관계는, 근본적으로는 동양과 서양의 생활양식에 뿌리를 두고 있는 것이라고 하겠다. 동양은 농경문화를 바탕으로 하고 있고, 따라서 자연을 살아 숨 쉬는 생명체로 인식하였으나, 서양에서는 목축업을 영위하여 자연을 정복의 대상으로 보았다고 할 수 있다.

이러한 토양 위에서 동양의 풍수[자연]지리가 발생하였으며 서양에서는 인문[서양]지리가 생성되었다.

3. 중국의 풍수지리 부활

공산주의 중국에서 풍수사상이 급속히 되살아나고 있다. 상해(上海) 등지에서는 풍수상담을 기업화한 풍수사업이 자리를 잡아가고 있다. 모택동(毛澤東) 시대의 문화대혁명(1966-1976) 때에는 풍수가 미신으로 비난받았으나 대만과 홍콩자본이 들어오면서 연안지역을 중심으로 풍수사상이 확산되기 시작하여 최근엔 정부와 국유은행 등 공공건물의 구조와 위치를 결정하고 정원·도로·분수 등을 낼 때 풍수원리가 적용되고 있다. 1988년 〈인민일보〉에서 풍수지리를 '신흥환경지리학'으로 복권(復權)된 이후 풍수서적이 쏟아져 나오기 시작하였다. 그 결과, 상해 시정부(市政府)와 상해 박물관이 들어서 있는 상해 인민광장이 90년대 중반 건설될 당시 풍수원칙을 따라 도로의 위치와 주변건물 높이 등이 정해졌고, 심지어 개인들이 아파트나 상가를 사거나 임대할 때 풍수를 보고, 침실배치까지 풍수원리에 따르고 있다. 이에, 『중국국가지리(中國國家地理)』 2006년 1월호에는 풍수특집호를 발간하면서 드디어 정부차원에서도 풍수지리 복권(復權)을 선언하기에 이르렀다.

4. 풍수지리 공부와 검증

1) 풍수지리 호기심

풍수지리는 농경사회의 산물이다. 땅에다 씨앗을 뿌리고 과실 수확을 하다보면 대지(大地)는 모든 것을 생산·보육하는 어머니란 사실을 느끼게 될 것이다. 유심(有心: 분별하는 마음)으로 보면 자연은 단지 산이나 강에 지나지 않지만, 무심(無心: 분별하지 않는 마음)으로 보면 초목이 무성한 산이나 강 그대로가 살아있는 생명체이며 금방이라도 신(神)[7]의 모습으로 변한다.

대지는 농작물만 길러내는 것이 아니고, 마음이 넓고 큰 사람을 길러내기도 하고, 마음이 좁고 성급한 사람을 길러내기도 한다. 또한 대지는 부자나 존귀한 사람, 가난하고 천박한 사람을 길러내기도 한다는 입장을 취한 옛 사람들은, '인걸(人傑)은 지령(地靈)이다'[8]고 말하였는데, 이는 걸출한 인물은 땅의 기운이 조화를 이룬 터에서 태어난다는 뜻을 나타낸 것이다.

『삼국유사(三國遺事)』에, 신라 제4대 탈해왕(脫解王, 재위 57-80)은 반월성에 좋은 집터를 차지하여 왕이 되었다는 이야기가 전해오고, 경주시 송화산(松花山) 중턱에 자리잡은 김유신(金庾信, 595-673) 장군의 묘는 음택 명당이라고 전해오고 있다. 그런데 이러한 풍수사상은 동양에만 있었던 것이 아니고 〈따지고 보면〉 서양에도 있었다. 미국의 대표적 소설가인 너새니엘 호손(Nathaniel Hawthorne, 1806-1864)의 『큰 바위 얼굴(The Great Stone Face)』에서, 뉴햄프셔 주에 있는 커다란 바위 얼굴의 안산을 보면서 좋은 와혈(窩穴)터에 살다보니 가난한 농부의 아들 어네스트(Ernest)가 인자하고 덕 있는 장로[偉人]가 되었다는 이야기와, 영국의 소설가 에밀리 브론테(Emily Bronte, 1818-1848)의 바람 몰아치는 흉지인

---

7) '신(神)'자는 '시(示)'자와 '신(申)'자가 합쳐진 글자이다. 본래 '시(示)'자는 신주(神主)를 나타내는 것으로서 하늘의 계시를 뜻하고, '신(申)'자는 갑골문에서는 번개가 퍼져 가는 모양을 나타낸다. 이렇게 보면 '신(神)'자는 하늘의 계시가 퍼져 가는 것을 나타낸다. 다시 말하면 하늘의 계시를 펼쳐 주는 것이 신(神)이라는 것이다.

8) 중국 동진(東晉)시대 곽박(郭璞)이 지은 것으로 알려진 『산해경(山海經)』에서부터 이러한 입장을 찾아 볼 수 있으며, 당(唐)나라 때 인물인 복응천(卜應天)이 지은 『설심부(雪心賦)』에도 "땅의 정령(精靈)이 곧 준걸한 인물인 것이니, 기(氣)가 변화하여 모양을 만든다"[地靈人傑, 氣化形生]이라는 기록이 있으며, 실학자로 알려져 있는 담헌(湛軒) 홍대용(洪大容, 1731-1783) 역시 "산천이 영기(靈氣)를 모음에 선량한 사람을 탄생시킨다"라고 말하고 있다.

『폭풍의 언덕(Wuthering Heights)』에서, 황야에 펼쳐지는 격정과 분노를 다루게 된다는 이야기 등이 그것이다.

그리고 근대에 제임스 러브록(James Lovelock, 1919년생)이 제창한 가이아(Gaia)이론도 동양의 지모(地母)사상과 개념을 같이하고 있다. 그리스 신화에 나오는 대지의 여신 이름을 따 지구전체를 '가이아'라고 명명했다. 지구전체가 그대로 '하나의 상호 연관의 체계이며 하나의 생명체[一體同根]'라는 것이다. 『장자(莊子)』의 「제물론(齊物論)」에서 이른바 "천지(天地)는 나와 함께 같은 근원에서 태어났고, 만물은 나와 함께 하나이다"[天地與我並生, 萬物與我爲一] 고 한 것과 같은 개념이다.

농작물과 같은 식물뿐만 아니라 동물이나 사람까지도 땅이 정말 길러낼 수 있을까? 하는 생각에 미치게 되면 참으로 흥미로운 일이 아닐 수 없을 것이다. 과연 풍수지리라는 땅의 이치가 있는 것일까? 양택은 그렇다고 치더라도 음택도 정말 영향을 미칠까? 부모·조상의 산소를 특정 지역에 모신다고 그 후손들이 정말로 커다란 영향을 받게 될 것인가? 풍수지리에 대한 이러한 호기심(好奇心)은 풍수에 깊은 관심을 가지고 계속 공부하게 만드는 계기가 될 수도 있다.

그러나 풍수지리 공부의 시작은 호기심으로부터 출발하였다고 해도, 깊이 공부하면서 소원성취를 실현하는 수단으로써 풍수지리 공부에 몰두하는 사람으로 전락하기도 한다. 물론 애초부터 소원을 실현하는 방편으로 풍수지리를 공부하는 사람도 있다. 옛날 우리들 선조들은 대부분 농경지가 부족하여 농사를 넉넉하게 짓지 못했다. 그로 인해 자신의 꿈을 펼칠만한 여유를 가질 수가 없었다. 이때 자신의 입신양명(立身揚名)을 실현시키기 위한 방편으로 풍수지리를 공부하기도 하였다. "설사 내가 지금은 이 모양, 이 꼴로 살고 있을망정 내 자식이나 손자들은 재상(宰相)까지도 될 수 있을 것이다"는 욕망을 명당을 통해 실현하고자 하였던 것이다. 이러한 사실은 '사자생손지지(死子生孫之地)'라는 풍수설화 속에서도 잘 나타난다. '죽은 아들을 그곳에 묻으면 아들의 영(靈)이 며느리를 맞이하여 손자를 얻게 된다'는 이야기이다. 이 뿐만 아니라 국가의 명운(命運)까지도 땅에 의하여 바뀔 수 있다는 '풍수도참사상(風水圖讖思想)'까지 출현하였다. 하여간 풍수를 통하여 우리 선조들은 인간의 모든 소원을 성취시킬 수가 있다고 보았다.

2) 풍수지리 공부방법

풍수지리의 이론은 크게 형상론(形象論)과 리기론(理氣論)으로 구분할 수 있다. 형상론[江西法, The Form School]은 만두형세론(巒頭形勢論)이라고도 하는데, 당(唐)의 국사 양균송(楊筠松, 字는 叔茂, 834-900)이 그 조종(祖宗)이다. 형상론(形象論)은 눈에 보이는 산과 물의 흐름과 뭉침을 보고 생기(生氣)를 찾는 방법을 말한다. 한편, 리기론[方位法, 福建法, The Compass School]은 천성리기론(天星理氣論)이라고도 하는데, 북송(北宋, 960-1127)시대 왕급(王伋)에 의해 널리 전파된 이론으로, 나침반(羅針盤, 羅經, 佩鐵)을 도구로 사용하여 보이지 않는 기(氣)의 흐름과 뭉침을 이론으로 검증하는 방법을 말한다.

리기론자(理氣論者)들의 주장에 의하면, 형(形)이 없는 리(理)가 없고 세(勢)를 떠난 기(氣)도 없기 때문에, 형상(形象)과 리기(理氣)는 서로 표리(表裏)의 관계를 맺고 있다. 따라서 명당(明堂)·진혈(眞穴)이란 형상과 리기 어느 쪽으로 보아도 다 좋은 곳일 수밖에 없다. 그러므로 형상론(形象論)과 리기론(理氣論)이란 그 보는 방법의 차이에 불과한 것이다. 비유하자면, 사람의 성품(性稟)이나 운세(運勢)를 판단할 때, 혈통이나 인격 또는 태어난 년(年)·월(月)·일(日)·시(時) 즉 사주(四柱)를 보고 판단하는 방법이 리기론에 해당하며, 용모나 복장 또는 이목구비(耳目口鼻) 등의 관상(觀相)을 보고 판단하는 방법이 형상론에 해당한다고 말할 수 있다.

과거 중국이나 조선의 정통풍수가들은 형상과 리기를 적절히 활용하였다. 성리학(性理學)을 집대성한 주희(朱熹, 1130-1200)가 형세론을 주장하고 리기론을 부정하였음에도 불구하고 조선초기부터 임진왜란 이전까지의 조선의 리기론 풍수는 호순신(胡舜申)의 『지리신법(地理新法)』만이 유일하게 공인된 국가의 풍수 이론이었다.[9] 따라서 오늘날 풍수가들 사이에서도 좌향(坐向)을 정할 때에는, 리기론 특히 현공풍수지리(玄空風水地理)와 음양오행 이론에 따라야 확실한 발복을 받을 수 있다는 주장은 여전히 유효하고 있다.

---

9) 김두규, 『조선 풍수 학인의 생애와 논쟁』, 궁리출판사, 2000, 17쪽 참조.

3) 풍수지리 공부의 어려움

한마디로 말해, 풍수지리 공부는 쉽지 않다. 왜냐하면 풍수지리 이론에 쓰이는 용어가 현대인들의 일상생활에 자주 쓰이지 않는 한자(漢字)로 되어 있어 그 개념과 내용에 관해 정확하게 이해하기는 참으로 어렵기 때문이다. 예컨대, 풍수지리학에서는 '산맥의 흐름[산줄기]'을 '용(龍)'이라 하고, '동·서·남·북(東·西·南·北)'을 '자·오·묘·유(子·午·卯·酉' 또는 '감·리·진·태(坎·離·震·兌)'라고 말한다. 그리고 또 『주역(周易)』의 용어와 이치까지도 알아야 비로소 풍수지리 원리를 이해할 수 있다는 점 등을 들 수 있다.

이 뿐만 아니라, 일반적인 공부와는 달리 풍수지리 공부는 이론공부조차도 반드시 현장(現場)에 대한 이해가 전제되어야 가능하다. 답산실습(踏山實習)을 부지런히 해야 이론을 현장에 적용하고 응용할 수가 있다. 이처럼 풍수지리학에 있어 이론은 현장공부를 하기 위한 하나의 징검다리에 불과한 것일 뿐이다. 사람의 얼굴과 행동거지를 보고 그의 운명, 성격, 수명 따위를 판단하는 방법을 연구하는 학문을 흔히 관상학(觀相學)이라 하듯이, 풍수지리 현장공부 즉 땅의 관상(地相)을 보는 것을 상지술(相地術)이라고 한다. 그런데 땅 모양은 사람의 모양보다 훨씬 더 다양하다. 따라서 풍수지리 현장공부[相地]는 관상보다도 훨씬 더 어렵다고 할 수 있으며 시간과 비용도 참으로 많이 든다. 시간과 비용 문제보다도 훌륭한 스승을 만나기가 어렵다는 것을 더 큰 문제로 들 수 있을 것이다. 풍수지리 공부의 어려운 점에 대해, 송(宋)대 장자미(張子微) 『옥수진경(玉髓眞經)』, 명(明)대 서선계(徐善繼)·서선술(徐善述) 형제의 『인자수지(人子須知)』에서 "학술(學術) 십년에도 용맥(龍脈)을 다 익히지 못하고, 행지(行地) 십년에도 요결(曜訣)을 다 알지 못하며, 천분(遷墳) 십년에도 정혈법(定穴法)을 이치를 다 알지 못하니, 삼십년의 경험과 지혜를 쌓은 이후에야 다시 스승을 찾아 십년을 더 종학(從學)해야 지술(智術)을 다 배울 수 있다"[學術十年不識龍脈, 行地十年不識曜訣, 遷墳十年不定穴法, 三十年之智而後得師, 更十年從學而後盡術]라고 말하면서 백운선생(白雲先生) 장약(張約)의 견해를 밝히고 있다.

이와 같이 풍수지리 공부가 어렵다보니 군맹무상(群盲撫象), 즉 장님 여럿이 코끼리를 만져보는데 배를 만진 장님은 코끼리는 바람벽 같다 하였고, 다리를 만진 장님은 코끼리는 기둥 같다고들 하였듯이, 각자의 공부 깊이와 안목 수준에 따라서 풍수지리를 이해하게 된다. 이렇듯 자기의 좁은 소견과 주관이 개입할 여지가 많음으로 인해, 풍수지리의 판단에 있어 그릇 판단하는 경우가 많을 뿐만 아니라 풍수가들마다 제각기 다른 개인적 의견이 쏟아내게 되는 것이다.

4) 풍수지리 검증의 어려움

풍수에서는 양택뿐만 아니라 음택의 파장으로 인하여, 그 후손들의 질병과 인생의 성패(成敗)여부에 커다란 영향을 미치고 있다고 본다. 태어날 때에는 증조부모 산소[또는 조부모 산소, 돌아가셨다면?], 중장년까지는 조부모 산소, 말년에는 부모 산소의 기운의 영향을 제일 많이 받게 된다. 특히 여러 명의 손자들이 함께 성공했다거나 같이 앓고 있는 중병의 상당 부분은 조상 산소의 영향 때문이라고 한다.

그런데 이러한 영향을 직접 눈으로 확인시켜 주기는 참으로 어렵다. 왜냐하면 진동과 파장 이론에 의한 동기[親子]감응은 시각적으로 보이지 않기 때문이다. 그리고 명당 혹은 흉지(凶地)의 발복(發福)이나 발흉(發凶)을 확인하기 위해서는 너무나 긴 세월을 필요로 하기 때문이다. 이 뿐만 아니라, 근본적으로 자연과학현상을 객관적으로 정확하게 측정하는 일은 불가능하기 때문이다.

베르너 하이젠베르크(Werner Heisenberg, 1901-1976)의 '불확정성원리(uncertainty principle)'에 따르면, 한 물체의 입자 위치를 보다 정확하게 측정하려고 시도할수록 그 속도는 덜 정확하게 측정되며 그 역도 성립하게 된다. 이 말은 결국 물체의 정확한 상태를 측정하는 일은 불가능하다는 말이다. 이것은 달리 말하면, 모든 사람들은 자기가 쓴 안경의 색깔을 통하여 물체를 보고 있고, 그렇기 때문에 물체에 대한 해석도 구구각색이 되기 마련이라는 것이 된다는 것이다. 이러한 입장에서 풍수지리학의 주장을 살펴보면, 설혹 발복이나 발흉에 대한 결론이 같다 하더라도, 그 결론에 이르는 풍수지리의 이론도 가지각색이고, 또한 풍수가들의 공부 수준도 천차만별이기 때문에, 어느 이론을 어느 때에 어떻게 사용하여 발복이나 발흉을 확인했는지를 정확하게 밝히기 어렵다. 따라서 풍수가들은 각자가 우물 안 개구리처럼 자기가 보는 세계가 전부인 냥 자기가 최고인 줄 알게 되기 마련인 것이다.

5) 풍수전문가의 역할

풍수전문가는 미래를 위하여 자연을 보호하고, 환경을 설계하는 역할을 해야 한다. 따라서 마땅히 도시계획위원·문화재전문위원 등의 자리는 풍수를 공부한 사람으로 일정 부분은 채워져야 한다. 아름답고도 쾌적한 친환경도시를 조성하거나 문화재의 올바른 해석과 최상의 보존을 위해 가장 필요한 전문지식이 풍수지리일 수 있기 때문이다. 그런데 풍수지리가 아직도 제도권에 완전히 진입하지 못하여 전임교수가 거의 없는 실정이며, 위원 선정 기준의 경직성 때문에 풍수지리 전문가가 도시계획위원이나 문화재전문위원으로 참여하지 못하고 있는 실정이다.

이제 대학원 관련학과의 풍수지리전공 석사과정과 박사과정에서 수많은 졸업생과 논문들이 쏟아져 나오고 있으니, 정책당국자들은 관련 규정을 완화하여 풍수전문가들을 도시계획위원·문화재전문위원으로 활용하여야 할 것이다.

최근 모 교수가 풍수지리 전문가로서는 처음으로 문화재청 전문위원으로 위촉되었다 하니, 풍수전문가의 활동영역을 확산시킨다는 면에서 반가운 일이고, 앞으로 여러 방면에 풍수지리 전문가의 참여가 계속 확대되었으면 한다.

5. 음택(陰宅)과 양택(陽宅)

음택(陰宅)이란 죽은 사람의 집[幽宅] 즉 묘지(墓地)를 말하고, 양택(陽宅)이란 살아있는 사람의 주거지(住居地) 즉 주택(住宅)을 말한다.

일반적으로 묘지는 기(氣)가 뭉쳐진 산등성이 또는 산맥의 결혈처(結穴處)에 자리 잡고, 주택은 혈(穴)과 안산(案山) 사이의 공간 즉 넓고 평평한 명당(明堂)에 지어야 좋다. 음택과 양택의 명당 자리 선정에 있어 가장 큰 차이를 예로 든다면, 같은 생기(生氣)를 받고자 해도 음택의 혈은 그 생기가 모이는 구멍이 작은 것을 바라고 양택은 그것이 큰 것을 바란다는 점일 것이다. 그 외에 사신사(四神砂)를 비롯한 제사(諸砂)나 수법(水法) 등의 기준은 대체로 같다.

혈(穴)이란 주변 산천의 정기(精氣)가 뭉쳐진 산등성이 상의 지기(地氣)가 발생하는 구멍[孔]을 말하고, 명당(明堂)이란 두 줄기 이상의 산줄기가 벌어져 감싸고[山開] 물이 활처럼 감도는[水回] 사이의 넓고 평평한 땅을 말한다. 혈에 한 사람의 시신(屍身)이 들어가 산천정기를 최대한으로 받을 수 있도록 하려면, 혈장(穴場)이 너무 크게 형성되어 지기(地氣)가 분산되면 좋지 않다. 그러나 혈장이 너무 작아도 지자기(地磁氣) 교란의 영향으로 자손이 질병이나 사고, 가난의 피해를 입을 수 있다.

한편, 양택 명당의 지자기 교란선[원형][10]은 크면 클수록 좋다. 여러 개의 대소 명당 집터들이 모이면 마을을 이루게 된다. 크게 보아 마을이 명당의 여러 요소를 갖추게 되면 소위 명당 마을이 된다. 실학자였던 이중환(李重煥, 1690-1756)은 그가 저술한 『택리지(擇里志)』에서 좋은 양택의 입지에 대해 "첫째, 지리(地理)가 좋아야 하고, 다음 생리(生理)가 좋아야 하며, 다음으로 인심(人心)이 좋아야 하고, 또 다음은 아름다운 산과 물이 있어야 한다. 이 중에 하나라도 모자라면 살기 좋은 땅이 아니다"[11]라고 주장하였는데, 이에 관해 부연설명을 하면 다음과 같다.

1) 명당(明堂)마을의 공간구성과 구성요소

① 명당 마을이란 산으로 둘러싸인 넓고 평평한 땅이다.

② 마을의 수구(水口 물이 빠져 나가는 곳)가 닫혀있어야 좋다. 열린 수구는 비보수(裨補樹) 등으로 보완하여야 한다.

③ 마을의 터전이 넓고 평평한 것이 좋다. 소위 명당 즉 야세(野勢)가 넓고 크고 둥글고 평평한 것이 좋다.

④ 집터(陽基)는 주위보다 약간 높으며 자연적으로 평평한 것이 좋다.

⑤ 토색(土色)은 밝으며 오색토(五色土)이면 좋다.

⑥ 마을 뒤 주산(主山, 玄武)이 높고 크고 아름답게 균형 잡혀 있으면 좋다.

⑦ 주산(主山)의 산맥은 대간룡(大幹龍)으로 굴곡(屈曲)과 기복(起伏)을 이루면 좋다.

⑧ 청룡(靑龍)은 길게 꿈틀거리며 뻗어서 둘러싸여야(靑龍蜿蜒) 좋다.

---

10) 본서「혈의 1) 혈증사과(穴證四科)」'[합금(合襟)]'편을 참조하기 바람.

11) 이중환이 좋은 삶터를 잡는데 필요한 첫째 요소로 제시한 지리(地理)란 땅, 산, 강, 바다 등에 대한 형이상학적인 이치를 말하며, 생리(生理)란 그 땅에서 생산되는 이익을 말한다.

⑨ 백호(白虎)는 호랑이처럼 쭈그리고 앉아 서로 맞는 듯 해야(白虎蹲踞) 좋다.
⑩ 안산(案山)은 생필품(의식주)으로서 귀인이 앞에 놓고 사용하는 책상처럼 조금 낮고, 조금 작은 것이 좋다.
⑪ 안산은 연못(貯水池)이나 시냇물(溪川)이라도 좋다.
⑫ 조산(朝山)은 권위를 유지하는 장식품(벼슬)으로서 단정청수(端正淸秀)하면 좋다.
⑬ 마을 앞 냇물은 만환굴곡(灣環屈曲)으로 풍성하게 천천히 흐르는 것이 좋다.
⑭ 명당(明堂)의 전후좌우에는 귀격사(貴格砂)들이 배열해 있으면 좋다.
⑮ 사신사(四神砂), 물길, 명당 등이 겹겹이 둘러싸이는 것(重重包裹)이 좋다.

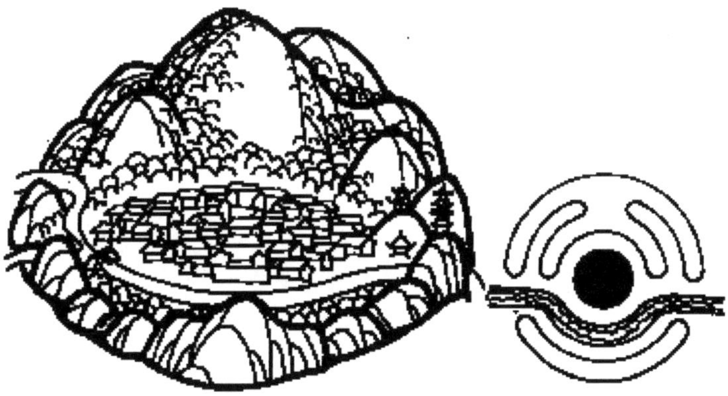

〈그림 1〉 명당마을의 공간구성과 기본모형도

2) 『택리지』[12]의 명당 구성요소

① 수구(水口)

수구가 엉성하고 널따랗기만 한 곳에는 비록 좋은 밭 만 이랑과 좋은 집 천 칸이 있다 하더라도 다음 세대(世代)까지 내려가지 못하고 저절로 흩어져 없어진다. 그러므로 집터를 잡으려면 반드시 수구(水口)가 꼭 닫힌 듯하고, 그 안에 들이 펼

12) 『택리지(擇里志)』는 청화산인(靑華山人) 이중환(李重煥)이 저술한 지리서(地理書)일 뿐, 풍수에 관한 전문서적이라 볼 수 없다. 초학자들에게 우리의 선조들이 생각한 '좋은 삶의 터전'에 대한 이해를 돕기 위한 방편으로 본서에서 인용 서술한 것이지, 전통 풍수에서 말하는 명당(明堂) 요소와 일치하지는 않는다.

쳐진 곳을 눈여겨본 후 구해야 한다. 그러나 산중에서는 수구가 닫힌 곳을 쉽게 구할 수 있지만, 들판에서는 수구가 닫힌 곳을 찾기 어려우므로, 반드시 거슬러 흘러드는 물이 있어야 한다. 높은 산이나 그늘진 언덕이나, 역(逆)으로 흘러드는 물이 힘차게 판국을 가로 막았으면 좋은 곳이다. 막은 것이 한 겹이어도 참으로 좋지만 세 겹, 다섯 겹이면 더욱 좋다. 이런 곳이라야 완전하게 오래 세대(世代)를 이어나갈 터가 된다.[13]

② 들의 모양

사람은 양명(陽明)한 기운을 받아서 태어난다. 그러므로 양명한 빛인 하늘이 조금만 보이는 곳은 결코 살 곳이 못 된다. 이런 까닭에 들이 넓을수록 터는 더욱 아름답다. 해와 달과 별빛이 항상 환하게 비치고, 바람과 비와 차고 더운 기후가 고르게 알맞은 곳이면 인재(人才)가 많이 나고 병 또한 적다. 사방(四方)의 산이 높아서 해가 늦게 뜨고 일찍 지며, 밤에는 북두칠성도 보이지 않는 곳은 가장 꺼려야 할 곳이다. 그러한 곳은 맑고 밝은 빛이 적고, 음랭한 기운이 쉽게 침입하여 혹 잡귀가 모여들기도 한다. 또 아침과 저녁으로 산천을 덮는 안개와 나쁜 기운[瘴氣][14]이 사람을 병들게 하기 쉽다. 이 때문에 산골에 사는 것이 들에 사는 것보다 못하다는 것이다. 큰 들판에 낮은 산이 둘린 것은 산이라 하지 않고 모두 들이라 한다. 그것은 하늘의 빛이 막히지 않고, 수기(水氣)도 멀리 통하기 때문이다. 높은 산중이라도 들이 펼쳐진 곳이라야 바야흐로 좋은 터가 된다.[15]

③ 산의 형세

조종(祖宗)이 되는 산은 모양이 다락집이 치솟은 형세라야 좋다. 주산(主山)이 수려(秀麗)하고 단정(端正)하며, 청명(淸明)하고 아담한 것이 으뜸이다. 뒤에서 내

13) 『擇里志』, 「卜居總論」 : 凡水口虧踈空闊處, 雖有良田萬頃廣厦千間, 類不能傳世, 自然消散耗敗. 故尋相陽基必求水口關鎖, 內開野處着眼. 然山中易得關鎖, 而野中難以固密, 則必須逆水. 砂無論高山陰坂, 有力遡流遮攔堂局則吉, 一重固好三重五重尤大吉, 可爲完固綿遠之基矣.

14) 장기(瘴氣)란 습기 차고 나쁜 땅에서 생기는 독한 기운[瘴毒]을 말한다.

15) 『擇里志』, 「卜居總論」 : 凡人受陽氣以生. 天乃陽光也, 少見天處決不可居. 是故野愈曠則基愈美. 須使日月星辰之光, 燦然恒臨, 風雨寒暑之候, 盎然得中, 人才多出, 而亦少疾病. 最忌四山高壓日晩出, 而早入夜, 或不見北斗靈光, 旣少陰氣易乘, 則或作神叢鬼窟. 朝夕嵐瘴之候, 又使人易病. 此所以峽居, 不如野居, 而大野中孱山周回, 則此不可以山指, 而統以野稱之者. 由天光不隔, 水氣遠通也. 至於高山之中, 亦須開野處, 方可作基.

려온 산맥이 끊어지지 않으면서 들을 건너 갑자기 높고 큰 봉우리로 솟아나고 지맥(地脈)이 감싸 돌면서 골판[洞府]을 만들어 궁내에 들어온 듯하며, 주산의 형세가 온중(穩重)하고 풍대(豊大)하여 겹집[重屋]이나 높은 궁전 같은 곳이 다음이다. 그 다음은 사방에 산이 멀리 있어 평탄하고 넓으며, 산맥이 평지에 뻗어 내렸다가 물가에서 그쳐 들판 터를 만든 곳이 또 그 다음이다. 가장 꺼리는 것은 산의 내맥(來脈)이 약하고 둔하며 생생한 기색이 없거나, 혹 산 모양이 부서지고 비뚤어져 길(吉)한 기운이 적은 곳이다. 땅에 생생한 빛과 길한 기운이 없으면 인재(人才)가 나지 않는다. 그러므로 산 모양을 살피지 않을 수 없다.16)

④ 흙 빛깔(土色)

물 한가운데나 물가를 가릴 것 없이 토질이 사토(砂土)로서 굳고 촘촘하면 우물물도 맑고 차다. 이와 같은 곳이면 살 만한 곳이다. 만약 붉은 찰흙과 검은 자갈, 또는 누런 진흙이면 죽은 흙이다. 이런 땅의 우물물에는 반드시 장기(瘴氣)가 있는데, 이와 같은 곳은 살 만한 곳이 못 된다.17)

⑤ 물(水)

물이 없는 곳은 사람이 살 곳이 못 된다. 산에는 반드시 물이 있어야 한다. 물과 짝한 다음이라야 생성(生成)하는 묘(妙)함을 다할 수 있다. 그러나 물은 반드시 흘러오고 흘러감이 지리(地理)에 합당해야만 비로소 정기(精氣)를 모아 기르게 된다. 이런 것은 감여가(堪輿家)의 책에 있으므로 갖추어 논하지 않겠다. 그러나 집터[陽基]는 음택(陰宅)과는 다르다. 물은 재록(財祿)을 맡아 큰 물가에 부유한 집과 유명한 마을이 많으며, 비록 산중이라도 시내와 간수(澗水)물이 모이는 곳이라야 여러 대를 이어가며 오랫동안 살 수 있는 터가 된다.18)

---

16) 『擇里志』, 「卜居總論」 : 凡山形祖宗有堪輿家, 樓閣飛揚之勢. 主山秀麗端正, 清明軟媚者爲上. 後山綿綿渡野, 忽起高大峯巒, 紆廻枝葉結作, 洞府如入宮府之內, 而主勢穩重豐, 碩如重屋高殿者, 次之. 四山遠却平濶, 而山脈落下平地, 遇水卽止爲野基者, 又次之. 最忌來龍懶弱頑鈍, 而無生色, 或破碎欹斜而少吉氣. 凡地無生色吉氣, 則人才不出此所, 以不可不擇山形也.

17) 『擇里志』, 「卜居總論」 : 凡村居無論水中水邊, 土色砂土堅密, 則井泉亦清冽, 如此則可居. 若赤粘黑礫黃細, 則是死土也. 其地所出井泉, 必有嵐瘴, 如此則不可居.

18) 『擇里志』, 「卜居總論」 : 凡無水之地, 自不可居. 山必得水. 配水然後, 方盡生化之妙. 然水必來去合理, 然後方成鍾毓之吉. 此有堪輿家書, 故不具論, 然陽基異於陰宅. 水管財祿, 故積水之濱多富厚之家, 名村盛塢. 雖山中亦有溪澗聚會, 方爲世代久遠之居.

⑥ 조산(朝山)

조산에 돌로 된 추악(醜惡)한 봉우리가 있든가, 혹 비뚤어진 외로운 봉우리가 있거나, 혹 무너지고 떨어지는 듯한 형상이 있든지, 혹 엿보고 넘겨보는 모양이 있거나, 혹 이상한 돌과 괴이한 바위가 산 위나 밑에 보이든지, 혹 긴 골짜기로 된 충사(沖砂)가 전후좌우에 보이면 살 수 없는 곳이다.

산은 멀리 있으면 깨끗하게 빼어나 보이고, 가까이 있으면 맑고 깨끗하여 한 번만 보아도 기쁨을 느끼며, 울퉁불퉁한 밉살스런 모양이 없어야 길(吉)한 것이다.[19]

⑦ 조수(朝水)

조수는 물 너머의 물을 말하는 것이며, 작은 냇물이나 작은 시냇물은 역(逆)으로 흘러드는 것이 길하다. 그러나 큰 냇물이나 큰 강이 역으로 흘러드는 곳은 결코 좋지 못하다. 큰 물이 역으로 흘러드는 곳은 집터나 묘터를 논할 것 없이 처음에는 흥왕(興旺)하여도 오래되면 패망하지 않는 곳이 없다. 그러므로 이런 곳은 경계해야 한다. 흘러드는 물은 반드시 산맥의 좌향(坐向)과 음양(陰陽)의 이치에 합치되어야 한다. 또 꾸불꾸불하며, 길고 멀게 흘러드는 것이 좋고, 직선으로 활을 쏘는 듯한 곳은 좋지 못하다.[20]

---

19) 『擇里志』, 「卜居總論」 : 凡朝山或有麤惡石峯, 或有欹斜孤峯, 或有崩落之形, 或有窺闖之用, 或有異石怪巖見於上山下, 或有長谷冲砂見, 於左右前後皆不可居必也. 遠則淸秀, 近則明淨, 一見令人歡喜, 而無峻嶒憎惡之狀則吉.

20) 『擇里志』, 「卜居總論」 : 朝水則謂水外水也, 小川小溪逆朝爲吉. 至於大川大江決不可逆受. 凡逆大水處 無論陽基陰宅, 初雖興發, 久則無不敗滅. 不可不戒. 來水又必與龍向合其陰陽, 而又屈曲悠揚而朝來, 不可一直如射是.

〈그림 2〉 경북 성주군 한개마을

3) 음택·양택의 길흉

음택(陰宅)·양택(陽宅)의 길흉(吉凶)[21]을 좌우하는 것은 기(氣)이며 기(氣)는 우주의 기본 원소(元素)이다. 천지(天地) 우주의 기(氣)는 퍼져 있지 않을 때가 없고 퍼져 있지 않은 곳이 없으므로 우주만물은 모두 기(氣)로 이루어진 것이다. 만물은 대립과 통일[分散과 聚合]을 반복하는 과정에서 높고 낮음[尊卑], 귀하고 천함[貴賤], 움직임과 고요함[動靜], 강함과 부드러움[剛柔], 모임과 흩어짐[聚散], 실체와 허상[象影], 춥고 더움[寒暑], 길함과 흉함[吉凶] 등이 나타나게 된다.

기(氣)의 변화는 무궁무진하여 영원히 변화하고 고정되어 있는 것이 아니라 항상 변동하며 천지(天地) 사방을 두루 돈다. 만물은 부단히 변동하는 가운데 살아 숨을 쉬는 것이므로, 기(氣)의 변화 이것이 생명의 근본인 것이다. 일반적으로 말해, 기(氣)란 바람, 진동, 소리, 빛, 전하 등의 우주적 환경이다. 기(氣)는 고유진동수(固有振動數), 즉 주파수(周波數)를 가지고 있다. 이를 울림이라고 하는데, 인

21) 본래 '吉'자는 '兵器를 器物 안에 담은 모습'의 변형인데, 무기가 사용되지 않는 것으로 '전쟁이 없음'을 나타내면서 '祥瑞로움, 행운, 福'이라는 뜻이 파생되었다. 그와 상대적인 '凶'자는 '파인 웅덩이에 빠짐'을 나타낸 指事字이며, '불운, 불길함, 모짐, 재앙, 흉년'을 뜻한다.

간은 가청주파수(可聽周波數)인 20Hz-20,000Hz에 미치지 못하거나 이를 넘는 주파수는 듣지를 못한다. 그러나 고유진동수를 가지고 있는 어느 하나가 진동하기 시작하면 동일진동수(同一振動數)를 가진 상대방에게 곧바로 신호가 전달되는 공명현상(共鳴現狀)이 일어나며, 곧바로 그리고 아주 강하게 전달된다. 이는 소리 울림으로써 그릇이 깨어지고 지진과 태풍에도 견디는 다리가 봄바람에 무너지는 현상과 같다.

조상과 자손은 동일한 유전인자(遺傳因子)를 가진 진동자(振動子)이므로 공명체계(共鳴體系)가 동일하여 기(氣)의 전달이 일어난다. 이를 풍수지리학에서는 동기감응(同氣感應)이라 한다. 동일한 유전인자를 가진 산 자와 산 자 사이에는 기(氣)의 이동이 느끼지 못할 정도로 아주 미약하여 동기감응을 느끼기 어려운데, 이는 산 자 본인이 가지고 있는 기(氣)는 본인이 활용하여야 함 때문일 것이다.

인간이 죽으면 양기(陽氣)에 속하는 혼(魂)은 날아가고 음기(陰氣)에 속하는 백(魄)은 남아 후손들과 유기적(有機的)인 관계를 가지므로 죽은 자의 유택(幽宅)을 음택(陰宅)이라 하고 지덕(地德)을 입은 조상의 덕을 음덕(蔭德)이라 일컫는 것이다. 죽은 자의 본해(本骸)인 뼈가 땅속에서 생기(生氣)를 받으면 쓸 일이 없으므로 동일한 공명체계를 가진 자손에게 전달되어 감응이 된다.

천기(天氣)와 지기(地氣)가 합한 생기(生氣)는 갈무리 되고 사방(四方)은 둘러싸여 바람을 받지 않는 곳이라야 비로소 좋은 땅이 된다. 즉 방풍(防風)이 아니라 장풍(藏風)이 되는 이런 곳에 돌아가신 조상을 모시면 동질(同質)의 유전인자를 가진 후손에게 동기감응의 작용을 하게 됨으로써 산음(山陰)과 선음(先陰)을 받는 명당진혈(明堂眞穴)이 되고, 사람이 사는 집터를 잡으면 가문이 번창하여 발부발귀(發富發貴)하고 백자천손(百子千孫)하는 땅이 되는 것이다. 다시 말해, 풍수지리학에서 말하는 기(氣)란 천지(天地) 우주의 생기(生氣)인 천기(天氣)와 지기(地氣)를 포함하는 포괄적(包括的)인 의미의 생명에너지(Vital Energies)이다고 할 수 있는데, 이를 좀 더 세분화하여 보면 양기(陽基)나 양택(陽宅)은 특정한 공간을 부유(浮遊)하고 있는 양기(陽氣)를 응용하는 에너지장의 논리라고 말할 수 있으며, 음택(陰宅)은 동기감응(同氣感應)에 의한 파동(波動)으로 연결되는 핏줄[血緣]의 논리라 말할 수 있다.

[同氣感應]

친자감응(親子感應)이라고도 하며, 음택(陰宅)의 경우 응결(凝結)된 생기(生氣)는 체백(體魄)과 영혼(靈魂)을 편안하게 하고 본해(本骸)에 축적되어 거기서 파장된 에너지는 유체(遺體)인 자손에게 감응되고 자손의 인정흥왕(人丁興旺) 및 부귀빈천(富貴貧賤)을 주관하게 된다. 이를 동기감응(同氣感應)이라 한다.

[所主吉凶]

양택(陽宅)의 경우 거주자가 이곳에서 받은 생기(生氣)로 무병장수(無病長壽)하고 부귀영화(富貴榮華)하며 거주자가 직접 받는 길흉(吉凶)이라 하여 소주길흉(所主吉凶)이라 한다.

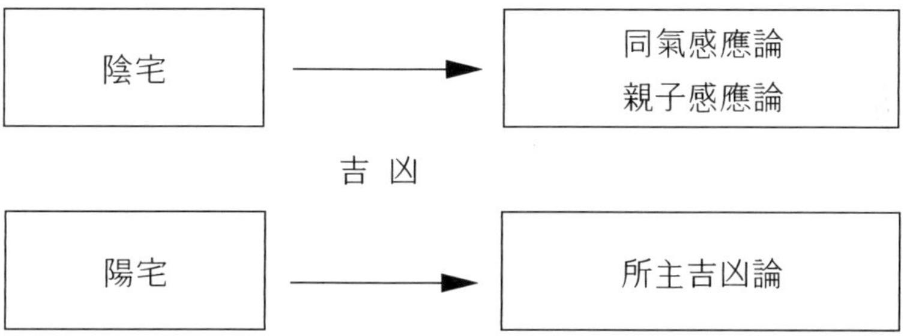

〈그림 3〉 음택·양택의 길흉도

4) 음택·양택의 공통점과 차이점

음택과 양택의 차이를 한마디로 말한다면, 음택은 혈장을 산줄기가 볼록하게 뭉쳐있는 곳에 정해야 하나[高而起者爲陰], 양택은 평평한 명당에 지어야 한다[低而伏者爲陽]. 이와 같은 차이를 제외하면 용(龍), 사(砂), 수(水), 향(向) 부분에 관한 음택과 양택의 선정 기준은, 그 원리(原理)면에서 큰 차이가 없다. 다만 규모의 면에서 볼 때, 음택은 작아도 국(局)이 성립될 수 있으나 양택은 집 한 채 정도로는 사람이 무리를 이루어 살 수 없으므로 최소한 마을[洞基]이나 읍기(邑基) 정도의 규모가 되어야 사람들이 모여 살 수가 있다. 따라서 혈장이나 명당국이 크려면 양택의 경우에는 용(龍)이 강하고 주산의 봉우리(峰)가 높아야 하고 사(砂)의 형세도 크고 높고 물(水)도 풍성하게 감돌아야 하는 것이다.

〈그림 4〉 고령향교[辛坐乙向]

〈그림 5〉 아산 맹사성(孟思誠) 대감 성장가[未坐丑向]

음택(陰宅)이 뿌리[根幹]에 해당하는 조상을 모신 유택(幽宅)인 반면에, 양택(陽宅)은 가지[枝葉]에 해당하는 자손들의 주택이다. 따라서 뿌리와 줄기를 튼튼히 하는 것이 가지나 잎을 가꾸는 것보다 효과적이다. 뿐만 아니라 음택은 조상의 유해[뼈]를 통하여 생기(生氣)를 간접적으로 받음에도 불구하고 생기의 감수율이 강하다. 이에 반해, 양택은 생기(生氣)를 직접적으로 받지만 근육·피부·의복 등을 통하여 받아야 하므로 생기(生氣)의 감수율은 약하게 되는 것이다.

음택은 자손이 지구상 어디에 있어도 조상 산소의 영향을 받게 되는데 반해, 양택은 그곳에 사는 동안만 받게 된다는 점에서 보면 음택보다 제한적이다고 할 수 있다. 그리고 또, 음택은 생활 근거지의 제한을 받지 않고 어디에서나 비교적 쉽게 좋은 자리를 선택할 수 있지만, 양택은 생활권의 제약을 받아야 하므로 구하기가 상대적으로 어려운 것이다.

♣ 대부분 음택은 높고 볼록한 곳에, 양택은 낮고 평평한 곳이 적합하지만, 음택과 양택 모두가 가능한 땅이 고령군 고령읍 고령향교와 아산시 배방면 중리 맹사성 대감 성장가이다. 이 두 곳은 주변보다는 높으면서도 주택이 들어설 정도로 넓어 음택과 양택 모두에 적합한 터에 해당한다.

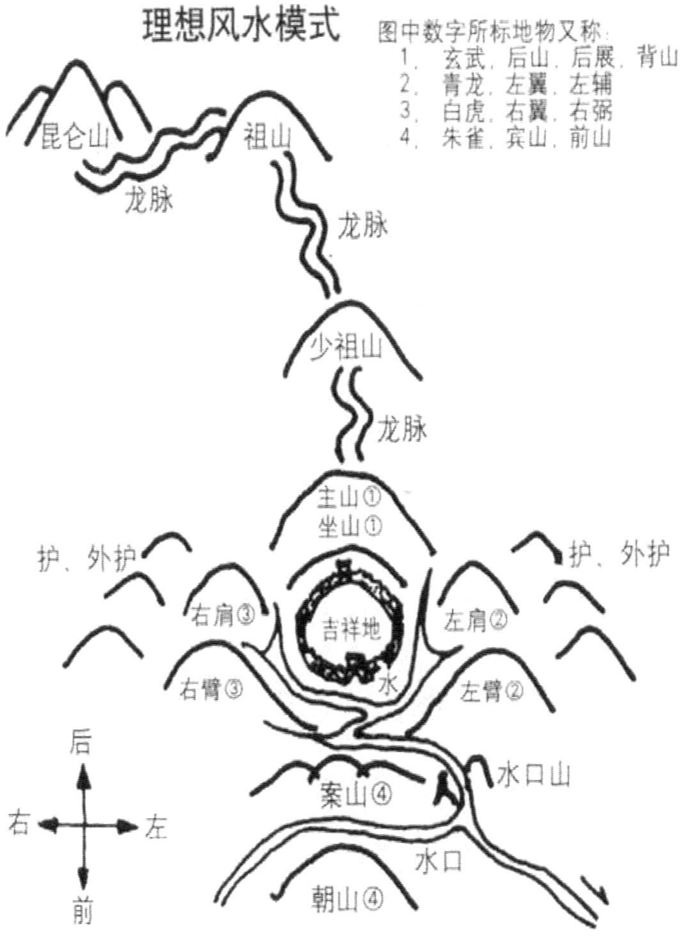

〈그림 6〉 이상적 풍수지형(風水地形)모델

6. 배산임수(背山臨水)와 배수면산(背水面山)

풍수지리에서 산(山)과 물[水]의 배치 형국(形局)이나 형세(形勢)는 아주 중요하다. 왜냐하면 산이나 물이 산소나 주택의 앞에 있느냐, 뒤에 있느냐에 따라 발복(發福)에 미치는 영향이 크기 때문이다. 따라서 명당 터를 선정함에 있어 산수(山水)의 형국과 형세판단이 아주 정확해야 하는 것이다.

1) 음택의 산수(山水)

음택(陰宅)에서 산(山)이란 산봉우리[山峰], 강부(岡阜: 언덕), 토돈(土墩: 흙더미), 고압전탑(高壓電塔), 고루(高樓: 빌딩), 석교(石橋: 돌다리), 대수(大樹: 큰 나무) 등을 포괄적으로 이르는 말인데, 지면(地面)보다 높으면 산으로 본다.

그리고 물[水]이란 시내[溪], 하천(河川), 강(江), 바다[海], 도랑[圳溝], 연못[池塘], 깊은 못[潭], 호수(湖水), 낮은 담[埤], 깊은 골짜기[深谷], 도로(道路), 낮은 건천(乾川) 등을 포괄적으로 이른다.

2) 양택의 산수(山水)

양택(陽宅)에서 산(山)이란 신위(神位), 선조향화(先祖香火), 사당(祠堂), 침대, 탁상(卓床), 주방(廚房), 부엌(竈), 와사로(瓦斯爐), 육척(六尺: 약 2m) 이상 높고 큰 기물(器物), 주궤(櫥櫃), 담장, 묘우(廟宇), 큰 나무(大樹), 가산(假山: 인공 산) 등을 포괄적으로 이르는 말이다.

그리고 물(水)이란 대문, 안팎 통도(通道), 복도, 샘, 창호(窓戶), 통풍구(通風口), 수구(水溝), 도로교차점(道路交叉點), 여러 사람들의 왕래처, 욕실, 화장실, 어항(魚缸), 승강기 등을 포괄적으로 이른다.

〈그림 7〉 배산임수(背山臨水) 형국(形局)

〈그림 7〉 배산임수 형국에서 보는 바와 같이, 산이 뒤에 있고 물이 앞에 있는 형국을 배산임수(背山臨水) 또는 좌실조공(坐實朝空), 전저후고(前低後高), 전공후실(前空後實)이라 하고, 반대의 경우 즉 물이 뒤에 있고 산이 앞에 있는 전도된 형국을 배수면산(背水面山), 좌공조만(坐空朝滿,) 전고후저(前高後低) 또는 전실후공(前實後空)이라 한다.

7. 형국론(形局論)

형국론(形局論) 또는 물형론(物形論)이란 풍수지리에서 혈 주변을 에워싸고 있는 산천지세(山川地勢)의 모양을 누구든지 쉽게 파악할 수 있도록 하기 위하여 사람이나 금수류(禽獸類) 같은 동물, 또는 꽃과 같은 식물이나 해·달·구름과 같은 대자연의 여러 모습에 비유하여 이름 짓는 것을 말하는데 이는 풍수에서 핵심이론은 아니지만 『비결록(秘訣錄)』 등을 보고 명당진혈(明堂眞穴)을 찾을 때 참고사항이 된다.

보통 네 글자로 이름을 붙이는데 주산(主山)의 솟은 모양을 본 따 앞의 두 글자 이름[玉女]을 붙이고 용호(龍虎)나 안산(案山)의 펼친 모양을 본 따 뒤의 두 글자 이름[彈琴]을 붙여 형국의 이름[玉女彈琴形]을 정하게 된다.

그런데 이 형국론은 풍수지리의 본질적인 체계를 이루고 있지는 않고 다만 지형지세를 파악하는 데 참고가 될 뿐이다. 형국이 좋아도 실제로 땅이 나쁘면 흉지가 될 수 있고 형국이 나빠도 실제로 땅이 좋으면 명당이 될 수 있다. 그러므로 형국론을 너무 중시하게 되어 모든 해석을 이것으로 한다면 사이비 풍수가의 범주에 들 우려가 있게 된다.

【예1】

충북 음성군 원남면 상당1리 행치마을에 있는 반기문 유엔사무총장의 선산을 보고 이떤 풍수가는 선학인가형(仙鶴引駕形: 고아한 학이 수레를 끄는 형국)으로 표현했지만, 소나 말·코끼리·낙타 등과 같은 튼튼한 짐승들은 수레를 끌 수 있으나, 학(鶴)과 같은 조류(鳥類)들은 수레를 끌 수도 없고 끌게 해서는 안 되기 때문에 잘못된 표현이다. 주산이 날개를 편 학 모양이고 현무와 주작에 천제(天梯:

하늘사다리)가 있으니 선학등공형(仙鶴騰空形) 또는 선학비상형(仙鶴飛翔形)이라고 보는 것이 좋을 것 같다.

【예2】

강원도 원주시 행구동 석경촌에 운곡(耘谷) 원천석(元天錫, 1392-?)선생의 묘가 있다. 대부분의 풍수가들은, 무학대사가 소점한 봉요혈(蜂腰穴)로서 을좌신향(乙坐辛向)이라 하여 대대로 화평을 주는 명당으로 보고 있어나, 일부 풍수가들에 의하면 이 자리는 혈장이 좁아 명당이 될 수가 없다는 것이다.

8. 형상론(形象論)과 리기론(理氣論)

풍수지리에서는 땅의 길흉을 판단하는 방법론으로 크게 형상론 (形象論)과 리기론(理氣論)으로 나눠 구분하고 있다.

형상론(形象論)은 만두형세론(巒頭形勢論)이라고 말하기도 하는데, 이것은 산천지세의 겉으로 나타난 모양인 멱룡(覓龍), 찰사(察砂), 점혈(點穴), 관수(觀水), 취향(取向), 즉 혈장(穴場)이나 주변 여러 산봉우리들의 솟은 모습, 산맥의 흐르는 모양이나 물의 굽이치는 모양을 보고 자연산수의 취결단합(聚結團合: 眞秀的抱吉)한 곳을 중시하여 길흉을 판단하는 방법이며, 강서법(江西法)이라고도 한다.

한편, 리기론(理氣論)이란 천성리기법(天星理氣法)이라고도 하며 천지인(天地人)의 상호관계, 즉 우주 일월성신(日月星辰)의 운행도수, 바람과 물의 순환궤도와 양 등 자연환경을 참고하여 각 생년의 사람과 통일·화합하는 이치를 음양오행, 8요살, 황천살, 12운성포태법, 발사법(撥砂法), 통맥법(通脈法), 각종 수법(水法)과 입향법(立向法), 복원법(福元法), 대유년법(大游年法), 천궁구성법(穿宮九星法), 절로분방법(截路分房法), 이십사산법(二十四山法), 구궁비성법(九宮飛星法), 일법(日法), 부진법(符鎭法) 등과 같이 체계적으로 정리·활용, 가장 적합한 시공간(時空間)의 기장(氣場)을 찾아 보이지 않는 기의 흐름을 주로 나침반을 사용함으로써 이론적으로 검증하여 멱룡(覓龍), 찰사(察砂), 점혈(點穴), 관수(觀水), 취향(取向)에서의 길흉을 판단하는 방법인데, 복건법(福建法) 또는 방위법(方位法)이라고도 한다.

명리학에서 사람의 됨됨이나 운세를 판단할 때, 혈통이나 인격 또는 생년일시[四柱]를 보고 판단하는 방법이 풍수학에서는 리기론(理氣論)에 해당하며, 용모나 복장 또는 이목구비 등의 관상을 보고 판단하는 방법이 형상론(形象論)에 해당한다고 할 수 있다. 그런데 형상론과 리기론 양자는 서로 체(體)와 용(用)으로 표리의 관계를 이루고 있기 때문에 형(形)이 없는 이(理)가 없고 세(勢)를 떠난 기(氣)도 없다고 말한다. 하지만 옛날부터 중국에서는 '육분형법(六分形法), 사분리기(四分理氣)' 또는 '만두위주(巒頭爲主), 리기부속(理氣附屬)'이라 하여 리기(理氣)보다 형상(形象)을 중요시 하는 경향이 있어 왔다.

9. 비보(裨補)

비보(裨補)의 기능 및 용도 그리고 의미에 따른 용어가 여러 가지로 나뉘어 사용되고 있어 혼란을 초래할 우려가 있다. 비보(裨補)와 관련하여 자주 언급되는 용어에는, 진압(鎭壓), 진호(鎭護), 염승(厭勝), 압승(壓勝), 진색(鎭塞), 승압(昇壓), 진양(鎭禳), 양진(禳鎭) 등이 있는데, 그 의미에 관해 간략하게 살펴보면 다음과 같다.

[비보(裨補)]
도와서 부족함을 채우거나 상서(祥瑞)로움을 더함.

[진압(鎭壓)]
흉한 기운이나 살기(殺氣)를 억눌러서 가라 앉힘.

[진색(鎭塞)]
흉한 기운이나 살기의 침입을 억눌러 막음.

[진호(鎭護)]
흉한 기운이나 살기가 침범하지 못하도록 지킴.

[염승(厭勝)]
흉한 기운이나 살기의 침입을 천적(天敵)이나 싫어하는 것으로 막아 물리침.

[압승(壓勝)]
흉한 기운이나 살기를 억눌러 물리침.

[승압(昇壓)]

약한 것을 끌어 올려서 흉한 기운이나 살기를 억눌러 물리침.

[진양(鎭禳), 양진(禳鎭)]

과(過)한 것을 억눌러서 물리침.

위와 같이 사용되는 용어를 다시 세 가지[裨補, 厭勝, 壓勝]로 묶어 구분하면 다음과 같다.

[비보(裨補)]

보허(補虛), 길기유지(吉氣維持), 수해방지(水害防止), 형국보완(形局補完), 방풍(防風), 누설방지(漏泄防止), 흉상차폐(凶狀遮蔽), 신앙적이나 상징적 기능부여.

예) 행주형(行舟形) 형국에 돛대로서의 솟대
수구(水口)막이
나무를 심어 암석이나 흉상차폐(凶狀遮蔽)
봉황형국에 오동나무나 대나무 식재(植栽)
비봉(飛鳳) 형국에 대나무지명[竹丈里, 竹防山]
용맥보토(龍脈補土)
동대문의 넉자 현액(現額)인 흥인지문(興仁之門)

[염승(厭勝)]

천적(天敵)이나 상극효과(相剋效果)로서 사기방어(邪氣防禦).

예) 지네형국에 밤숲
지네형국에 밤마을
개형국에 호랑이 지명
지네혈에 닭못

[압승(壓勝)]

인문적 시설이나 행사로서 사기방어(邪氣防禦), 신앙적이거나 상징적 기능부여.

예) 음풍방어(淫風防禦)의 남근상

화기방어(火氣防禦)의 해태 및 소금묻이
호암산(虎巖山)의 호압사(虎壓寺)
호구혈(虎口穴)앞 사찰 건립
관악산과 숭례문(崇禮門)의 종서(縱書)
마을 진입로의 사기방어(邪氣防禦) 장승

♣『고지도(古地圖)』에 나타난 비보 형태

〈그림 8〉『수선전도(首善全圖)』 보토소(補土所)

보현봉(普賢峰)은 도성(都城)의 주맥(主脈)인데, 빗물에 씻기고 헐리어서 지록(支麓)이 떨어져 나갔다. 숙종(肅宗) 계사년(癸巳年)에 경리청(經理廳) 당상관(堂上官) 민진후(閔鎭厚)가 건의하여 보축(補築)하였고, 영조(英祖) 을유년(乙酉年)에 이르러 총융사(摠戎使) 구선복(具善復)이 연석(筵席)에서 보축(補築)에 대하여 여쭈었다. 이해 가을에 구선복의 말을 채용하고 훈련대장, 총융사, 한성부(漢城府) 당상에게 명하여 가서 살펴보게 하였고, 또 시임대신(時任大臣)·원임대신(原任大臣)과 비국(備局)의 유사(有司) 당상관에게 명하여 가서 살펴보게 한 다음, 총융

청으로 하여금 주관하여 역사(役事)를 감독하게 하여 한달 남짓하여 공사를 마쳤던 것이다.[22] 이는 도성(都城)의 주맥(主脈)을 보호하기 위하여 보토(補土) 비보한 것이다.

가산(假山)은 도성 수구(水口)안, 훈련원(訓練院) 동북쪽에 있는데, 하나는 물 남쪽에 있고, 하나는 물 북쪽에 있다. 흙을 쌓아 산을 만들었으니 지기(地氣)를 모으기 위해서인 것 같다.[23] 이는 수구막이 도성안의 지기(地氣)가 수구(水口) 밖으로 흩어지지 않도록 조산(造山)하여 비보한 것이다.

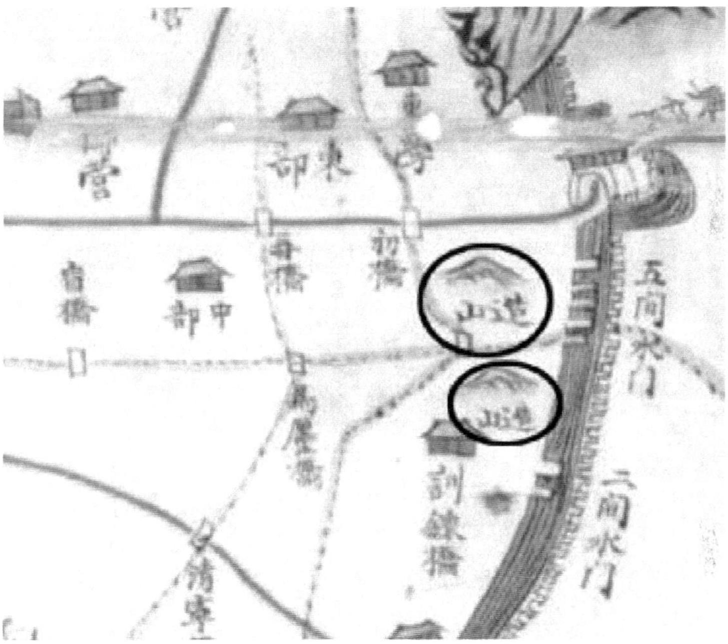

〈그림 9〉『해동지도(海東地圖)』 조산(造山)

영천의 물형(物形)은 날아가는 봉황(鳳凰)의 형국인 비봉형(飛鳳形)이다. 봉황은 대나무 열매인 죽실(竹實)만을 먹고 오동나무 가지에만 앉는다고 전해진다. 봉

---

22) 『正祖實錄』 卷18, 正祖 8年 11月 戊辰: 普賢峰, 都城主脈也, 因雨水衝嚙, 支麓脫落. 肅廟癸巳, 經理廳堂上閔鎭厚, 建議補築. 至英廟乙酉, 摠戎使具善復筵稟補築. 是年秋, 用善復言, 命訓將摠戎使漢城府堂上, 往審之. 又命時·原任大臣、備局有司堂上, 往審之, 仍令摠戎廳主管董役, 閱月而功告訖.

23) 『新增東國輿地勝覽』 卷3, 「漢城府」 山川 : 假山, 在都城水口內, 訓練院東北, 一在水南一在水北, 築土爲山, 似畜地氣.

황의 형국을 가진 고을은 봉황이 다른 곳으로 멀리 날아가지 않고 영원히 머무를 수 있도록 어김없이 대나무나 오동나무의 명칭이 등장하는데 영천도 예외는 아니다. 이를 지명비보(地名裨補)라고 하며, 『신증동국여지승람(新增東國輿地勝覽)』 영천군(永川郡) '산천(山川)'조를 보면 다음과 같이 언급하고 있다.

"작산(鵲山) 고을 남쪽 6리에 있다. 세속(世俗)에 전해오기를, '이 고을의 지세(地勢)가 나는 봉황과 같다'고 하는데 봉황은 대나무를 좋아하고 또 까치가 지저귀는 것을 보면 날아가지 않기 때문에 산의 이름을 작산(鵲山) 또는 죽방산(竹防山)이라고 한다."[24)]

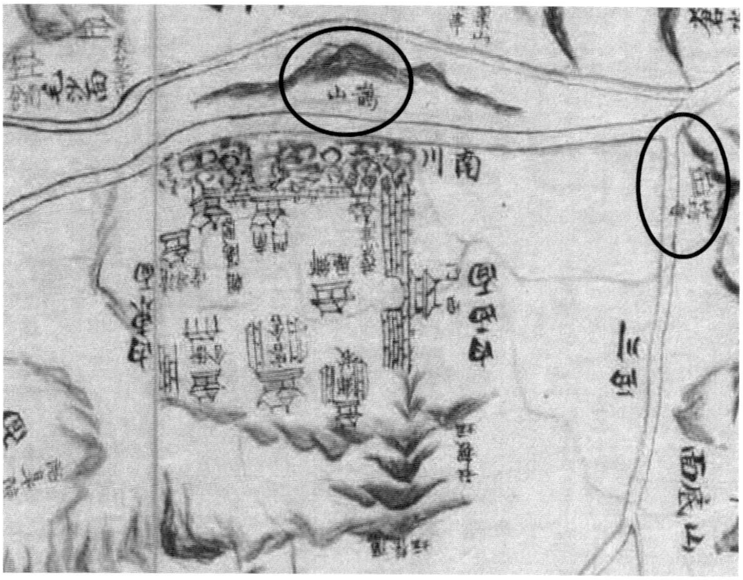

〈그림 10〉『영남읍지도(嶺南邑誌圖)』 작산(鵲山), 죽림사(竹林寺)

24) 『新增東國輿地勝覽』 卷22, 永川郡 山川: 鵲山在郡南六里. 俗傳郡地勢似飛鳳, 鳳愛竹, 又見鵲噪不飛去, 故山名曰鵲曰竹防.

10. 한국의 산맥과 산경표(山經表)

1) 한국의 산맥

풍수지리에서 땅의 기운을 분석하는 첫 번째 대상이 산(山)이요 물[水]이다. 이는 산의 기운과 물의 기운이 음(陰)과 양(陽)의 조화(調和)를 적절히 이루면 생기(生氣)가 응결(凝結)하여 만물에 영향을 미친다는 대전제에서 나온 입장인 것이다.

한국의 산맥은 삼천리를 곳곳에 골고루 뻗어 내려 1대간(大幹) 및 1정간(正幹) 그리고 13정맥(正脈)을 이루고 있다. (〈그림 11〉 한국의 대간(大幹) 및 정맥도(正脈圖) 참조 바람.) 세계 어느 곳에 음양의 조화가 이루어진 곳에서 맥(脈)이 시작하여 이렇게도 알뜰히 기운을 뻗힌 땅이 있던가?

〈白頭山과 天池〉

백두산에서 힘차게 내리뻗은 맥은 백두대간(白頭大幹)을 타고 내려오면서 각각 정맥(正脈)으로 이어져 전국에 흘러 내렸으니 이는 한반도가 세계 제일의 명당임을 말해 준다. 혹자는 "韓國의 國土는 100里 가는 平野가 없고 1000里 가는 물길이 없어 큰 人物이 태어날 자리가 아니므로 强盛한 國家가 되기에 모자란다"라고 한 적이 있으나, 이는 사대주의(事大主義)에 집착한 사고(思考)이다. 천기(天氣)와 지기(地氣)가 잘 조화된 한반도는 생기(生氣)가 응결되고 충만(充滿)하므로 강력한 생명력이 있는 곳이다. 서해안은 조수간만(潮水干滿)의 차(差)가 매우 커 세계에서 드문 큰 갯벌을 가지고 있고, 무수히 많은 생명체의 보금자리가 되며, 한국의 산에서 자란 약초 또한 세계적인 효과를 가지고 있다. 이 뿐만 아니라, 한국의 인삼(人蔘)리 미국의 산삼(山蔘)보다 약효면에서 뛰어나며, 한국의 은행(銀杏)잎이 외국의 은행잎보다 20배 이상 약효가 높다고 한다.

한반도의 지세(地勢)는 전체적으로 크고 작은 산, 크고 작은 물로서 조화롭게 이루어져 각 지역마다 고르게 혈(穴)과 명당을 이루고 있다. 그러므로 우리의 선조들은 혈과 명당의 발복(發福)효과를 일찍부터 느껴 왔으며, 풍수지리의 개념(槪念)이 생활 속에 자연히 존재하였던 것이다.

이제, 풍수지리설에 의거하여 만들어진 지역 명칭(名稱)과 지형(地形)을 살펴보

자. 매화리[梅花落地形에서 引用], 오봉리[梧桐나무와 鳳凰에서 引用], 비봉리[飛鳳歸巢形에서 引用], 와우산[臥牛形에서 引用], 와룡산[臥龍形에서 引用], 반월성(半月城), 만월성(滿月城) 등의 명칭이 이에 해당한다. 특히 전통문화가 많이 남아 있는 시골 지역의 지명 유래(地名由來)를 살펴보면 일일이 다 열거할 수 없을 정도로 무수히 많다.

2) 산경표

땅은 산줄기와 물줄기로 구분되며, 그 중 산줄기의 갈래를 알기 쉽게 만든 지리서는 『산경(山經)』이며, 물줄기를 정리한 지리서는 『수경(水經)』이다. 『산경』은 조선 영조(英祖) 때 실학파의 지리학자인 여암(旅菴) 신경준(申景濬, 1712-1781)이 영조 45년(1769)에 편찬한 것으로 추정되는 『산경표』[25]이며, 『수경』은 조선 말기의 유명한 실학파 학자인 정약용이 1814년 강진에 유배돼 있을 당시에 쓴 『대동수경(大東水經)』을 말한다. 이들 『산경』과 『수경』을 합쳐 산줄기와 물줄기를 살펴보면 서로 얽히고설켜 있으나 결코 물줄기는 산줄기를 넘지 않으며 산줄기도 물줄기를 넘지 않고 있음을 알 수 있는데, 산줄기가 여러 하천의 분수령 역할을 하고 있음을 알 수 있다.

『산경표』에 나타나 있는 15개의 산줄기 이름은 산 이름과 강 이름, 그리고 지역 이름에서 취한 것인데, 특히 강 이름을 딴 11개는 그 강의 남북, 또는 동쪽으로 위치를 표시하고 있다.

[산이름]

백두대간, 장백정간

[강 이름]

낙남정맥[낙동강 남쪽], 낙동정맥[낙동강 동쪽]

---

25) 신경준은 '산은 스스로 물을 가르고 물은 절대 산을 넘지 않는다'는 기본 원리에 바탕을 두고 『산경표』를 완성했는데, 『산경표』 속 백두대간과 금남호남정맥, 금남정맥 산줄기를 따라 후백제의 도읍을 지킨 산성들이 그대로 잘 보존되어 있다.

청북정맥[청천강 북쪽], 청남정맥[청천강 남쪽]

한북정맥[한강 북쪽], 한남정맥[한강 남쪽]

금북정맥[금강 북쪽], 금남정맥[금강 남쪽]

한남금북정맥[한강 남쪽, 금강 북쪽], 금남호남정맥[금강 남쪽], 임진북예성남정맥[임진강 북쪽, 예성강 남쪽]

[지역 이름]

해서정맥, 호남정맥

[참고 : 신경준(申景濬)의 산경표)]

신경준은 43살 때인 영조 30년(1754)에 벼슬길에 올라 승문원, 사간원, 사헌부 등에서 일하다 서산군수, 장연현감을 지내고 58살 때 정3품 당하관인 종부시정(宗簿侍正)을 끝으로 고향인 전라도 순창으로 낙향한다. 이 무렵 영의정이던 홍봉한은 신경준을 영조에게 천거해서 비국랑(備局郞)이란 직책으로 다시 관직에 오르며, 영조는 신경준이 지은 강계지를 보고 『여지편람(輿地便覽)』의 감수를 맡겨 편찬하도록 한다.

『여지편람』은 말 그대로 땅 모습을 보기 쉽도록 만든 책인데, 『여지편람』의 일부가 『산경표』이다. 모두 2권 2책[乾冊과 坤冊]으로 구성돼 있는데, 건책이 바로 산경표이며, 곤책은 거경정리표(距京程里表; 서울과 각 지역간의 거리표)이다.

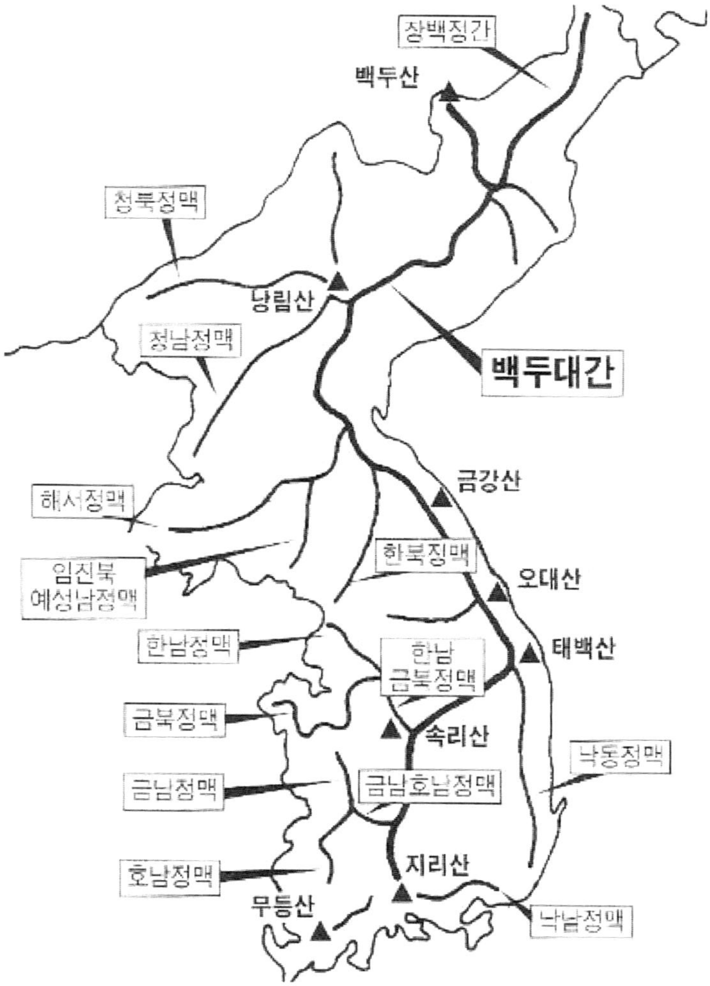

〈그림 11〉 한국의 대간(大幹) 및 정맥도(正脈圖)26)

26) 金基仙, 『風水地理學槪論』, 螢雪出版社, 2005, 31쪽 재인용.

II. 기초이론 2

1. 음양오행론(陰陽五行論)

1) 하도(河圖)와 낙서(洛書)

음양오행의 논리적 근본원리는 주로 하도(河圖)와 낙서(洛書)에서 나온 것이라 할 수 있다. 일반적으로 말해, 하도의 선천팔괘(先天八卦)는 태호복희씨(太昊伏羲氏)가 하수(河水)의 황하(黃河) 유역에서 하늘로 날아오르는 용마(龍馬)의 등에 그려진 이상스런 점무늬를 보고서 우주만물의 생성소멸(生成消滅) 이치를 표시한 것이며, 낙서는 하우씨(夏禹氏)가 낙수(落水)에 나타난 신구(神龜) 등에서 점무늬를 발견하여 이치를 깨닫고 치산치수(治山治水) 하였던 것으로 이해한다. 그 뒤 주(周)의 문왕(文王)은 낙서팔괘(洛書八卦)를 그려 후천팔괘(後天八卦)를 이루었다. 자연의 이치는 선천(先天)에 있으나 용사(用事)는 후천(後天)에 있다고 말하면서 체(體)와 용(用)의 관계로 선천팔괘(先天八卦)와 후천팔괘(後天八卦)의 관계를 설명하고 있다.

하도의 一二三四五는 자연수인 생수(生數)이고, 六七八九十은 만들어진 성수(成數)이다.

[北方] 天은 一로서 生水하니 地는 六으로 成水한다. (1+5)
[南方] 地는 二로서 生火하니 天은 七으로 成火한다. (2+5)
[東方] 天은 三으로 生木하니 地는 八으로 成木한다. (3+5)
[西方] 地는 四로서 生金하니 天은 九으로 成金한다. (4+5)
[中央] 天은 五로서 生土하니 地는 十으로 成土한다. (5+5)

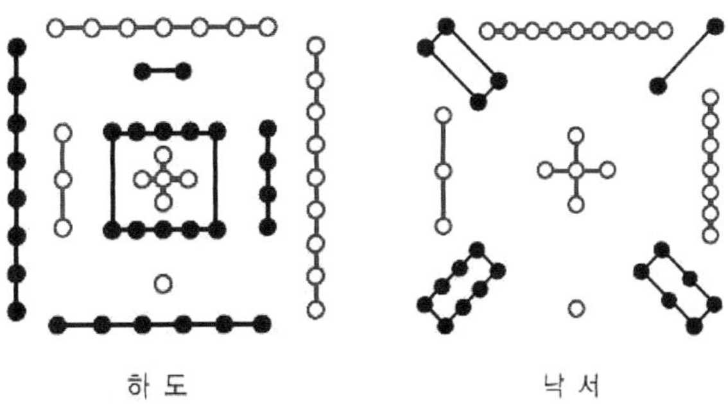

〈그림 12〉 하도(河圖)와 낙서(洛書)

하도의 천수(天數) 5개와 지수(地數) 5개를 각각 합하면 천수는 二十五가 되고 지수는 三十이 되며 천지수를 모두 합하면 五十五가 된다.

천수의 합: 1+3+5+7+9 = 25

지수의 합: 2+4+6+8+10 = 30

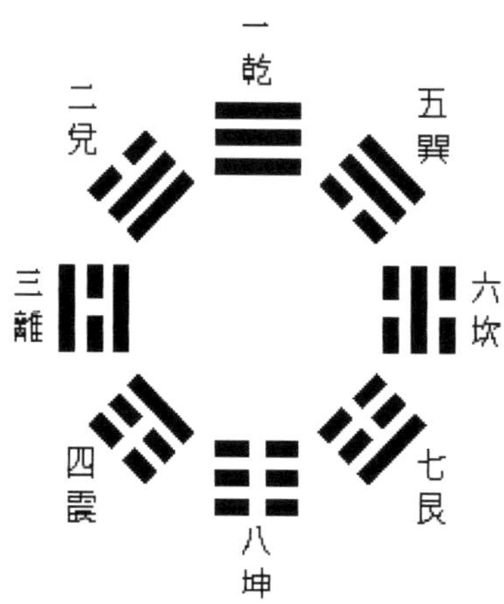

〈그림 13〉 선천복희팔괘(先天伏羲八卦)

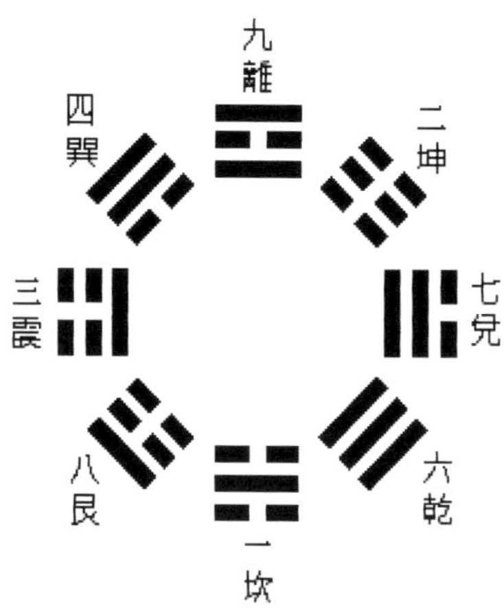

〈그림 14〉 후천문왕팔괘(後天文王八卦)

[Tip] 천간(天干)·지지(地支)가 10개와 12개인 이유

♣ 천간(天干): 25/5 * 2 = 10
하도의 천수 합을 오행으로 나누고 음양으로 곱한 값

♣ 지지(地支): 30/5 * 2 = 12
하도의 지수 합을 오행으로 나누고 음양으로 곱한 값

낙서의 수(數)를 보면 감(坎 水 一 北), 곤(坤 土 二 南西), 진(震 木 三 東), 손(巽 木 四 南東), 중앙(土 五), 건(乾 金 六 北西), 태(兌 金 七 西), 간(艮 土 八 北東), 리(離 火 九 南)에 위치하여 巽離坤 15數요, 震中兌 15數요, 艮坎乾 15數요, 巽震艮 15數요, 離中坎 15數요, 坤兌乾 15數요 巽中乾 15數요 坤中艮 15數로 되어 있다. 이 15數가 종횡선으로 16번을 만나는 마방진이 되며 240數가 된다.

15란 수를 풀어보면 하도의 생수 1·2·3·4·5에서 양수(陽數)의 합은 9(1·3·5)요, 음수(陰數)의 합은 6(2·4)으로 15는 음양이 교구(交媾)하는 수이니 풍요와 번성을 뜻한다. 또한 6, 9를 형상적으로 가까이 놓고 보아도 이는 태극(太極)을 가리키며 주역(周易)에서도 음효(陰爻,--)를 6, 양효(陽爻,ㅡ)를 9라 지칭하니 미루어 짐작할 수 있는 부분이다.

산호의 사랑(산란과 방정)도 월령(月齡) 15일인 만월(滿月)에 하고, 게의 왕성한 번식활동도 만월(滿月)에 하여 이때 잡힌 게는 살이 적으며 뱀장어 등 많은 생물들이 만월(滿月)을 종족 보존의 때로 삼는 것도 자연의 이치이다.

낙서구궁을 보면 건(乾)은 노양(老陽)이며 순양(純陽)이고 북서에 위치하며 양의 우두머리이고, 곤(坤)은 노음(老陰)이며 순음(純陰)이고 남서에 위치하며, 음의 우두머리이다. 손(巽)은 양의 꼬리로서 남동에 위치하며 간(艮)은 음의 꼬리로서 북동에 위치한다.

사정(四正: 子午卯酉)의 감(坎: 子)은 정북에 위치하여 건간(乾艮)을 보살피고 리(離: 午)는 정남에 위치하여 손곤(巽坤)을 보살피고 진(震: 卯)은 정동에 위치하여 손간(巽艮)을 보살피고 태(兌)는 정서에 위치하여 건곤(乾坤)을 보살핀다. 그러므로 사정은 건곤간손의 중앙에 위치하여 음양이 교구토록 한다.

巽　　巳 (巽:木) 辰　　4	丙 午 丁 (離:火) 9	未　　坤 (坤:土) 2　　申
乙 卯(震:木) 甲　3	5(中)	庚 (兌:金)酉 7　　辛
寅　　8 (艮:土) 艮　　丑	1 (坎:水) 癸 子 壬	6　　戌 (乾:金) 亥　　乾

〈그림 15〉 낙서구궁(洛書九宮)

2) 음양오행(陰陽五行)

우주를 지배하는 두 가지 힘은 음(陰)과 양(陽)이다. 즉 음양은 생명체의 근원이다. 음양(陰陽)은 서로 상반되면서도 상호 보완적인 관계를 맺고 있기 때문에 결합되면 조화를 이룰 수 있는 것이다.

양(陽)은 음(陰)의 뿌리[根]이며, 음은 양의 뿌리[根]이다. 음양은 천지(天地) 사이에서 만물을 만들어내는 두 기[二氣]이다. 한편, 우주만물이 탄생된 이상 양은 절대 양이 없고 음은 절대 음이 없다. 남녀를 비교하면 남자가 양이요 여자가 음이지만, 남자끼리 비교하면 윗사람이 양이요 아랫사람이 음이 되는 것이다. 나무를 비교하자면 큰 나무는 양이요 작은 나무는 음이지만, 작은 나무는 더 작은 풀에 비교하면 양이 되는 것이다. 물, 불, 산 등 우주만물이 동일한 이치이다. 또한 처음 음이 되면 다음은 양이요, 처음 양이 되면 다음은 음이 되는 자연법칙이다.

이처럼 음양은 고정적이 아니고 상대적이며 끊임없이 변화하고 교차한다. 다시 말하면, 한낮이 지나면 밤이 오듯이, 음이 극에 달하면 양이 되고 양이 극에 달하면 곧 음이 된다. 이와 같이 음양은 별개인 것 같으면서 하나이고 하나인 것 같으면서 별개이다. 따라서 음양의 조화가 중용(中庸)의 도(道)이며 인간생활에 있어서 으뜸가는 대도(大道)로 간주하여 왔다. 본성으로 보면 산은 움직이지 않으니 음(陰)이요, 물은 움직이니 양(陽)으로 볼 수 있다. 그러나 풍수에서 물이 본성대로 흘러가 버리면 산천의 기(氣)를 머물게 할 수가 없으므로 물은 조용히 머물러 있는 것이 좋다. 따라서 물을 음(陰, 가시내)으로 보면 산은 양(陽, 머스마)이 되어야 한다.

풍수에서 산수동로(山水同路)의 여정(旅程)이 끝나면 음양이 결합하여 보금자리를 형성하는데 백리, 천리를 행룡(行龍)하여도 불과 한 평 남짓한 혈처(穴處)를 맺는다.『지리정종(地理正宗)』에 의하면, 내외청룡을 사람의 왼쪽 다리와 팔에 비유하고 내외백호를 사람의 오른 쪽 다리와 팔에 비유하면서 명당이 되는 곳을 불두덩, 즉 단전(丹田) 아래로 잡는다고 말한다.

김민기 화백은 남자와 여자 즉 '머스마'와 '가시내'도 풍수지리의 산수(山水)에 어원이 있다고 주장한다. 둔덕은 산이며 산의 고어는 뫼, 머스마는 남자이고 폭포는 물, 물은 시내, 가시내로 변했으며 가시내는 여자의 고어로서 폭포그림은 성숙한 여인의 비밀스런 곳을 은유하는 것이며 산[머스마, 남자]과 물[가시내, 여자]이 열락하는 음양화합(陰陽和合)의 소리를 듣고 자란 오동나무야말로 참다운 운율을 엮어낼 수 있는 명기가 된다는 것이다. 두 개의 둔덕 사이에서 폭포가 떨어지는 그림은 거의 시원한 장관을 이루기 마련인데 이 폭포소리를 마주 듣는 양지쪽에서 자란 오동나무(石上梧桐)의 얼목을 잘라서 거문고를 만들어야 명품이 나온다고 한다.

한편 세계적으로 가장 공명이 잘되는 명품 바이올린은 로키산맥 3,000미터 높이의 수목한계 지대에서 '무릎을 꿇고 있는 나무'로 만든다고 한다. 이 지대의 나무들은 매서운 바람으로 인해 곧게 자라지 못하고 '무릎을 꿇고 있는 모습'을 한 채 있어야 한다. 이 나무들은 열악한 조건이지만 생존을 위해 무서운 인내를 발휘하며 지낸다. 아름다운 영혼을 갖고 인생의 절묘한 선율을 내는 사람은 아무런 고난 없이 좋은 조건에서 살아온 사람이 아니라 온갖 역경과 아픔을 겪어 본 사람이다. 이처럼 세상사에서 길은 서로 다르지만 목적지는 같은 것이 여러 가지가 있다. 동양의 거문고와 서양의 바이올린, 수양가(修養家)의 단법(丹法)과 지리가(地理家)의 장법(葬法) 등이 그러하다.

중국에서 출발한 동양철학은 음양오행 사상을 기본으로 하고 있는데, 북송(北宋)의 유학자 염계(濂溪) 주돈이(周敦頤)는 「태극도설(太極圖說)」에서 다음과 같이 말하고 있다. "무극(無極)이면서 태극(太極)이다. 태극이 동(動)하여 양(陽)을 낳는데, 동(動)의 상태가 지극하면 정(靜)하여지고, 정(靜)하여지면 음(陰)을 낳는다. 정(靜)의 상태가 지극하면 다시 동(動)하게 된다. 한 번 동(動)하고 한 번 정(靜)하는 것이 서로 그 뿌리가 되어, 음(陰)으로 나뉘고 양(陽)으로 나뉘어, 양의(兩儀)가 맞선다. 양(陽)이 변하고 음(陰)이 합하여 수(水), 화(火), 목(木), 금(金), 토(土)를 낳는데, 이 다섯 가지 기[五氣]가 순차로 펴지어 네 계절[四時]이 돌아가게 된다. 오행(五行)은 하나의 음양(陰陽)이고, 음양(陰陽)은 하나의 태극(太極)이며 태극(太極)은 본래 무극(無極)이다."[無極而太極, 太極動而生陽, 動極而靜, 靜而生陰, 靜極復動, 一動一靜, 互爲其根, 分陰分陽, 兩儀立焉. 陽變陰合而生水化木金土, 五氣順布四時行焉. 五行一陰陽也, 陰陽一太極也, 太極本無極也.]

〈표 1〉 복희차서지도(伏羲次序之圖)

太極 ☯								
陽 —				陰 --				兩儀
太陽 ⚌		少陰 ⚍		少陽 ⚎		太陰 ⚏		四象
乾 ☰	兌 ☱	離 ☲	震 ☳	巽 ☴	坎 ☵	艮 ☶	坤 ☷	八卦
天	澤	火	雷	風	水	山	地	自然
老父	小女	中女	長男	長女	中男	小男	老母	人間
1	2	3	4	5	6	7	8	數

〈표 2〉 음양(陰陽)의 속성

陽	天, 日, 動, 雄, 明, 剛, 圓, 吉, 暑, 高, 美, 生, 大善, 變, 突, 前, 君, 上, 左, 赤, 奇, 魂, 深, 生, 興文, 昇, 膨脹 등
陰	地, 月, 靜, 雌, 暗, 柔, 方, 凶, 寒, 低, 醜, 死, 小惡, 合, 陷, 後, 臣, 下, 右, 黑, 偶, 魄, 淺, 成, 亡武, 降, 收斂 등

오행(五行)은 나무(木), 불(火), 흙(土), 쇠(金), 물(水)를 말하는 것으로서 단순히 세계를 구성하는 요소를 뜻하는 것이 아니다. 행(行)이라는 개념이 시사하듯이 자연현상의 변화와 운동의 원리를 뜻하는 것이다. 오행은 생명체의 근원인 음양을 움직이는 힘인 것이다. 음양과 오행은 원래 상관이 없는 개념이었으나 전국시대 말 추연(鄒衍)[27] 이후에 결합하여 사용되었다. 음양과 오행이 결합함으로써 음양의 조화 오행의 상생상극관계를 통하여 자연과 인간생활에 있어서 다양한 현상과 변화를 설명하고 체계적인 학설로 자리 잡게 되었다.

오행사상의 근원 또한 태극도설(太極圖說) 및 천문사상(天文思想), 그리고 삼신오제(三神五帝)의 오제사상(五帝思想)에서 찾아볼 수 있는데, 이는 자연현상의 5기(氣)이며, 이 5기는 우주를 구성하는 기본적인 5원소, 즉 수·화·목·금·토(水·火·木·金·土)이다.

양(陽)이 변하고 음(陰)이 화합하여 수·화·목·금·토의 오기(五氣)를 낳고, 오기가 순차로 베풀어지며, 사시(四時)가 행하여진다. 오행은 하나의 음양이고, 음양은 하나의 태극이며, 태극은 본래 무극이다. 오행이 나오는데 있어서는 제각기 그 성(性)[28]을 하나 가지게 된다.

지금까지의 논의에 의하면, 태극의 동정(動靜)에 의해 음양이 생기고, 음양의 변화에 의해 오행이 생기며, 오행의 조화(調和)에 의해 만물이 생기게 되니, 이 세상의 모든 만물은 음양오행의 원리를 갖고서 생성되었다. 음양오행은 우주만물의 크고 작은 모든 것에 의미가 부여되어 있으므로 큰 것에도 음양오행이 있고 작은 것에도 음양오행이 있으며, 자(雌)에게도 음양오행이 있고 웅(雄)에게도 음양오행이 있다. 하늘에도 음양오행이 있고 땅에도 음양오행이 있는 것이므로 음양과 오행은 불가분의 관계를 맺고 있는 것이다.

오행의 기운과 작용에 대한 설명은『서경(書經)』「홍범(洪範)」편, 즉 천지대법(天地大法)인 홍범구주(洪範九疇) 제1의 오행에서 찾아 볼 수 있는데, 내용을 요약하면 아래와 같다.

---

27) 제(齊)의 사상가인 추연(鄒衍, B.C. 350-B.C. 240)은『추자(鄒子)』와『추자시연(鄒子始終)』을 저술하였다고 하나 전해지지 않는다.
28) 여기서 말하는 성(性)이란 수·화·목·금·토(水·火·木·金·土)의 본성을 말한다.

[水] - 윤하작함(潤下作鹹)

윤하(潤下)란 사물을 적시어 낮은 데로 간다는 것을 의미한다. 따라서 그 기운은 아래로 내려가는 기운이며 수(水)는 겨울의 기운이고, 생명체는 활동력이 정지되며, 봄의 기운을 기다리는 것이다. 맛은 짠 맛이다.

[火] - 염상작고(炎上作苦)

염상(炎上)에서 火는 힘차게 솟아오름을 뜻하며, 기운이 사방팔방으로 확산됨을 말한다. 그 기운은 화(火)인데, 화(火)는 여름의 기운이며 초목이 무성해지는 것도 火의 기운이다. 맛은 쓴 맛이다.

[木] - 곡직작산(曲直作酸)

곡직(曲直)이란 목(木)이 나무와 같이 뻗어 상승(上昇)하는 기운을 말한다. 목(木)이란 위로 올라가려는 성질이며, 목(木)은 봄의 기운이며 만물이 하늘로 향한다. 맛은 씬 맛이다.

[金] - 종혁작신(從革作辛)

종혁(從革)이란 자유로이 변형(變形)하며 수축하려는 기운을 말한다. 그 기운은 금(金)인데, 금(金)은 가을의 기운에 해당된다. 맛은 매운 맛이다.

[土] - 가색작감(稼穡作甘)

가색(稼穡)이란 하종수납(下種收納)의 기운을 말한다. 목·화·금·수(木·火·金·水)의 기운을 골고루 가지고 있으며, 씨를 뿌리고 수확하는 일, 즉 균형(均衡)을 유지토록 하기 위해 목·화·금·수의 기운을 조화롭게 한다. 맛은 단맛이다.

3) 오행의 상생(相生)·상극(相剋)

오행의 상생, 상극을 살펴보면, 상생(相生)이란 하나의 기운이 다른 기운을 생(生)해 주는 것을 말하고, 상극(相剋)이란 하나의 기운이 다른 기운을 극(剋)하는 것을 말한다.

오행의 상생을 먼저 살펴보면, 水는 木을 생하며 木은 火를 생한다. 木은 水를 통해 생명력을 얻으며, 火는 木을 통해 생명력을 얻는다. 이를 水生木, 木生火라 한다. 木이 불타고 나면 재가 되어 흙으로 돌아간다. 이는 火가 土를 생하는 것이며 흙속에서 단단한 쇠가 이루어지는 것이므로 이는 土가 金을 생하기 때문이다. 이 金은 단단하고 차가운 물질이므로 기운이 수축[온도변화]해서 水가 생기는 만큼 이를 火生土, 土生金, 金生水라 하는 것이다.

오행의 상극을 살펴보면, 木의 기운은 도끼와 칼 같은 金의 기운으로 극을 받고[金剋木], 火의 기운은 水를 통해 극을 받는다. 火가 아무리 강해도 水에게는 이길 수 없다[水剋火]. 金은 차고 강하지만 火의 기운을 이길 수 없고[火剋金], 木의 기운은 土에서 뿌리내려 땅 위로 솟아오른다[木剋土]. 水는 아래로 쉬지 않고 흐르려 하지만, 水의 기운을 土가 흐름을 방해하거나 맑은 물을 흐린 물로 할 수 있다[土剋水].

〈표 3〉 오행 상생(相生)·상극(相剋)표

五行	相生	相剋
木	木生火	木剋土
火	火生土	火剋金
土	土生金	土剋水
金	金生水	金剋木
水	水生木	水剋火

〈그림 16〉
오행 상생(相生)·상극도(相剋圖)

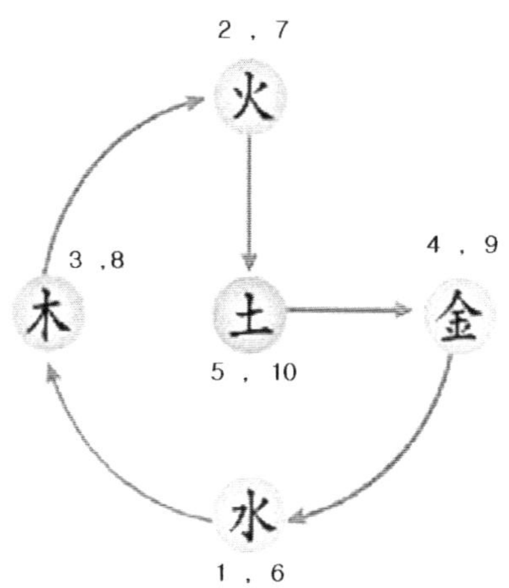

〈그림 17〉
상생도(相生圖)[하도(河圖)]

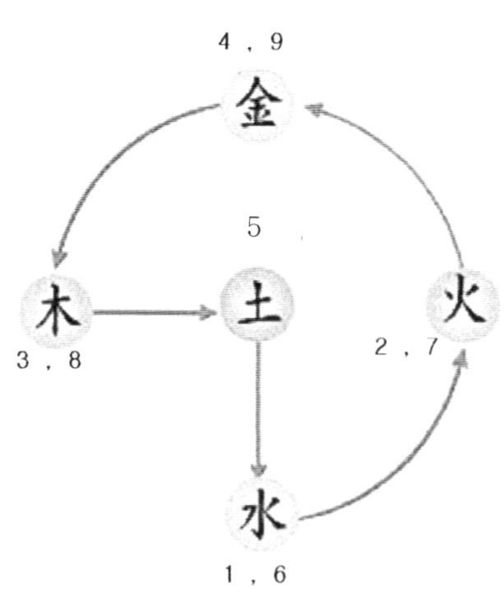

〈그림 18〉
상극도(相剋圖)[낙서(洛書)]

〈표 4〉 오행응용 배속표

五行區分	木		火		土		金		水	
	陽	陰	陽	陰	陽	陰	陽	陰	陽	陰
正五行 天干	甲	乙	丙	丁	戊	己	庚	辛	壬	癸
正五行 地支	寅	卯	午	巳	辰戌	丑未	申	酉	子	亥
八卦五行	震	巽		離	艮	坤	乾	兌	坎	
三合五行(生旺墓)	亥卯未		寅午戌				巳酉丑		申子辰	
數	3, 8		2, 7		5, 10		4, 9		1, 6	
五常	仁		禮		信		義		智	
方位	東		南		中央		西		北	
季節	春		夏		換節期		秋		冬	
色	青		赤		黃		白		黑	
五竅	目		舌		口		鼻		耳	
五狀	直		尖		橫		圓		曲	
五味	酸		苦		甘		辛		鹹	
五化	生		張		化		收		藏	
五臟	肝		心		脾		肺		腎	
音	ㄱ ㅋ		ㄴㄷㄹㅌ		ㅇ ㅎ		ㅅㅈㅊ		ㅁㅂㅍ	

4) 오행의 종류

풍수지리에서 쓰이는 오행의 명칭은 정오행(正五行), 삼합오행(三合五行), 사장생오행(四長生五行), 사대국오행(四大局五行), 팔괘오행(八卦五行), 중침오행(中針五行), 납음오행(納音五行), 성수오행(星宿五行), 대현공오행(大玄空五行), 소현공오행(小玄空五行), 홍범오행(洪範五行), 향상오행(向上五行) 등 수없이 많으나 지리에서 실용적으로 사용하는 오행(五行)을 기준하여 논하기로 한다.

[정오행(正五行)]

정오행(正五行)은 하도·낙서(河圖·洛書)와 선·후천팔괘(先·後天八卦)의 음양과 오행을 근거로 십간(十干), 십이지(十二支)의 음양오행을 만들었다.

〈표 4〉 오행응용 배속표 참조

[삼합오행(三合五行, 雙山五行)]

삼합오행(三合五行)이란 원관동규가(元關同竅歌)를 살펴보면 元者向也(원은 향이요), 關者龍也(관은 용이요), 竅者水口也(규는 수구이다). 12운성 즉 십이포태(十二胞胎)의 생(生), 왕(旺), 묘(墓)로 합국(合局)한 오행을 말하며 원(元-向), 관(關-龍), 규(竅-水口)의 삼각 삼합(三合)을 이루는 것이다. 〈표 4〉 오행응용 배속표 및 〈표 5〉 용수배합에 따른 순역포태법 참조 바람.

(1) 탐랑목국(貪狼木局) → 生方 - 亥
旺方 - 卯
墓方 - 未

(2) 염정화국(廉貞火局) → 生方 - 寅
旺方 - 午
墓方 - 戌

(3) 무곡금국(武曲金局) → 生方 - 巳
旺方 - 酉
墓方 - 丑

(4) 문곡수국(文曲水局) → 生方 - 申
旺方 - 子
墓方 - 辰

[사장생오행(四長生五行)]

갑·경·병·임(甲·庚·丙·壬)은 양이 되어 순행하여 장생(長生)을 일으키고, 을·신·정·계(乙·辛·丁·癸)는 음이 되어 역행하여 장생(長生)을 일으킨다. 〈표 5〉 용수배합에 따른 순역포태법 참조 바람.

양(陽) - 순행(順行)

목국(木局) - 갑목장생재건해(甲木長生在乾亥)

화국(火局) - 병화장생재간인(丙火長生在艮寅)

금국(金局) - 경금장생재손사(庚金長生在巽巳)

수국(水局) - 임수장생재곤신(壬水長生在坤申)

음(陰) - 역행(逆行)

목국(木局) - 계수장생재갑묘(癸水長生在甲卯)

화국(火局) - 을목장생재병오(乙木長生在丙午)

금국(金局) - 정화장생재경유(丁火長生在庚酉)

수국(水局) - 신금장생재임자(辛金長生在壬子)

〈표 5〉 용수배합에 따른 순역포태법

	陽(順)				陰(逆)			
12胞胎	甲木	丙火	庚金	壬水	乙木	丁火	辛金	癸水
胞	坤申	乾亥	艮寅	巽巳	庚酉	壬子	甲卯	丙午
胎	庚酉	壬子	甲卯	丙午	坤申	乾亥	艮寅	巽巳
養	辛戌	癸丑	乙辰	丁未	丁未	辛戌	癸丑	乙辰
長生	乾亥	艮寅	巽巳	坤申	丙午	庚酉	壬子	甲卯
沐浴	壬子	甲卯	丙午	庚酉	巽巳	坤申	乾亥	艮寅
冠帶	癸丑	乙辰	丁未	辛戌	乙辰	丁未	辛戌	癸丑
臨官	艮寅	巽巳	坤申	乾亥	甲卯	丙午	庚酉	壬子
帝旺	甲卯	丙午	庚酉	壬子	艮寅	巽巳	坤申	乾亥
衰	乙辰	丁未	辛戌	癸丑	癸丑	乙辰	丁未	辛戌
病	巽巳	坤申	乾亥	艮寅	壬子	甲卯	丙午	庚酉
死	丙午	庚酉	壬子	甲卯	乾亥	艮寅	巽巳	坤申
墓	丁未	辛戌	癸丑	乙辰	辛戌	癸丑	乙辰	丁未

[사대국오행(四大局五行)]

수구(水口), 즉 파구(破口)에 따라 사대국오행(四大局五行)으로 나눈다.

1破 2破 3破

목국(木局) - 丁未, 坤申, 庚酉

화국(火局) - 辛戌, 乾亥, 壬子

금국(金局) - 癸丑, 艮寅, 甲卯

수국(水局) - 乙辰, 巽巳, 丙午

[팔괘오행(八卦五行)]

팔괘오행이란 후천팔괘와 낙서구궁에 따른 오행을 말한다. 〈표 6〉 팔괘응용 배속표 및 〈그림 15〉 낙서구궁 참조 바람.

〈표 6〉 팔괘응용 배속표

八卦	坎(☵)	艮(☶)	震(☳)	巽(☴)	離(☲)	坤(☷)	兌(☱)	乾(☰)
五行	水	土	木	木	火	土	金	金
陰陽	陽	陽	陽	陰	陰	陰	陰	陽
人間	中男	小男	長男	長女	中女	老母	小女	老父
數理	1	8	3	4	9	2	7	6
方位	北 壬子癸	北東 丑艮寅	東 甲卯乙	南東 辰巽巳	南 丙午丁	南西 未坤申	西 庚酉辛	北西 戌乾亥

[중침오행(中針五行)]

지상(地上) 24방위의 모든 사(砂)는 지상과 가장 밀접한 관계가 있는 천체(天體)의 많은 별들 중에서 구성[북두칠성과 보필성]과 일, 월, 목, 화, 토, 금, 수 등의 칠성 및 이십팔수(二十八宿) 등과 관계되는 여러 성신(星辰)이 천상(天上)에서 지상으로 비치게 된다. 이러한 성신이 지상 24방위의 모든 사와 배합하여 오행을 이루는 것을 중침오행이라 하며, 학자에 따라서는 성수(星宿) 이십팔수(二十八宿)라는 뜻에서 성수오행(星宿五行) 또는 숙도오행(宿度五行)이라고도 한다.

중침오행으로 주변제사(周邊諸砂)를 격간(格看)하여 대지(垈地) 및 묘지(墓地)와 제사(諸砂)와의 관계를 생(生), 왕(旺), 노(奴), 살(殺), 설(洩)로 구별하여 길흉화복(吉凶禍福)을 판단한다.(삼합반 9층나침반의 6층 인반중침 활용 바람.)

■ 측정 및 활용방법

대지나 묘지를 기준으로 하여 제6층으로 사의 봉우리를 측정하게 되는데, 중심에다 라경(羅經)을 정반(定盤) 시키고 측정하여 길흉화복을 중침오행으로 가린다. 예를 들면, 지반정침(地盤正針, 삼합반 9층나침반의 4층)으로 측정한 곳의 좌향(坐向)이 건좌(乾坐)라면 중침오행으로 木이 된다. 이때 주변제사(周邊諸砂)를 인반중침(人盤中針)으로 측정하여 곤간손(坤艮巽)방에 있으면 같은 오행으로 木木비화(比和)가 되어 왕(旺)하므로 인재(人財)가 왕정(旺丁)토록 돕는 사(砂)가 되며, 사정(四正)인 자오묘유(子午卯酉)나 사순(四順)인 갑경병임(甲庚丙壬)방에 사가 있으면 중침오행으로 火이므로 木生火가 되어 아생사(我生砂) 식신(食神)이며 설(洩)하므로 재물이 흩어진다. 또한 사강(四强)인 을신정계(乙辛丁癸)방에 사(砂)가 있으면 중침오행으로 土이므로 木剋土가 되어 아극사(我剋砂) 재성(財星)이며 노(奴)이므로 후손이 노비를 많이 거느리도록 재물이 늘어나는 사이고, 사장(四藏)인 진술축미(辰戌丑未)방에 사가 있으면 중침오행으로 金이므로 金剋木이 되어 극아사(剋我砂) 관성(官星)이며 살(殺)이 되어 극히 흉하다. 사생(四生)인 인신사해(寅申巳亥)방에 사(砂)가 있으면 중침오행으로 水가 되므로 水生木이 되어 생아사(生我砂) 인수(印綬)이며 생(生)하므로 후손이 문무관(文武官)에 오를 수 있도록 돕는 사(砂)가 된다.

〈표 7〉 중침오행

中針五行	木	火	土	金	水
坐向/方位	乾坤艮巽	子午卯酉 甲庚丙壬	乙辛丁癸	辰戌丑未	寅申巳亥

〈표 8〉 중침오행의 배합관계

名　稱	形　態	內　容
생(生) 인수(印綬)	生我砂	후손이 귀하게 된다.
왕(旺) 비견(比肩)	同一五行(比和)	재물이 늘고 후손이 귀하게 된다.
노(奴) 재성(財星)	我剋砂	재물이 늘어난다.
설(洩) 식신(食神)	我生砂	재물이 흩어진다.
살(殺) 관성(官星)	剋我砂	재물이 줄고 후손에게 화(禍)가 미친다.

[납음오행(納音五行)]

납음오행은 동양철학의 여러 방면에서 활용하고 있으나 풍수지리에서는 재혈(裁穴), 분금(分金), 장사일시(葬事日時) 등에 필요하며, 이를 분금에 적용하면 납음오행상 분금과 망명(亡命) 및 자손의 생년과 상생되게 하는 방법이다. (삼합반 9층나침반의 9층 120분금 활용 바람.)

〈표 9〉 육갑납음오행

甲子 乙丑	海中金	丙寅 丁卯	爐中火	戊辰 己巳	大林木	庚午 辛未	路傍土	壬申 癸酉	劍鋒金
甲戌 乙亥	山頭火	丙子 丁丑	澗下水	戊寅 己卯	城頭土	庚辰 辛巳	白鑞金	壬午 癸未	楊柳木
甲申 乙酉	泉上水	丙戌 丁亥	屋上土	戊子 己丑	霹靂火	庚寅 辛卯	松栢木	壬辰 癸巳	長流水
甲午 乙未	沙中金	丙申 丁酉	山下火	戊戌 己亥	平地木	庚子 辛丑	壁上土	壬寅 癸卯	金箔金
甲辰 乙巳	覆燈火	丙午 丁未	天河水	戊申 己酉	大驛土	庚戌 辛亥	釵釧金	壬子 癸丑	桑柘木
甲寅 乙卯	大溪水	丙辰 丁巳	沙中土	戊午 己未	天上火	庚申 辛酉	石榴木	壬戌 癸亥	大海水

장사(葬事)시 주인은 망명(亡命)이므로 망명과 자손이 상생된다 함은 납음오행으로 생아자(生我者), 아극자(我剋者), 비견(比肩) 중에 해당되도록 하여야 한다.

- 생아자(生我者): 나를 생하게 하는 것이므로 길(吉)
- 아극자(我剋者): 내가 이기는 것이므로 길(吉)
- 비견(比肩): 나와 같은 오행이므로 길(吉)
- 아생자(我生者): 내가 생하여 설기(洩氣)되므로 흉(凶)
- 극아자(剋我者): 나를 극하는 것이므로 흉(凶)

〈표 10〉 육갑납음오행 계산표

納音五行	數	天干	地支
木	1	甲乙	子丑, 午未
金	2	丙丁	寅卯, 申酉
水	3	戊己	辰巳, 戌亥
火	4	庚辛	
土	5	壬癸	

육갑납음오행을 다 외우기 어려우므로 계산으로 쉽게 알 수 있는 방법이 있다. 예를 들어 갑자생(甲子生)이면 천간의 값은 1이고 지지의 값도 1이므로 1+1=2가 되어 납음오행이 금(金)이 되고, 병인생(丙寅生)이면 천간의 값은 2이고 지지의 값도 2이므로 2+2=4가 되어 납음오행이 화(火)가 된다.

천간과 지지를 합(合)한 수가 5를 초과하면 5를 감(減)하고 남은 수가 납음오행이 된다. 계미생(癸未生)이면 천간의 값은 5이고 지지 값은 1이므로 5+1=6, 6-5=1이 되어 납음오행이 목(木)이 된다. 표에서 계미생(癸未生)을 찾아보면 양류목(楊柳木)으로서 목(木)이 됨을 알 수 있다.

5) 오성산형(五星山形)과 천상구성(天上九星)

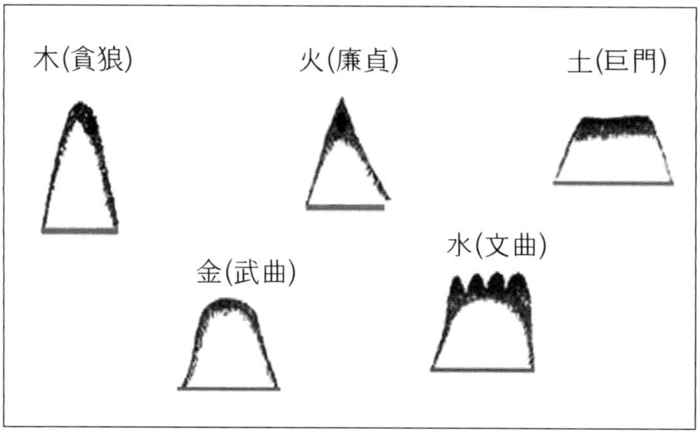

〈그림 19〉 오성산형(五星山形)

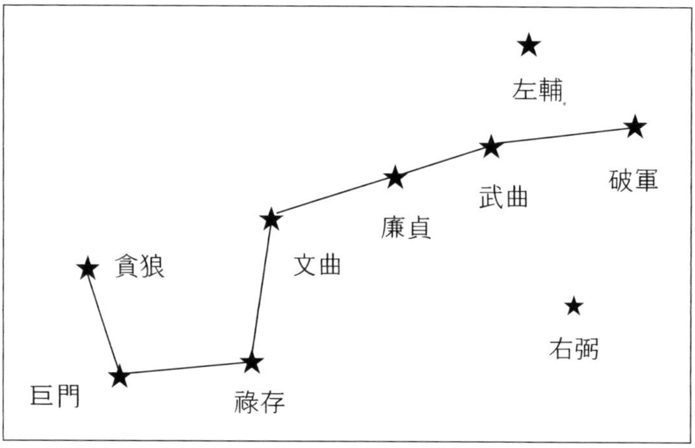

〈그림 20〉 천상구성(天上九星)

구성(九星)이란 우주천체의 중심축인 북극성(北極星) 주위를 운행하며 우주를 지배하는 북두칠성(北斗七星)과 좌보성(左輔星), 우필성(右弼星)의 아홉 개 별을 말한다. 그런데 풍수에서는 하늘에 있는 구성이 지상에서 그 형상을 나타낸 것이 산(山)이라고 보기 때문에 산봉우리를 성(星)이라 한다. 보통 산의 모양을 정격인 오성(五星)으로 나누는데, 변격인 구성(九星)으로 나누기도 한다. 당(唐)나라의 양균송(楊筠松)은 『감룡경(撼龍經)』에서 구성의 형체에 따라 길흉을 변별(辨別)하였다.

[탐랑(貪狼)]

제일천추성(第一天樞星)으로 생기궁(生氣宮)

오행(五行) - 목(木)

수려(秀麗), 총명(聰明), 문(文), 귀(貴), 손(孫), 벼슬을 관장

탐랑성이 비추면 가운이 번창하고, 속발부귀(速發富貴)함.

[거문(巨門)]

제이천의성(第二天醫星)으로 제왕궁(帝王宮, 天乙宮)

오행(五行) - 토(土)

총명(聰明), 귀(貴), 수(壽), 부(富)를 관장

거문성이 비추면 부귀다복(富貴多福)하고 건강장수함.

[녹존(祿存)]

제삼천기성(第三天機星)으로 절체궁(絶體宮)

오행(五行) - 토(土)

질병(疾病) 및 재앙(災殃), 쇠퇴(衰退), 소송(訴訟), 손재(損財)를 관장

녹존성이 비추면 사람이 상(傷)하고 다재(多災)함.

[문곡(文曲)]

제사천권성(第四天權星)으로 유혼궁(遊魂宮) 또는 육살궁(六殺宮)

오행(五行) - 수(水)

음란(淫亂), 관재(官災), 예술(藝術) 및 예능(藝能)을 관장

문곡성이 비추면 음란하거나 패가(敗家) 상정(傷丁)하나, 간혹 예술과 예능으로 두각을 나타내기도 함.

[염정(廉貞)]

제오옥형성(第五玉衡星)으로 오귀궁(五鬼宮) 또는 화해궁(禍害宮)

오행(五行) - 화(火)

형살(刑殺)과 흉악(凶惡), 난폭(亂暴), 화재(火災), 구설(口舌)을 관장

염정성이 비추면 다병(多病), 단명하고 흉사가 이어짐.

[무곡(武曲)]

제육합양성(第六闔陽星)으로 복덕궁(福德宮) 또는 연년궁(延年宮)

오행(五行) - 금(金)

부(富), 귀(貴), 수(壽), 자손번창(子孫繁昌), 무장(武將) 및 병권(兵權)을 관장

무곡성이 비추면 득재(得財)하고, 자손 번창하고 건강장수함.

[파군(破軍)]

제칠요광성(第七瑤光星)으로 절명궁(絶命宮)

오행(五行) - 금(金)

형겁(刑劫)과 악질(惡疾), 죽음을 관장

파군성이 비추면 다병(多病), 단명하고 재앙이 이어짐.

[좌보(左輔)]

무곡성의 좌변에 위치한 제팔하명성(第八河明星)으로 귀혼궁(歸魂宮)

오행(五行) - 토(土)

[우필(右弼)]

파군성의 우변에 위치한 제구추성성(第九樞星星)으로 귀혼궁(歸魂宮)

오행(五行) - 금(金)

좌보성과 우필성을 합하여 보필성이라 하며, 소부(小富), 소귀(小貴)를 관장.

보필성(輔弼星)이 비추면 길흉이 달라지는데, 길한 것을 만나면 경사중중(慶事重重)하고 흉한 것을 만나면 흉해짐.

2. 나침반(羅針盤) 이론

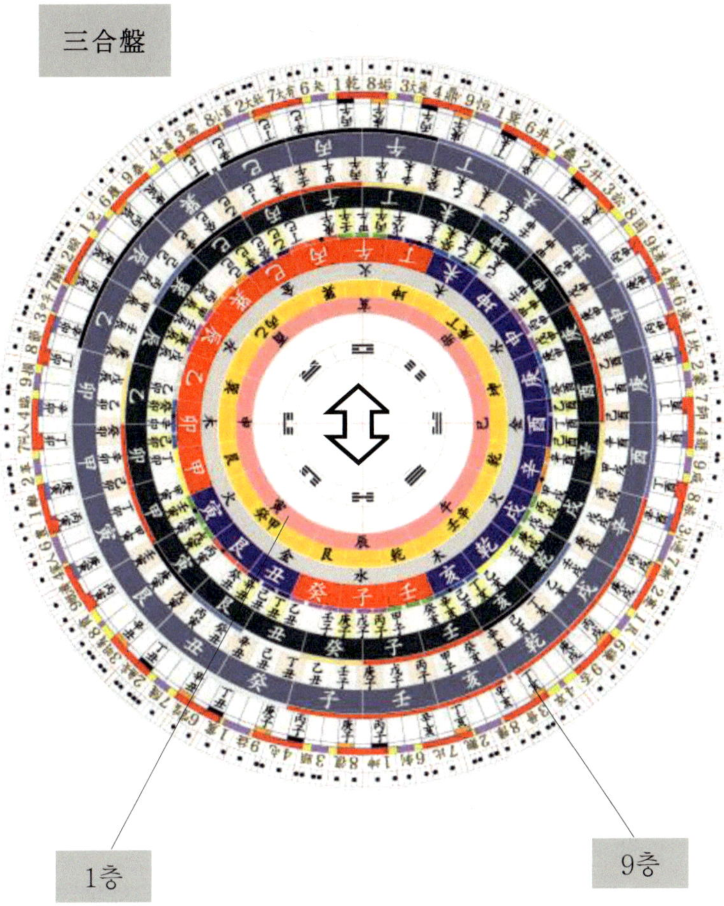

[삼합반 각 층의 명칭 및 용도: 9층 기준]

제1층 – 용상팔살(龍上八殺)을 분변(分辨)하는 층

제2층 – 황천수(黃泉水)를 확인하는 층

제3층 – 삼합오행(三合五行)을 표시한 층

제4층 – 內 지반정침(地盤正針)으로 용맥 및 좌향 측정

제5층 – 천산72룡(穿山72龍)으로 입수 후면의 내룡 격정

제6층 – 인반중침(人盤中針)으로 주변 제사(諸砂) 측정

제7층 – 투지60룡(透地60龍)

입수에서 혈장까지의 내룡맥을 격정(格定)

제8층 - 외(外) 천반봉침(天盤縫針)

수지래거(水之來去)를 측정하는 층

제9층 - 120 분금(分金)층

재혈(裁穴) 분금시 활용 하는 층

1) 나침반의 종류 및 역사

나침반을 좌향 놓는 방법에 따라 구분하여 보면, 삼합반(三合盤), 삼원반(三元盤), 천성반(天星盤)등이 있으며, 최근에는 삼합·삼원겸용반도 판매되고 있다. 삼합반은 삼합풍수에 이용하고 삼원반은 현공풍수에서 이용하고 있으나 이 절에서는 삼합반을 설명토록 한다. (삼합반으로도 현공풍수의 하괘만 사용시 가능함.)

삼원반은 뒷 절의 좌향론편에서 현공풍수의 하괘(下卦)와 체괘(替卦) 및 대공망·소공망 구분을 자세히 설명토록 한다.

삼원반(三元盤)도 장대홍(蔣大鴻)이 사용하던 종류와 장중산(章仲山)의 나경도(羅經圖)를 심소훈(沈紹勳) 선생이 개량하여 만든 심반(沈盤) 등이 서로 다르지만, 심반(沈盤)인 전당심죽잉갱정장씨반식(錢唐沈竹礽更正蔣氏盤式) 현공나침반에 따르면 나침반의 구조는, 지반정침만 있고 인반중침과 천반봉침은 없으며 모두 9층으로 되어 있다.

그리고 기존의 양택풍수에서는 팔괘(八卦)의 8방위를 사용하여왔으나(동·서사택) 현공풍수에서는 음양택 모두 24방위를 그대로 쓰고 있다. 한 방위를 15도로 볼 때, 중간 9도의 하괘 정향(正向)으로 놓아야 한다.

만약 장애가 없다면 중앙선 1도 내에 청순한 정향으로 입선(立線)하는 것이 가장 좋으며 하괘로 입향하지 못해 필요시 전문가들이 쓰는 체괘 겸향(兼向)으로 입향할 경우는 360도가 표시된 정밀·정확한 삼원반을 갖춰야 한다.

「지리(地理)의 용(用)에서 나경(羅經)보다 나은 것은 없다.」

지남침(指南針)이 중국에서 발명되어 B.C 2700년 전 지남차(指南車)로 만들어져 전쟁에서 활용되었다는 기록이 있으며, 이후 나침반(羅針盤)이 동양(중국, 한국 등 동아시아)에서는 묘(墓)자리나 집터 등의 자리를 정할 때 사용 되었고, 북송(北宋)때에 아랍과 유럽으로 전해져 항해술(航海術)에 사용되었다. 풍수지리 측면에서 자세히 살펴보면, 방위란 공간의식(空間意識)의 한 형태로 단순히 동서남북만으로서는 부족한 점이 너무나 많다. 자연상태 기(氣)의 흐름인 천기(天氣), 지기(地氣)는 단순한 지남침으로는 알 수가 없다.

1492년 이후 콜롬부스가 신대륙을 찾기 위해 나침반을 사용해 항해한 것 등만 보아도 서양에서는 단순한 방위만을 이용하였다는 것을 알 수 있다. 동양에서는 산의 모양과 변화 그리고 별자리의 이동, 물의 이동, 계절 변화, 시간 변화 등 순환원리(循環原理)를 연구해, 그 결과를 나침반의 각 층(層)에 속속들이 담아 놓았다. 따라서 서양에서의 나침반은 단순히 이동시에 동서남북의 방위만 보는 것이고, 동양에서의 나침반은 방위뿐만 아니라 우주자연의 순환생성(循環生成)하는 이치, 즉 공간의 기운을 가늠할 수 있기 때문에 그 차이는 실로 크다.

풍수지리에서 땅의 길흉을 판단하는 방법으로 복건법(福建法)으로 알려진 방위법인 리기론(理氣論)과 강서법(江西法)이라 하는 형상론(形象論)으로 구분한다.

형상론은 형세론(形勢論), 만두형세론(巒頭形勢論), 물형론(物形論)이라고도 하는데 용, 혈, 사, 수 등과 같이 눈에 보이는 산과 물의 기운을 보고 혈의 사상(四象)인 와겸유돌(窩鉗乳突)의 상태를 세밀히 관찰해서 명당진혈(明堂眞穴)을 찾는 방법을 말하며, 리기론은 그 이론이 수없이 많지만 팔괘, 십이지(十二地), 천성(天星), 음양오행 등이 리기론의 요체(要諦)가 된다. 이러한 리기의 요체를 알아내는 도구(道具)로써 나침반을 이용한다. 나침반을 라경(羅經)이라고도 하는데, 포라만상 경륜천지(包羅萬象 經綸天地)에서 따 온 것이라 한다. 이는 우주만물에 존재하는 모든 이치가 라경 안에 있다는 뜻이다. 또한 패철(佩鐵)이라는 말은 차고 다니는 지남철(指南鐵)이란 뜻이다.

리기(理氣)란 구체적인 의미로 보면, 나침반을 이용하여 내룡입수(來龍入首), 양택이나 음택의 입향(立向), 분금(分金), 물의 득파(得破), 주변 사(砂) 등 기의 흐름을 이론으로 검증(檢證)하는 방법을 말하는데, 형상과 리기는 표리관계(表裏關係)를 이루고 있다.

음과 양이 따로 있을 수 없고, 형(形)이 없는 이(理)가 없고, 세(勢)가 없는 기

(氣)가 있을 수 없다. 심오(深奧)하게 공부하여 개안(開眼)되고 높은 안목을 가진 명사라면 형상이나 리기만을 가지고도 명당진혈을 찾아 재혈(裁穴), 입향(立向)할 수 있으나, 인간의 오차를 줄이기 위해 형세와 리기를 조화 있게 적절히 활용토록 하여야 한다.

풍수지리학은 감여학(堪輿學)이라고도 한다. 감여(堪輿)의 어의(語意)는 『설문해자(說文解字)』「허주(許註)」를 보면 "감(堪)은 천도(天道)이고 여(輿)는 지도(地道)이다"라고 했다. 여기서 천도(天道)는 하늘의 도리로서 풍수지리학의 리기(天星理氣)에 해당되고, 지도는 땅의 도리, 풍수지리학의 만두형세(巒頭形勢), 즉 지리의 형상에 해당한다. 그러므로 풍수지리학은 리기와 형상을 종합·연구하는 자연과학인 것이다.

나침반 이론의 전사(前史)를 살펴보면 『금낭경(錦囊經)』「형세(形勢)」편에 "土圭測其方位, 玉尺度其遠邇"라 하여, 토규(土圭)로써 혈의 방위를 측정하고 옥척(玉尺)으로 혈의 깊이를 측정한다고 하였는데, 이러한 사실을 통하여 고대인들도 방위 측정을 하였음을 알 수 있다. 한(漢)나라 때 육임점반(六壬占盤)이 있었는데, 육임이라 부른 것은 육십갑자(六十甲子)중 여섯 개의 임(壬) 즉 [임신(壬申), 임오(壬午), 임진(壬辰), 임인(壬寅), 임자(壬子), 임술(壬戌)]이 있어 육임이라 하고 육임점반은 상하 두 개의 반(盤)이 같은 축으로 하여 만들어진 것으로, 상반은 원형으로 천반(天盤)으로 불렀고, 하반은 네모꼴로 지반(地盤)이라 하여 '하늘은 둥글고 땅은 네모지다'[天圓地方]라는 고대인들의 천지관(天地觀)이 표현된 것이다.

천반의 가운데에는 북두칠성이 그려져 있고, 그 밖으로는 12개의 숫자를 표시하여 일 년 열두 달을 주재하는 신장(神將)을 표시하고, 숫자 밖에는 하늘의 별 28개[28宿]를 표시하였다. 당(唐)나라까지는 토규(土圭)와 육임점반(六壬占盤)이 병존하다가 송(宋) 이후 자침의 편각(偏角) 현상이 밝혀진 이래 정침(正針)과 봉침(縫針)의 이론이 나오고 복각(伏角) 현상까지도 밝혀짐으로써 현대적 의미의 나침반은 송(宋)나라 때 만들어진 것으로 보인다.

[Tip] 12神將

12지지(地支)라고도 하며 땅을 지키는 12명의 신장(神將)을 도교의 방위 신앙에 따라 12방위에 배치하거나 12달을 주재하고, 얼굴은 짐승이지만 몸은 사람의 형상을 하고 있다.

[Tip] 편각(偏角)과 복각(伏角)

자북(磁北)과 진북(眞北)은 일치하지 않고 동(東)·서(西)로 치우치는데, 이 각을 편각(Declination)이라 한다. 서울의 편각은 약 6° W(서쪽으로 6도 치우침)이다. 또한 자침은 수평이 되지 않고 상하로 기울어지는데, 기울어진 각을 복각(Inclination)이라 하며, 지구 자기(地球磁氣) 북극과 남극에서는 복각이 90° 로 된다.

2) 나침반의 활용법

삼합반을 기준하여 나침반의 층(層)수는 많게는 41층, 52층 등 여러 종류가 있으나 합리적이며 가장 편리하게 사용할 수 있는 나침반은 9층 및 13층이므로 9층을 기준으로 용도를 살펴본다. 사용법에 대해서는 여러 가지 주장과 이론이 있으나 올바른 사용법은 다음과 같다.

[1층 용상팔살(龍上八殺)]

용상팔살의 자의적(字意的) 해석을 찾아보면, 입수(入首) 내룡맥(來龍脈)을 극제(剋制)하는 살성(殺星)을 말한 것이다. 모든 제살(諸殺) 가운데 가장 흉한 살(殺)로서 잘못하여 범하면 그 시간 이후 온갖 재난을 당하며 재물은 실패하고 재앙이 생긴다.

24산(山)을 후천팔괘(後天八卦)의 8방위로 나눈 입수 내룡맥과 향(向)과의 살성(殺星)을 찾아본 것으로, 용(龍)의 기운을 향(向)이 극해(剋害)하지 않아야 한다. 물론 극(極)한다는 것은 陽金이 陽木을 극하고 陰金이 陰木을 극하는 것이다. 큰 나무를 작은 칼로 벨 수 없고, 잔디를 도끼로 벨 수 없음이다.

「자연[入首來龍]을 인위적[向]으로 극(剋)하지 마라.」

이에 관해 전해오는 시구(詩句)를 살펴보면 다음과 같다.

「坎龍坤兎震山猴, 巽鷄乾馬兌巳頭;
艮虎離猪爲殺曜, 塚宅逢之一旦休.」

감룡(坎龍)은 임자계(壬子癸)인데, 감룡 입수에는 진향(辰向)을 할 수 없다. 감(坎)은 팔괘오행의 水(중남이므로 陽)이고 辰은 정오행상 土(陽)이므로 토극수(土剋水)하여 향(向)이 용(龍)의 기운을 극한다.

곤룡(坤龍)은 미곤신(未坤申)인데, 곤룡 입수(入首)에는 묘향(卯向)을 할 수 없다. 곤(坤)은 팔괘오행의 土(노모이므로 陰)이고 卯는 정오행상 木(陰)이므로 목극토(木剋土)하여 향(向)이 용(龍)의 기운을 극한다.

진룡(震龍)은 갑묘을(甲卯乙)인데, 진룡 입수(入首)에는 신향(申向)을 할 수 없다. 진(震)은 팔괘오행의 木(장남이므로 陽)이고 申은 정오행상 金(陽)이므로 금극목(金剋木)하여 향(向)이 용(龍)의 기운을 극한다.

「坎龍坤兎震山猴」

손룡(巽龍)은 진손사(辰巽巳)인데, 손룡 입수(入首)에는 유향(酉向)을 할 수 없다. 손(巽)은 팔괘오행의 木(장녀이므로 陰)이고 酉는 정오행상 金(陰)이므로 금극목(金剋木)하여 향(向)이 용(龍)의 기운을 극한다.

건룡(乾龍)은 술건해(戌乾亥)인데, 건룡 입수(入首)에는 오향(午向)을 할 수 없다. 건(乾)은 팔괘오행의 金(노부이므로 陽)이고 午는 정오행상 火(陽)이므로 화극금(火剋金)하여 향(向)이 용(龍)의 기운을 극한다.

태룡(兌龍)은 경유신(庚酉辛)인데, 태룡 입수(入首)에는 사향(巳向)을 할 수 없다. 태(兌)는 팔괘오행의 金(소녀이므로 陰)이고 巳는 정오행상 火(陰)이므로 화극금(火剋金)하여 향(向)이 용(龍)의 기운을 극한다.

「巽鷄乾馬兌巳頭」

간룡(艮龍)은 축간인(丑艮寅)인데, 간룡 입수(入首)에는 인향(寅向)을 할 수 없다. 간(艮)은 팔괘오행의 土(소남이므로 陽)이고 寅은 정오행상 木(陽)이므로 목극토(木剋土)하여 향(向)이 용(龍)의 기운을 극한다.

리룡(離龍)은 병오정(丙午丁)인데, 리룡 입수에는 해향(亥向)을 할 수 없다. 리

(離)는 팔괘오행의 火(중녀이므로 陰)이고 亥는 정오행상 水(陰)이므로 수극화(水剋火)하여 향(向)이 용(龍)의 기운을 극한다.

「艮虎離猪爲殺曜」

묘(墓)든 주택(住宅)이든 일단 해당되면 필시상정손재(必是傷丁損財)는 말할 것도 없이 패절(敗絶)한다.

「塚宅逢之一旦休」

도선국사 유산록(遊山錄)에 보면 "영광에 아룡도강형(兒龍渡江形)의 명당이 있는데, 열 번 묘를 써도 열 번을 모두 파낸다"라고 언표하고 있다. 이곳은 내룡이 병오방(丙午方)에서 왔는데, 주산(主山)과 안산(案山), 조산(朝山), 그리고 좌우 청룡(靑龍), 백호(白虎) 및 수세(水勢)를 보아 묘(卯)의 좌향을 놓으면 해향(亥向)으로 놓을 가능성이 크다. 병오룡에서 해향을 놓으면 「艮虎離猪爲殺曜」의 용상팔살이다. 그러므로 열 번을 묘를 써도 열 번을 파낼 수밖에 없다.

[2층 사로(四路) 팔로(八路) 황천수(黃泉水)]

사로(四路)란 건곤간손의 사유(四維)를 이르는 말이고 팔로(八路)란 갑경병임과 을신정계의 팔간(八干)을 이르는 말로서 사로·팔로 황천은 향(向)과 수(水)의 득수(得水) 및 거수(去水)에 따라 구빈황천(救貧黃泉)과 살인황천(殺人黃泉)으로 구분된다. 황천수는 12운성(運星)의 장생(長生)론에서 유래되었는데, 옥척경(玉尺經)의 살인황천가(殺人黃泉歌)와 사마두타(司馬頭陀)의 구빈황천가(救貧黃泉歌)로 나누어 볼 수 있다.

나침반 2층을 보면 좌선(左旋)으로 건(乾), 신임(辛壬), 건(乾), 간(艮), 계갑(癸甲), 간(艮), 손(巽), 을병(乙丙), 손(巽), 곤(坤), 정경(丁庚), 곤(坤) 등 천간 16자가 있는데, 나침반 4층의 신(辛)자 위에 건(乾)이 있고 건(乾)자 위에 신임(辛壬)이 임(壬)자 위에 건(乾)이 있다.

① 살인황천인 신임수로파당건(辛壬水路怕當乾)
　구빈황천인 신입건궁백만장(辛入乾宮百萬莊)

가) 수국(水局)의 정왕향(正旺向)

수국의 정왕향은 임자(壬子)향이니 건방(乾方) 수(水)는 임관(臨官) 녹수(祿水)가 되므로 좌수(左水)인 건방(乾方) 수(水)가 내(來)하여 혈 앞을 감싸면 구빈황천이 되고, 같은 임자(壬子)향을 하고 우수(右水)가 혈 앞을 감싼 후 건방(乾方)으로 거수(去水)하면 임관(臨官) 녹위(祿位)를 충파하므로 대악살인황천(大惡殺人黃泉)이 된다.

나) 목국(木局)의 정양향(正養向)

목국의 정양향은 신술(辛戌)향이니 건방(乾方) 수(水)는 장생수(長生水)가 되므로 우수(右水)인 건방(乾方) 수(水)가 내(來)하여 혈 앞을 감싸면 구빈황천이 되고, 같은 신술(辛戌)향을 하고 좌수(左水)가 혈 앞을 감싼 후 건방(乾方)으로 거수(去水)하면 장생(長生)방을 충파하므로 대악살인황천이 된다.

다) 화국(火局)의 정묘향(正墓向)

화국의 정묘향은 신술(辛戌)향이니 건방(乾方) 수(水)는 절수(絶水)가 되므로 우수(右水)인 건방(乾方) 수(水)가 내(來)하여 혈 앞을 감싸면 묘위(墓位)를 충파하는 대악살인황천이 되고, 같은 신술(辛戌)향을 하고 좌수(左水)가 혈 앞을 감싼 후 건방(乾方)으로 거수(去水)하면 신입건궁백만장(辛入乾宮百萬莊)이라 하여 으뜸가는 구빈황천이 된다.

② 살인황천인 갑계향중우견간(甲癸向中憂見艮)
   구빈황천인 계귀간위현문장(癸歸艮位顯文章)

가) 목국(木局)의 정왕향(正旺向)

목국의 정왕향은 갑묘(甲卯)향이니 간방(艮方) 수(水)는 임관(臨官) 녹수(祿水)가 되므로 좌수(左水)인 간방(艮方) 수(水)가 내(來)하여 혈 앞을 감싸면 구빈황천이 되고, 같은 갑묘(甲卯)향을 하고 우수(右水)가 혈 앞을 감싼 후 간방(艮方)으로 거수(去水)하면 임관(臨官) 녹위(祿位)를 충파하므로 대악살인황천이 된다.

나) 화국(火局)의 정양향(正養向)

화국의 정양향은 계축(癸丑)향이니 간방(艮方) 수(水)는 장생수(長生水)가 되므로 우수(右水)인 간방(艮方) 수(水)가 내(來)하여 혈 앞을 감싸면 구빈황천이 되고, 같은 계축(癸丑)향을 하고 좌수(左水)가 혈 앞을 감싼 후 간방(艮方)으로 거수(去水)하면 장생(長生)방을 충파하므로 대악살인황천이 된다.

다) 금국(金局)의 정묘향(正墓向)

금국의 정묘향은 계축(癸丑)향이니 간방(艮方) 수(水)는 절수(絶水)가 되므로 우수(右水)인 간방(艮方) 수(水)가 내(來)하여 혈 앞을 감싸면 묘위(墓位)를 충파하는 대악살인황천이 되고, 같은 계축(癸丑)향을 하고 좌수(左水)가 혈 앞을 감싼 후 간방(艮方)으로 거수(去水)하면 계귀간위현문장(癸歸艮位顯文章)이라 하여 문장가가 난다고 하는 구빈황천이 된다.

③ 살인황천인 을병수방손수선(乙丙須防巽水先)
구빈황천인 을향손류청부귀(乙向巽流淸富貴)

가) 화국(火局)의 정왕향(正旺向)

화국의 정왕향은 병오(丙午)향이니 손방(巽方) 수(水)는 임관(臨官) 녹수(祿水)가 되므로 좌수(左水)인 손방(巽方) 수(水)가 내(來)하여 혈 앞을 감싸면 구빈황천이 되고, 같은 병오(丙午)향을 하고 우수(右水)가 혈 앞을 감싼 후 손방(巽方)으로 거수(去水)하면 임관(臨官) 녹위(祿位)를 충파하므로 대악살인황천이 된다.

나) 금국(金局)의 정양향(正養向)

금국의 정양향은 을진(乙辰)향이니 손방(巽方) 수(水)는 장생수(長生水)가 되므로 우수(右水)인 손방(巽方) 수(水)가 내(來)하여 혈 앞을 감싸면 구빈황천이 되고, 같은 을진(乙辰)향을 하고 좌수(左水)가 혈 앞을 감싼 후 손방(巽方)으로 거수(去水)하면 장생(長生)방을 충파하므로 대악살인황천이 된다.

다) 수국(水局)의 정묘향(正墓向)

수국의 정묘향은 을진(乙辰)향이니 손방(巽方) 수(水)는 절수(絶水)가 되므로 우수(右水)인 손방(巽方) 수(水)가 내(來)하여 혈 앞을 감싸면 묘위(墓位)를 충파하는 대악살인황천이 되고, 같은 을진(乙辰)향을 하고 좌수(左水)가 혈 앞을 감싼 후 손방(巽方)으로 거수(去水)하면 을향손류청부귀(乙向巽流淸富貴)이라 하여 부귀가 따르는 구빈황천이 된다.

④ 살인황천인 정경곤상시황천(丁庚坤上是黃泉)
구빈황천인 정곤종시만사상(丁坤終是萬斯箱)

가) 금국(金局)의 정왕향(正旺向)

금국의 정왕향은 경유(庚酉)향이니 곤방(坤方) 수(水)는 임관(臨官) 녹수(祿水)가 되므로 좌수(左水)인 곤방(坤方) 수(水)가 내(來)하여 혈 앞을 감싸면 구빈황천이 되고, 같은 경유(庚酉)향을 하고 우수(右水)가 혈 앞을 감싼 후 곤방(坤方)으로 거수(去水)하면 임관(臨官) 녹위(祿位)를 충파하므로 대악살인황천이 된다.

나) 수국(水局)의 정양향(正養向)

수국의 정양향은 정미(丁未)향이니 곤방(坤方) 수(水)는 장생수(長生水)가 되므로 우수(右水)인 곤방(坤方) 수(水)가 내(來)하여 혈 앞을 감싸면 구빈황천이 되고, 같은 정미(丁未)향을 하고 좌수(左水)가 혈 앞을 감싼 후 곤방(坤方)으로 거수(去水)하면 장생(長生)방을 충파하므로 대악살인황천이 된다.

다) 목국(木局)의 정묘향(正墓向)

목국의 정묘향은 정미(丁未)향이니 곤방(坤方) 수(水)는 절수(絶水)가 되므로 우수(右水)인 곤방(坤方) 수(水)가 내(來)하여 혈 앞을 감싸면 묘위(墓位)를 충파하는 대악살인황천이 되고, 같은 정미(丁未)향을 하고 좌수(左水)가 혈 앞을 감싼 후 곤방(坤方)으로 거수(去水)하면 정곤종시만사상(丁坤終是萬斯箱)이라 하는 구빈황천이 된다.

살인황천수를 범하면 자손패망(子孫敗亡), 재록공허(財祿空虛)하는 패절지화(敗

絶之禍)를 당한다고 한다. 또한 황천수(黃泉水)로 보지 않고 황천풍(黃泉風)으로 보는 풍수사도 있는데, 무시할 것만은 아니다. 바람과 물의 양기(兩氣)로 보아 적절한 대응을 하여야 한다. 바람은 온도(溫度)가 낮은 곳에서 높은 곳으로 부는데, 이는 기압(氣壓)차이에 의한 현상이다. 계곡에서 생긴 차가운 바람이 계속해서 묘(墓)쪽으로 불어오면 묘의 잔디는 수분이 증발되어 죽는다. 이 바람이 무덤 속으로 침입(侵入)하면 유골(遺骨)이 해(害)를 입을 것은 자명하므로 황천풍이 드는 방위가 허약하면 나무나 탑 등으로 비보(裨補)를 하여야 한다.

[3층 삼합오행(三合五行)]

3층에는 쌍산 두 글자를 묶어 오행 중 목·화·금·수(木·火·金·水) 네 가지를 세 번 반복하여 삼합오행이 되도록 하였다. (중앙의 土는 방위가 없으므로 제외) 12운성의 생왕묘(生旺墓)로 합국한 오행을 원관규(元關竅)의 삼각삼합(三角三合)으로 활용하는 층이다. 사국(四局)을 판별한 다음에 원(元: 向), 관(關: 龍), 규(竅: 水口)가 서로 상통하는 법칙을 이용한다.[元者, 向也; 關者, 龍也; 竅者, 水口也.] 이것을 원관통규(元關通竅)라 한다.

<u>木局</u>
乾亥(龍) 甲卯(向) 丁未(破) or 乾亥(向) 甲卯(龍) 丁未(破)
<u>火局</u>
艮寅(龍) 丙午(向) 辛戌(破) or 艮寅(向) 丙午(龍) 辛戌(破)
<u>金局</u>
巽巳(龍) 庚酉(向) 癸丑(破) or 巽巳(向) 庚酉(龍) 癸丑(破)
<u>水局</u>
坤申(龍) 壬子(向) 乙辰(破) or 坤申(向) 壬子(龍) 乙辰(破)

♣참고 - 12포태(胞胎)로 보면 龍은 右旋, 向은 左旋

목국(木局)의 경우 건해·갑묘·정미가 생왕묘(生旺墓) 삼합을 이루는데, 수(水)가 정미방으로 빠지고[墓破], 우선수(右旋水)면 갑묘는 장생룡(長生龍)이고 향(向)은 건해 장생향(長生向)이 되며, 좌선수(左旋水)면 건해는 제왕룡(帝旺龍)이고 향

(向)을 갑묘 제왕향(帝旺向)으로 놓으라는 것이다.

화국(火局)의 경우 간인·병오·신술이 생왕묘(生旺墓) 삼합을 이루는데, 수(水)가 신술방으로 빠지고[墓破], 우선수(右旋水)면 병오는 장생룡(長生龍)이고 향(向)은 간인 장생향(長生向)이 되며, 좌선수(左旋水)면 간인은 제왕룡(帝旺龍)이고 향(向)을 병오 제왕향(帝旺向)으로 놓으라는 것이다.

금국(金局)의 경우 손사·경유·계축이 생왕묘(生旺墓) 삼합을 이루는데, 수(水)가 계축방으로 빠지고[墓破], 우선수(右旋水)면 경유는 장생룡(長生龍)이고 향(向)은 손사 장생향(長生向)이 되며, 좌선수(左旋水)면 손사는 제왕룡(帝旺龍)이고 향(向)을 경유, 제왕향(帝旺向)으로 놓으라는 것이다.

수국(水局)의 경우 곤신·임자·을진이 생왕묘(生旺墓) 삼합을 이루는데, 수(水)가 을진방으로 빠지고[墓破], 우선수(右旋水)면 임자는 장생룡(長生龍)이고 향(向)은 곤신 장생향(長生向)이 되며, 좌선수(左旋水)면 곤신은 제왕룡(帝旺龍)이고 향(向)을 임자 제왕향(帝旺向)으로 놓으라는 것이다.

3층은 사국(四局)의 생향(生向)과 왕향(旺向)을 놓기 위한 내룡(來龍), 수구(水口) 등의 삼합관계를 나타낸 층으로, 12운성에서 생왕묘(生旺墓)의 순서가 4번째, 8번째, 12번째에 있어 정확히 정삼각형이 이루어지고 있으므로 12번째를 수구(水口)로 두고 물의 좌(左)·우선(右旋)에 따라 4번째를 용(龍)으로 두면 8번째가 향(向)이 되고 4번째를 향(向)으로 두면 8번째가 용(龍)이 된다.

[4층 지반정침(地盤正針)]

지반정침이란 자침(磁針)의 자북(磁北)을 기준으로 남북을 자오(子午)의 정위(正位)로 나타낸 24산(山) 방위이다. 24산(山) 방위는 10천간(天干: 甲乙丙丁戊己庚辛壬癸)에서 무기(戊己)를 빼고(戊己 土는 방위가 없는 중앙을 뜻하기 때문임.) 사유(四維)의 건곤간손(乾坤艮巽)을 더하여 12天干으로 하고, 12地支와 배합하여 24방위를 만들어 각 山마다 15° 가 배분되었다.

(360° ÷ 24山 = 15°)

이는 하도·선천팔괘로 체(體)를 삼고 낙서·후천팔괘로서 이를 이용(利用) 하는 것으로 나침반의 기본층이 된다. 지반정침의 고유 역활을 살펴보면, 용맥을 격정(格定) 하고 용맥의 방향을 가늠한다. 용맥이 혈성(穴星)을 일으키고 혈장(穴場)

을 만드는데, 혈장을 이룬 용맥은 선천의 체(體)이며, 이루어진 혈장을 사용하는 것은 후천의 용(用)이 된다.

용맥의 방향을 가늠한다 함은 입수(入首), 선익(蟬翼), 혈판(穴坂), 전순방향(氈脣方向) 측정 및 음택·양택의 입향(立向)을 말하는 것이며, 지반정침 24산으로 용(龍)을 격정하는 데에는 쌍산(雙山)으로 보기도 하고 24산으로 보기도 한다. 쌍산으로 보는 것은 주(主)가 되고 24산으로 보는 것은 종(從)이 된다. 입수내룡(入首來龍)을 격정할 경우 격정하기 쉬운 곳도 있지만, 평평하고 넓게 내려온 입수내룡은 찾기가 매우 어렵다.

천리내룡(千里來龍)에 도두일절(倒頭·到頭一節)이라고 한다. 입수처(入首處)를 격정하여 길흉을 판단하는 것은 진혈(眞穴)을 찾을 수 있는 표지판과 같다. 천리를 달려온 내룡의 용맥일지라도 혈을 맺고자 하는 도두일절이 중요하다. 왜냐하면 마지막 융결(融結)인 도두일절의 왕쇠여부(旺衰與否)로서 내룡 전체의 왕쇠(旺衰) 여부를 알 수 있기 때문이다. 천리를 달려온 내룡의 뜻이 혈을 맺고자 하는 도두일절에 나타나 있고, 도두일절의 뜻을 정확히 알아야 진정한 혈을 찾을 수 있다.

천리내룡이 아무리 웅장하고 훌륭하다 한들 입수처를 잘못 격정하여 진혈(眞穴)에 장(葬)하지 못하면 복(福)이 도리어 화(禍)가 될 수 있다. 따라서 "용을 배우는데 3년, 혈을 찾는데 10년이 걸린다"[尋龍三年, 裁穴十年]라는 말이 있는 것이다.

내룡의 왕쇠여부를 측정할 경우, 내룡이 쌍산으로 배합(配合)되었는가 아니면 불배합(不配合)되었는가를 중요시한다. 이는 12운성의 길흉 여부를 쌍산으로 배합되어야만 확인해 볼 수 있기 때문이다. 음과 양이 서로 조화를 이루어야 생기가 충만한 곳이 된다.

[5층 천산72룡(穿山72龍)]

천산(穿山)72룡(龍)이란 지기(地氣)라 하여 땅속으로 흐르는 땅의 기운을 측정하는 것을 말한다. 이는 하늘에 있는 별의 기운이 땅으로 내려서 산천으로 생겨나므로 천기(天氣)가 땅에 닿아 그 형상대로 산천이 생기고, 땅속에는 만물을 생육(生育)하는 지기가 흐른다. 따라서 땅속의 지기를 정확히 측정함이 마땅하다는 뜻이다.

내룡은 굽이쳐 기복(起伏)과 굴곡(屈曲)을 하면서 뻗어가는데, 기(起)한 곳은 봉만(峰巒 – 산봉우리)을 만들기 위함이고 복(伏)한 곳은 출맥(出脈)하기 위함이다. 용맥이 낮아지고 좁아진 곳을 분수척상(分水脊上 – 물이 나뉘어지는 좁은 등마루)인 과협처(過峽處)라 하는데, 출맥(出脈)하여 큰일을 하고자 하는 중요한 곳이다.

과협(過峽)은 결인(結咽)이나 속기(束氣)와 동일한 개념으로 봉요학슬(蜂腰鶴膝 – 벌의 허리나 학의 무릎)이 좋고, 과협이 많을수록 용맥은 기복(起伏)과 굴곡(屈曲)이 많아 지기의 생기(生氣)가 많게 된다. 과협이 없거나 뚜렷하지 않거나 적으면 사룡(死龍)이 되거나 곁가지가 없이 홀로 뻗어 내린 병룡(病龍)이 된다.

5층은 주산 현무정(玄武頂)에서 뻗어 내려온 내룡이 결혈(結穴)을 하기 전에 어느 용맥으로 입수도두(入首倒頭·到頭)하는가를 가늠하는 것이다. 이는 혈장으로 들어가기 직전의 입수맥의 과협처를 결인속기처(結咽束氣處)라 하며 더욱 중요하게 여기기 때문이다.

천산72룡은 땅의 기운을 측정하는 것이므로 12지지 각자마다 5기맥(五氣脈)으로 배속하여 60갑자의 60룡과 천간12자(四維, 八干) 밑에 공란(空欄)을 더하여 72룡맥이 된다.

① 오기맥(五氣脈: 五子旬)의 길흉

천산의 기운은 뇌두(腦頭 – 巒頭)를 이루고 뇌두에 모인 생기(生氣)가 60룡의 혈장으로 오면 혈은 생기를 타게 되어 후손에게 복(福)이 미치게 된다.

천간12자(四維, 八干) 밑에 있는 12공란(空欄)은 대공망(大空亡)으로서 이 공란으로 내룡맥이 들어오면 흉하다.

가) 갑자순(甲子旬)

쇠기맥(衰氣脈)이며 고룡(孤龍)이므로 사용 불가

甲子, 乙丑, 丙寅, 丁卯

戊辰, 己巳, 庚午, 辛未

壬申, 癸酉, 甲戌, 乙亥

나) 병자순(丙子旬)

왕기맥(旺氣脈)이며 제왕룡(帝王龍)이므로 사용 가능

丙子, 丁丑, 戊寅, 己卯

庚辰, 辛巳, 壬午, 癸未

甲申, 乙酉, 丙戌, 丁亥

다) 무자순(戊子旬)

사기맥(死氣脈)이며 살요(殺曜)이므로 사용 불가

戊子, 己丑, 庚寅, 辛卯

壬辰, 癸巳, 甲午, 乙未

丙申, 丁酉, 戊戌, 己亥

라) 경자순(庚子旬)

생기맥(生氣脈)이며 장생룡(長生龍)이므로 사용 가능

庚子, 辛丑, 壬寅, 癸卯

甲辰, 乙巳, 丙午, 丁未

戊申, 己酉, 庚戌, 辛亥

마) 임자순(壬子旬)

병기맥(病氣脈)이며 허룡(虛龍)이므로 사용 불가

壬子, 癸丑, 甲寅, 乙卯

丙辰, 丁巳, 戊午, 己未

庚申, 辛酉, 壬戌, 癸亥

② 측정 방법

혈후(穴後)에 있는 결인속기처(結咽束氣處)인 분수척상(分水脊上)의 중심에 나침반을 정반(定盤)하고 4층의 지반정침으로 내룡맥의 24산을 확인한 후 5층의 천산72룡으로 정확히 측정한다.

병자순(丙子旬)인가 경자순(庚子旬)인가를 확인하기 위하여 水가 혈을 중심으로 좌선(左旋)하는지 우선(右旋)하는지를 확인하여 좌선하면 왕기맥(旺氣脈)인 병자순에 해당하고 우선하면 경자순인 생기맥(生氣脈)에 해당되는 것이다. 그러나 7층의 투지육십룡이 재혈(裁穴)의 과정이므로 정확히 재혈한다면 천산72룡의 격정은 하지 않아도 된다고 본다.

[6층 인반중침(人盤中針)]

〈 4) 오행의 종류 '중침오행'편 참조〉

송(宋)의 뢰문준(賴文俊)이 창안했다는 인반중침은 24방위로 구성되어 있는데, 4층 지반정침의 자오선(子午線)을 기준으로 볼 때 7.5° 뒤져 있다.

주변제사(周邊諸砂)가 특립(特立)하여 빼어나게 아름다우면 격정(格定)하여 중침오행으로 길흉 여부를 가릴 필요가 없다고 본다. 또한 멀고 가까움에 대해 도선국사(道詵國師)는 "사(砂)는 먼 것보다 가까운 것이 소중하며, 가까운 것보다 더욱 가까운 것이 더 소중하다"라고 했다.

인반중침으로 주변의 모든 사(砂)를 측정할 때 삼길육수(三吉六秀)의 삼길방인 해(亥), 진(震[卯]), 경(庚)과 육수방인 간(艮), 병(丙), 손(巽), 신(辛), 태(兌[酉]), 정(丁)은 고정방(固定方)이므로 중침오행으로 비교는 제외되며, 좌에 미치는 주변 흉사격(凶砂格) 방위인 겁살방(劫煞方)도 중침오행으로 비교는 제외된다.

[7층 투지60룡(透地60龍)]

천산72룡이 지기(地氣)이면 투지(透地)60룡(龍)은 천기(天氣)이며, 천기(天氣)와 지기(地氣)는 불가분의 관계로서 주종(主從)의 관계이며 표리(表裏)의 관계이다.

투지60룡은 천기를 다룬 것이므로 천간을 기준으로 하여 60룡을 분배하였다. 격정방법(格定方法)은 천산72룡과 동일하게 하며 천산72룡이 지맥(地脈)을 뚫고 들어오는 입수(入首)가 어느 자(字) 상으로 오는가를 얻기 위함이라면, 투지60룡은 입수도두(入首倒頭·到頭)한 기맥이 생기가 흐르는 기선(氣線)을 타고 혈로 흐를 때 화갱살요공망선(火坑殺曜空亡線)을 피하고 주보왕생맥(珠寶旺生脈)을 택하여 재혈(裁穴)할 수 있는 역할을 한다.

① 오기맥(五氣脈: 五子旬)의 길흉

투지60룡에서 오자순(五子旬) 중 갑자순(甲子旬)과 임자순(壬子旬)은 차착공망(差錯空亡)이어서 사용 불가하고, 무자순(戊子旬)은 화갱살요(火坑殺曜)이어서 사용 불가하며, 병자순(丙子旬)과 경자순(庚子旬)만이 주보(珠寶)가 되어 사용 가능하다.

가) 甲子旬 → 差錯空亡이고 衰氣脈이며 孤龍이므로 불가

甲子, 乙丑, 丙寅, 丁卯

戊辰, 己巳, 庚午, 辛未

壬申, 癸酉, 甲戌, 乙亥

나) 丙子旬 → 珠寶脈이고 旺氣脈이며 帝王龍이므로 가능

丙子, 丁丑, 戊寅, 己卯

庚辰, 辛巳, 壬午, 癸未

甲申, 乙酉 , 丙戌, 丁亥

다) 戊子旬 → 死氣脈이며 火坑殺曜이므로 불가

戊子, 己丑, 庚寅, 辛卯

壬辰, 癸巳, 甲午, 乙未

丙申, 丁酉, 戊戌, 己亥

라) 庚子旬 → 珠寶脈이고 生氣脈이며 長生龍이므로 가능

庚子, 辛丑, 壬寅, 癸卯

甲辰, 乙巳, 丙午, 丁未

戊申, 己酉, 庚戌, 辛亥

마) 壬子旬 → 差錯空亡이고 病氣脈이며 虛龍이므로 불가

壬子, 癸丑, 甲寅, 乙卯

丙辰, 丁巳, 戊午, 己未

庚申, 辛酉, 壬戌, 癸亥

재혈(裁穴) 시 중요한 부분의 하나인 투지60룡의 주보 생기맥과 왕기맥을 잘 선용(選用)하여 어렵게 구한 진혈(眞穴)을 버리는 경우가 없어야 한다.

② 측정방법

지맥을 뚫고 들어오는 내룡의 생기가 천산72룡 중 어느 오자순(五子旬)으로 오는지를 확인 후 입수 내룡의 기가 입수처(入首處)에서 혈처(穴處)의 중심으로 투

지60룡의 어느 오자순으로 오는지를 정확히 확인한다.

병자순인가 경자순인가를 확인하기 위하여 水가 혈을 중심으로 좌선(左旋) 하는지 우선(右旋)하는지를 확인하여 좌선하면 왕기맥인 병자순에 해당하고 우선하면 경자순인 생기맥에 해당되는 것이다.

천산72룡과 투지60룡, 분금(分金) 등은 납음오행(納音五行)을 이용하고 좌향(坐向)은 쌍산오행(雙山五行)을 이용, 순극(順剋)과 역생(逆生)을 사용한다. 순극이라 함은 천산72룡, 투지60룡, 좌향, 분금의 순으로 위에서 아래로 상극(相剋)하여 내려옴을 말하고, 역생이라 함은 아래에서 위로 역(逆)하여 상생(相生)함을 말한다. 순극이나 역생이 되면 더욱 좋다고 한다.

[8층 천반봉침(天盤縫針)]

천반봉침은 4층 지반정침의 자오선(子午線)을 기준하여 7.5° 앞에 있으며 지반정침 자(子)의 7.5° 에서 천반봉침의 자(子)가 된다.

양공(楊公 - 楊筠松)의 천반봉침이라 하며 양균송(楊筠松)이 자연의 이치를 터득하여 나침반에 올려놓은 층이다.

수(水)의 득(得)과 파(破)로서 혈을 정하고 방위를 정하여 많은 사람을 가난에서 구제(救濟)하였다. 그는 "조빈모부(朝貧暮富)라 하여 아침에 장사(葬事)지내면 저녁에 부자가 된다"라고 하였으며, 그는 자신의 호(號)조차도 구빈(救貧)이라 하였다.

천반봉침(天盤縫針)은 수지래거(水之來去)를 측정 하는데 사용한다. 이는 양동(陽動)하는 물의 래거(來去)와 지호(池湖)와 좌·우선수(左·右旋水)의 득(得), 파(破)를 측정하는 것이다.

지리에서 물[水]의 중요성이란 용혈(龍穴)과 더불어 양대 기본이 되는 것이며 산맥이 있어서 물이 흐르고 물이 경계를 지으므로 산이 생기는 것은 서로 상대적이며 표리의 관계이다. 지기(地氣)는 지맥(地脈)을 타고 흐르므로 기가 뭉치는 곳은 물[水]이 경계를 지어야 한다. 지맥이 계속 그치지 않고 흐르기만 하면 이는 과룡(過龍)이 되어 지기(地氣)는 그칠 수 없게 된다.

산은 스스로 생긴 것이 아니라 물[水]이 있어 산이 생겨나고 산이 있어 물[水]이 계곡으로 흐를 수 있게 된 것이다. 이렇게 물[水]이 경계를 이루어 수구(水口)

가 생기고 이를 기준으로 사국(四局)을 형성하게 되는 것이다.

내당(內堂)의 수구(水口)와 외당(外堂)의 수구를 살펴 향을 세우면 발부발귀(發富發貴)하고 공명현달(功名顯達)하며 수고정왕(壽高丁旺)하게 되는 것이다. 이는 양공구빈수법(楊公救貧水法)의 생왕호용(生旺互用)하는 진신수법(進神水法)을 적용하고 산수의 음양과 또한 국세(局勢)를 잘 보아야 하며, 수구를 관별(觀別)하는 일은 더더욱 중요한 일이다. 양공구빈수법이란 당(唐)나라 국사(國師)를 지낸 양균송 선사가 『청낭경(靑囊經)』을 저술하면서 물의 흐름을 12운성의 수법(水法)으로 창안한 것이다.

[9층 120 분금(分金)]

① 분금(分金)의 형성

분금이란 용어는 선천팔괘에서 하늘은 건금(乾金)으로 양이 되고, 땅은 곤토(坤土)로 음이 되는데 곤토의 순음(純陰)에서 건금의 일양(一陽)이 시생함으로 만물이 태동하며 土[좌향]를 나누어 金을 생한다고[土生金] 분금이라 지칭하는 것이다.

지반정침 24방위의 각 1개 방위마다 5등분(等分)하여 120분금층으로 되어 있으며, 이 120분금층은 후손들이 인위적으로 녹(祿)을 얻고자 하는 층이다. 분금은 입수맥(入首脈)의 연장선이라 생각할 수 있지만, 입수맥은 인위적으로 조작하는 것이 아니라 천지자연의 조화에 따라 조성된 것을 지리를 공부하여 개안(開眼)된 안목으로 가려내어야 한다. 하지만, 분금은 인위적인 이법(理法)에 따라 선택하는 것이기 때문에 소홀히 다루기 쉬우나 고려해 볼 일이다.

분금에 대한 이론이 음양분금(陰陽分金), 좌우선수생왕분금(左右旋水生旺分金), 납음오행분금(納音五行分金)등 정설(定說)이 없고 너무 많아 제대로 사용하는 풍수사(風水師)가 거의 없으며, 분금이 무엇인지 모르는 풍수사가 더 많다. 음양분금이나 좌우선수생왕분금은 쉽고 간단하며 이용하기 편리하여 다수의 풍수사들이 이용하고 있으나, 많은 분금설 중 가장 합리적인 납음오행분금을 설명하고자 한다.

이미 결정된 길흉은 분금으로서 완전히 바뀌어지지는 않을 것으로 생각되지만, 혈좌(穴坐) 속에서 망명(亡命)을 생(生)해 주도록 함으로써 길지(吉地)에서는 더욱 길하게 되는 것이다.

9층은 십간(十干)중에서 갑을, 무기, 임계 등 육간(六干)은 불길하다 하여 기재되지 않고 공란으로 두고 있으며 병정, 경신의 4개 천간(天干)이 48개의 분금란으로 구성되어 선택, 사용되고 있고, 72개의 분금란은 공란으로 사용하지 않는다.

② 120분금(分金)의 배열 및 활용

분금의 길흉은 망명(亡命)과 분금의 납음오행으로 비교, 판단하여야 하며, 가급적 분금이 망명을 상생할 수 있도록 재혈(裁穴)하여야 하고, 상생이 되지 않으면 비견(比肩, 比和)이라도 되어야 하며 상극이 되어서는 안 된다. 망명이 분금을 극하는 것은 길하다.

金(亡命)이면 火(分金)를 피하고 → 火剋金
水(亡命)이면 土(分金)를 피하고 → 土剋水
木(亡命)이면 金(分金)을 피하고 → 金剋木
土(亡命)이면 木(分金)을 피하라 → 木剋土

그러나 망명으로 상생이나 비화가 어려울 경우 자손의 생년을 분금이 상생이나 비화가 되도록 하여야 한다.

예를 들어 망명이 경진생(庚辰生)이고 임좌병향(壬坐丙向)일 경우 분금처리를 살펴보면, 경진생은 납음오행으로 金이고 지반정침 4층 임(壬) 밑의 9층 분금은 신해(辛亥)와 정해(丁亥)로 되어 있고 4층 병(丙) 밑의 9층 분금은 신사(辛巳)와 정사(丁巳)로 되어 있다. 신해, 신사는 납음오행으로 금(金)이고 정해, 정사는 토(土)이므로 이는 임좌병향에 정해, 정사 분금으로 하여야 분금이 망명을 생하는 토생금(土生金)이 된다. ♣ 4) 오행의 종류 '〈표 10〉 육갑납음오행 계산표' 참조 바람.

Ⅲ. 용(龍 - 看龍法)

1. 용(龍) 및 맥(脈)의 정의

풍수지리에서 산(山)을 용(龍)이라 일컫는 것은 산의 형태가 천변만화(千變萬化)의 과정을 거쳐 천형만상(千形萬象)할 뿐만 아니라 용(龍)이 가진 은미(隱微)한 흐름의 기운이 맥(脈)을 따라 진행하기 때문이다. 바꿔 말해, 용(龍)이란 산줄기를 가리킨 말인데, 일어섰다 엎드렸다 하는 산줄기를 용(龍)이 꿈틀거리며 달려가는 모습으로 본 것이라 할 수 있다. 따라서 『명당전서(明堂全書)』[29]에서 용(龍)에 대해 "혹은 크다가 갑자기 작아지고[大→小], 혹은 숨었다가 갑자기 나타나고[隱→現], 혹은 왼쪽에 있다가 갑자기 오른쪽에 있고[屈→曲], 혹은 일어났다가 갑자기 엎드리고[起→伏], 혹은 물속에 잠겼다가 갑자기 하늘을 날고[潛→飛], 혹은 굽었다가 갑자기 곧아지고[曲→直], 혹은 순하다가 갑자기 거슬린다[順→逆]"라고 표현하고 있다.

이렇듯 용은 동일한 모습은 없으며 변화가 지척지간(咫尺之間)이라도 너무나 다르므로 풍수지리에서는 굴곡(屈曲)과 기복(起伏)을 하는 모습이 용(龍)이나 뱀(蛇)과 같다하여 용(龍)이라 일컫는 것이다. 그렇다면, 혈이 맺히기 위해서는 용(龍)이 어떻게 와야 할까? 산맥이 꾸불꾸불 흘러내려야 한다. 다시 말하면 굴곡(屈曲)과 기복(起伏)을 되풀이 하여야 좋은 혈장을 맺는 것이다. 굴곡(屈曲)이란 좌우로 꾸불꾸불한 것이고 기복(起伏)이란 상하로 꾸불꾸불한 것이다. 이렇듯, 산의 웅장(雄壯)한 모습과 산맥의 흐름은 용을 연상(聯想)시키고도 남음이 있다.

맥(脈)을 살펴보면 용과 맥은 불가분(不可分)의 관계이니 용이 있으면 맥이 있고 맥이 있으면 용이 있게 된다. 맥이란 산의 기맥(氣脈)이며 산에 감추어진 정기(精氣)가 흘러 다니는 통로로서 생기(生氣)가 흐르는 중요한 곳이다. 그런데 용은 형태가 뚜렷하게 나타나 있으나 맥의 기운은 용의 몸속에 숨어 은미(隱微)한 까닭에 알기가 더욱 어려운 것이다. 따라서 『설심부(雪心賦)』의 「용맥론(龍脈論)」에서도 "물[水]은 흐름을 살피는 것이 진실로 절실하고, 산은 맥을 아는 것이 더욱 어려우니라"[水固切於觀流, 山尤難於認脈]라고 하여 맥을 인식하는 것의 어려움을 논하고 있다.

---

29) 『명당전서(明堂全書)』란 1564년 무렵 즈음에 명(明)나라의 서선계(徐善繼)·서선술(徐善述) 형제가 중국의 산천을 직접 답사하고 지은 『地理人子須知』를 간략하게 정리한 책을 말한다.

양의(良醫)가 사람의 맥을 보아 건강함을 알듯이 풍수지리에서는 산의 맥을 보아 길흉화복(吉凶禍福)과 선악(善惡)을 구별하는 것이다. 그러나 형태가 뚜렷한 용을 구별하기보다 맥을 구별하기가 실로 어려운 것이다. 주룡(主龍)은 용맥의 출발지인 태조산으로부터 행룡(行龍)하여 결혈처(結穴處)인 혈장(穴場)까지 뻗어 내린 산의 줄기를 말하며 내룡(來龍)이라고 부르기도 한다. 즉 혈은 주룡(主龍)의 맥을 통하여 정기를 공급 받는다. 그러므로 조종(祖宗)은 뿌리요, 내룡은 줄기이다.

풍수에서는 행룡(行龍)하던 내룡(來龍)이 물을 만나 멈춘 곳을 산진수회처(山盡水回處)라 하고, 세(勢)가 멈추어 국(局)을 이룬 곳을 성국(成局)이라 한다.

2. 용(龍)의 기준

용(龍)은 그 대소(大小)를 기준으로 간룡(幹龍)과 지룡(枝龍)으로 나누어 볼 수 있고, 고저(高低)를 기준으로 농룡(壟龍)과 지룡(支龍)으로 나누어 볼 수 있으며, 그 원근(遠近)을 기준으로 태조(太祖), 소조(小祖), 부모(父母)로 나누어 볼 수 있는데, 좀 더 상세히 살펴보면 다음과 같다.

1) 용의 대소(大小)

용(龍)의 대소(大小)를 기준으로 보면 크게 간룡(幹龍)과 지룡(枝龍)으로 나누어 볼 수 있는데, 이는 나무의 줄기와 가지의 관계와 같은 것이다.

간(幹)과 지(枝)를 밝히는 것은 적(適)과 서(庶)를 분명하게 구분함에 있고, 이는 조종(祖宗)의 중심을 타고 행도(行道)를 하면 적(適)이 되고 조종의 방맥(傍脈)을 타고 행도(行道)를 하면 서(庶)가 되는 것이다.

적(適)과 서(庶)의 맥을 분명하게 살피고자 하는 이유는 결혈(結穴)시 그의 역량과 경중(輕重)이 서로 크게 다르기 때문이다. 적(適)이 변하여 서(庶)가 되기도 하고 서(庶)가 변하여 적(適)이 되기도 한다. 적(適)이 변하여 서(庶)가 되는 것은 적맥(適脈)으로 결혈하였나가 여기(餘氣)에서 나뉘어 나간 맥이 주변호사(周邊護砂)가 되면 그렇게 되는 것이다.

서(庶)가 변하여 적(適)이 되는 것은 지룡(枝龍)으로 나뉘어 나온 맥이 돌아 성체(星體)를 이루고 다시 중심으로 출맥(出脈)하면 그렇게 되는 것이다.

간(幹) 지(枝)중에서도 각각 차별(差別)이 있는 것으로서 대간룡(大幹龍), 소간룡(小幹龍), 대지룡(大枝龍), 소지룡(小枝龍)이 있으니 이는 앞에서 언급한 바와 같이 결혈시 역량과 경중을 살피고자 하는 것이다.

가) 간룡(幹龍)

간룡이라 함은 태조산(太祖山)에서 출맥한 원맥(原脈)을 말하며, 개장천심(開帳穿心)하여 행룡(行龍)하는 용중에서 중심출맥(中心出脈)한 용이 크게 기봉(起峰)하여서 중조산(中祖山)을 이루고, 여기서 다시 개장천심하여 행룡하다가 중심출맥한 용이 소조산(小祖山)을 기봉(起峰)하는데, 소조산에서도 동일하게 개장천심하여 행룡하는 용을 간룡이라 한다.

간룡은 기봉한 성봉(星峰)이 단정(端正)하고 수려(秀麗)하며 개장(開帳)시 지각(枝脚)을 멀리하고 결국(結局)하면 대국(大局)을 만든다.

나) 지룡(枝龍)

간룡(幹龍)에서 분맥(分脈)한 용이 간룡과 동일하게 개장천심(開帳穿心)하여 행룡하다가 마디 마디 수많은 크고 작은 성봉(星峰)을 만드는데 〈절절고기성봉(節節高起星峰)〉 개장(開帳)시 지각(枝脚)을 멀리 뻗지 못하며 소결(小結)한다.

2) 용의 원근(遠近)

용의 원근을 기준으로 살펴보는 것은 조종(祖宗)이 되는 산형(山形)을 살펴 그 근원(根源)을 알고자 함이다.

용의 역량을 알고자 하는 것으로 대소(大小), 경중(輕重), 후박(厚薄)을 알 수 있다. 조종산(祖宗山)이 크고 장엄(莊嚴)하면 용의 행도(行道)는 멀다. 용을 살피려면 조산(祖山)이 어디에서 시작 하였으며 종산(宗山)은 어떻게 솟아났으며 낙맥처(落脈處)는 어떠한가를 살피는 것이 용을 살피는 지름길이다.

가) 태조산(太祖山)

고산대만(高山大巒)의 발맥처(發脈處)를 태조산이라 하며 혈에 지기(地氣)를 공급하는 용맥(龍脈)의 근원(根源)이다.

용맥의 근원은 나무의 뿌리나 물의 근원과도 같다. 나무의 뿌리가 크면 지엽(枝葉)이 무성(茂盛)하고 물의 근원이 깊으면 멀리 수 백리를 흐른다. 태조산이 큰 것은 몇 개 지역의 으뜸이 되며 작은 것이라도 그 지역을 대표하고 형체(形體)가 고산대만(高山大巒) 하므로 용루보전(龍樓寶殿)[30]을 제외한 여러 봉우리에 자주 운무(雲霧)가 서리며 가까이서 보면 석봉(石峰)이 많아 살기(殺氣)가 있다.

태조산이 염정성(廉貞星)의 화성(火星)으로 높이 솟아나면 용귀(尊貴)하며 줄기가 장중(莊重)하게 뻗어 천리를 행도(行道)한다. 따라서 "사루하전(辭樓下殿)은 천리를 멀다않고 온다"[辭樓下殿[31], 不遠千里而來]는 말이 있는 것이다.

나) 제일성(第一星)

태조산에서 주룡(主龍-中心出脈)과 수많은 용맥이 출맥행룡(出脈行龍)할 때 낙맥(落脈)후 제1절(第一節)에서 빼어나게 기봉(起峰)한 성봉(星峰)을 제일성(第一星)이라 한다. 제일성은 행룡(行龍)의 기본정신을 표현하고 있는데, 화체(火體)의 염정성(廉貞星)이 탐랑(貪狼), 거문(巨門), 무곡(武曲), 좌보(左輔), 우필(右弼)의 오길성(五吉星)으로 변하여 나타난다고 박환성(剝換星)이라 말하기도 한다.

다) 소조산(小祖山)

사루하전(辭樓下殿)하여 태조산을 떠난 행룡이 크게 낙맥(落脈)과 기봉(起峰)과 개장천심(開帳穿心)을 거듭하여 장차 혈이 되려는 곳 가까이서 고대(高大)하게 우뚝 솟아 있는 산을 소조산(小祖山) 또는 주산(主山)이라 하며 마을을 보호(保護) 한다는 의미에서 진산(鎭山)이라고도 한다. 이 소조산에서 몇 절 지나지 아니하여 결혈(結穴)하며 혹 소조산처럼 보여도 "그 산의 분맥(分脈)이 많아 혈장(穴場)이 멀면 소조산이라 할 수 없고 이러한 산을 주필산(駐蹕山: 다리를 머무는 산)이라 칭(稱)한다"고 『명당전서(明堂全書)』에서는 언표하고 있다.

---

30) 용루(龍樓)란 염정성이 가장 높고 高山大巒의 형태를 취하는 것을 의미하며, 보전(寶殿)이란 염정성이 가장 높고 高山大巒의 형태를 취하면서 가로로 서로 엇비슷하게 몇 개씩 나열되어 있는 것을 의미한다.

31) 사루하전(辭樓下殿)은 용루보전(龍樓寶殿)과 비슷한 말로 태조산(太祖山)이 염정성(廉貞星)의 화성(火星)으로 높이 솟아 개장천심(開帳穿心)하여 크게 중심출맥(中心出脈) 하는 모양을 말한다.

진룡(眞龍)을 찾음에는 혈장에서 가까운 수절(數節)이 긴요(緊要)하니 수절(數節)내의 소조산이 있으면 좋고 수절(數節)을 넘어서면 그 기운이 적으며, 소조산은 뒤로는 태조산과 상응(相應)하며 앞으로는 혈장(穴場)과 상응(相應)하므로 응산(應山)이라고도 하는데 태조산을 출맥(出脈)한 용이 처음 기봉(起峰)한 제일성과 정신이 동일하므로,

- 제일성이 탐랑목성(貪狼木星)이면 소조산도 탐랑목성(貪狼木星)이 되며 혈도 탐랑작혈(貪狼作穴) 유혈(乳穴)이 진혈(眞穴)이 된다.
- 제일성이 무곡금성(武曲金星)이면 소조산도 무곡금성(武曲金星)이 되며 혈도 무곡작혈(武曲作穴) 겸혈(鉗穴)이 진혈(眞穴)이 된다.
- 제일성이 거문토성(巨門土星)이면 소조산도 거문토성(巨門土星)이 되며 혈도 거문작혈(巨門作穴) 와혈(窩穴)이 진혈(眞穴)로 맺는다.

태조산이 훌륭하여도 소조산이 불미(不美)하면 아니되므로 사흉성(四凶星: 祿存, 文曲, 廉貞, 破軍)이면 불가(不可)하고, 삼길성(三吉星: 貪狼, 武曲, 巨門)이나 오길존성(五吉尊星: 貪狼, 武曲, 巨門, 左輔, 右弼)이어야 한다.

라) 부모(父母), 태(胎), 식(息), 잉(孕), 육(育)

『산서(山書)』에서 "조종(祖宗)을 살피고 부모(父母), 태(胎), 식(息), 잉(孕), 육(育)을 살펴 본 뒤에 형체(形體)를 알고 혈을 취하는 것이 부모의 생양(生養)함을 밝히는 것이다"라고 하였다. 소조산으로부터 낙맥(落脈)하여 굴곡(屈曲)과 기복(起伏)을 하면서 행도(行道)하다가 현무정(玄武頂) 후에 기봉(起峰)한 성진(星辰)을 부모라 하고, 부모로부터 출분맥(出分脈)한 낙맥처(落脈處)를 태(胎)라 하며, 또 그 아래 기(氣)가 다발지어 뭉치는 속기처(束氣處)를 식(息)이라 하고, 이 식(息)에서 다시 기봉(起峰)한 성진(星辰)인 현무정(玄武頂)이 잉(孕)이 되며, 그 아래 융결(融結)된 혈처를 육(育)이라 한다.

혈을 취함에 용맥의 조종(祖宗)을 살피고 부모, 태, 식, 잉, 육의 형체를 알아야만 어긋남이 없다 할 수 있다.

〈그림 21〉 胎息孕育圖[32)]

3) 용의 고저(高低)

용(龍)은 그 고저(高低)를 기준으로 구분할 경우, 천리(千里)를 달려와 우뚝 솟은 고산(高山)의 용(龍)인 농룡(壟龍)과 지중행도(地中行道)하는 평지의 용(龍)인 지룡(支龍)으로 나눌 수 있다.

가) 농룡(壟龍)

농룡(壟龍)은 조종(祖宗)이 높고 크기 때문에, 〈달려와〉 뻗어 내려온 세력(勢

32) 金基仙, 『風水地理學槪論』, 螢雪出版社, 2005, 103쪽.

力)이 웅장(雄壯)할 뿐만 아니라 성봉(星峰) 역시 수려(秀麗)하다. 이 때문에 형세(形勢)와 맥락(脈絡)을 분명하게 살펴보는 것이 어렵지 않다. 다시 말해, 세력의 웅장함으로 말미암아 지각(枝脚)의 폭은 넓고 크게 되어서 달리는 행도(行道)는 기복(起伏)과 굴곡(屈曲)이 분명하게 나타난다는 것이다. 이럴 경우에는 주변제사(周邊諸砂)들이 원만하여야 좋다, 또, 농룡(壟龍)은 세력의 험(險)함이 있으니 평지를 구하여 장사(葬事) 지내야 한다. 농룡(壟龍)은 고산(高山)의 용(龍)이기 때문에 바람이 부는 것을 두려워할 뿐만 아니라 혈(穴)을 산기슭[山麓]에 맺는다. [高山窩穴] 이에 반해, 지룡(支龍)은 산꼭대기에 혈(穴)을 맺는다.

나) 지룡(支龍)

용맥(龍脈)은 한 치만 높아도 산(山)이 될 수 있으며 한 치만 낮아도 수겁(水劫: 물이 배합이 안 되어 해를 주는 것)함이 있다.[高一寸爲山, 低一寸爲水]

수 십리(數十里) 또는 수리(數里)를 지중행도(地中行道) 하여온 평지룡(平地龍)인 지룡(支龍)을 분별하기란 어려움이 있으나 물길 등을 자세히 살펴 생기(生氣)가 모인 형상(形狀)으로 나와 혈을 맺은 곳에 장사(葬事) 지내야 한다.

〈脈: 龜脊, 牛背, 草蛇, 灰線〉

중요한 것은 지중행도(地中行道) 하여도 고저(高低)가 분명하여 돌출(突出)된 곳이므로 꼭대기에 혈을 정하여야 하며 평지의 용은 수겁(水劫)함을 두려워한다.

〈예: 매화낙지(梅花落地), 마적(馬跡)〉

4) 용의 형태(形態)

용의 형태를 기준으로 살펴보는 것은 출신처의 근원과 개장천심(開帳穿心)의 극귀(極貴)와 박환처(剝換處)의 깎이어 변한 모습과 과협(過峽), 지각요도(枝脚橈棹), 전호(纏護) 등의 현미(顯微)한 미악귀천(美惡貴賤)의 징후(徵候)를 살펴 용의 진가(眞假)와 길흉(吉凶)을 분별하고자 하는 것이다.

가) 용의 출신(出身)

한 조상 아래에 여러 후손이 있듯이 한 조(祖)의 아래에는 수 개의 용으로 맥(脈)이 나뉘어 분행(分行)하는데 그 분행하는 출신처(出身處)에서 이미 미악(美

惡)과 귀천(貴賤)의 길흉단서(吉凶端緖)가 나타난다. 출신처가 미약(微弱)하고, 추(醜)하며, 굴곡(屈曲)과 기복(起伏)이 없어 활동적인 형상이 없어 보이면 흉하여 혈을 맺지 못한다.

『옥수경(玉髓經)』[33]에서 "조종(祖宗)이 생룡(生龍)이면 백룡(百龍)이 공생(共生) 하는 것이니 출래(出來) 할 때에 경중(輕重)이 나타나는 것이다. 대룡(大龍)의 중(重)한 곳은 중앙에 있는 것이고 행룡(行龍)은 지엽(枝葉)이 장(長)한곳에 있는 것이다"라고 하였는데, 이는 출신처가 수려하고 크게 개장천심(開帳穿心)하며, 굴곡(屈曲)과 기복(起伏)의 형상이 뚜렷하고 기상(氣像)이 높고 지엽(枝葉)이 무성하여 활동적이면 대지(大地)를 맺게 되는 것이다는 것을 나타난 말이다. 그러나 조심할 것은 출맥(出脈)이 부정(不正) 하더라도 길성(吉星)으로 기봉(起峰)하여 변할 수 있고, 출맥(出脈)이 정대(正大) 하더라도 흉으로 변할 수 있기 때문에 세밀히 살펴야 한다는 점이다.

나) 용의 개장천심(開帳穿心)

개장(開帳)이란 봉황(鳳凰)이 날개를 편 모습처럼 장막(帳幕)을 연다는 것을 뜻하는데, 이는 용맥이 어깨를 옆으로 펼쳐 장엄(莊嚴)하게 나가는 모양을 말한다. 천심(穿心)이란 개장(開帳)하여 행도(行道)하는 용의 맥을 뚫고 나온 것을 말한다.

용맥은 행도(行道)하면서 기봉(起峰)하여 수 많은 성봉(星峰)을 만들며 개장천심(開帳穿心)을 반복하는데, 이때 용(龍)이 혈장(穴場)까지 뻗어 내려오면 극귀(極貴)하게 된다. 그러나 이러한 경우는 아주 드물며, 이는 진혈(眞穴)의 필수조건(必須條件)이 아니다. 천심(穿心)이 없어도 용맥이 지현(之玄) 모양으로 굴곡(屈曲)하고 기복(起伏)하면서 기타 생동형상(生動形狀)이 보이면 길지(吉地)로 결혈(結穴) 하므로 반드시 천심(穿心)에 구애 받을 필요가 없다.

다) 용의 박환(剝換)

박환(剝換)이란 행도(行道)하는 용이 벗이어 바뀐다는 뜻으로 불미(不美)하고 천(賤)하며 악(惡)하여 살성(殺星)을 띤 흉성(凶星)이 수려(秀麗)하고 귀(貴)하며

33) 『옥수경(玉髓經)』이란 송(宋)나라 장자미(張子微)가 형상론(形象論)을 위주로 하여 책을 말한다.

선(善)한 길성(吉星)으로 변화되는 것이다. 한번 꺾이어 변화하게 되면 조잡하고 거친 것은 세련되고 부드럽게 되며, 급한 것은 완만(緩慢)한 것으로 되고 큰 것은 작은 것으로 되니 살기(殺氣)가 없어지고 길한 기운이 그윽하게 모이게 되어 귀(貴)하게 되는 것이다.

『설심부(雪心賦)』에서 "성(星)은 박환(剝換)으로서 귀(貴)가 된다"[星以剝換爲貴]고 하였으니 좋은 의상(衣裳)으로 바꾸어 입는 것과 같고 누에가 껍질을 벗는 것과 같다. 한편, 화성(火星)에서 발맥(發脈)하여 토성(土星)으로 전출(傳出)하고 토성(土星)이 금성(金星)으로 전출(傳出)하여 결혈(結穴)되는 상생지(相生地)는 부귀지(富貴地)가 된다.

라) 용의 과협(過峽)

기봉(起峰)한 산봉우리와 봉우리를 연결하는 줄기를 과협(過峽)이라 하는데, 이는 행도(行道)하는 용의 변화 중에서 매우 중요한 부분이다. 다시 말해, 상지법(相地法)에 있어 땅을 살핌에 먼저 용을 보고 용을 살펴야 하는데, 이때 먼저 협(峽: 산봉우리를 이어주는 고개인 재를 말한다)을 살피는 것이 중요하다. 협(峽)은 노출이 심하여 용의 성질을 파악하기 용이하다고 하여 진정(眞情)이 나타나는 발현처(發現處)이다고 본다. 용이 아름다우면 협(峽)이 아름다울 수밖에 없고, 협(峽)이 아름다우면 용이 아름다울 수밖에 없다. 협(峽)에도 길흉을 나타내는 기이(奇異)한 자취가 있으므로 잘 살피는 것이 용맥의 길흉과 융결(融結)된 혈의 진위(眞僞)를 미리 알 수 있는 출발점이 되는 것이다.

과협(過峽)은 중출맥(中出脈)하고 활동적이다. 영송(迎送)과 공협(拱峽)[34]이 균일하고 조산(祖山)과 응(應)하는 산이 유정(有情)하여야 하며, 봉요학슬(蜂腰鶴膝)[35]과 같이 아름다운 협이 많으면 진룡이며 기이한 자취가 있다고 본다.

[과협(過峽)의 종류]

① 직협(直峽) - 길게 일직선으로 된 협(峽)으로 봉요학슬(蜂腰鶴膝)이 있어야

34) 영송사(迎送砂)란 산 능선 양쪽에서 나와 협을 보호하는 사(砂)를 말하며, 공협사(拱峽砂)란 협(峽)과 영송사(迎送砂) 밖에서 바람과 물로부터 보호해 주는 사(砂)를 말하는 것이다.

35) 벌의 허리와 학의 다리[무릎]란 뜻으로 짧고 잘록한 협(峽)을 봉요(蜂腰)라 하고 길고 마디[무릎]가 있는 협(峽)을 학슬(鶴膝)이라 말한다.

길하다.

② 곡협(曲峽) - 굴곡(屈曲)이 있어 생기(生氣)가 있다.

③ 장협(長峽) - 협(峽)이 길어 바람을 막아주는 공협사(拱峽砂)나 변화를 필요로 하는 봉요학슬(蜂腰鶴膝)이 있어야 한다.

④ 단협(短峽) - 협(峽)이 짧기 때문에 속기(束氣)가 분명하며 튼튼하여야 한다.

⑤ 세협(細峽) - 협(峽)이 약하고 가는 것이므로 공협사(拱峽砂)를 필요로 한다. 직선이면 불길하고, 곡선이면 길하다.

⑥ 고협(高峽) - 높은 곳에서 과협(過峽)된 것으로 바람을 막아 주는 공협사(拱峽砂)를 필요로 한다.

⑦ 도수협(渡水峽) - 강이나 하천 등을 건너가는 협(峽)을 말하며 물을 건너는 흔적이 표출되기도 한다.

⑧ 천전협(穿田峽) - 평지를 뚫고 지나는 협(峽)으로 협(峽)의 모습을 찾기 어려우나 자세히 관찰하면 마적(馬跡)[36]이나 생사(生蛇)의 흔적이 있다.

⑨ 관주협(貫珠峽) - 과협(過峽)의 모습이 구슬을 꿰어 놓은 듯하며 길격(吉格)의 협(峽)이다.

⑩ 십자협(十字峽) - 과협(過峽)이 길어 균형을 유지하기 위해 좌우로 지각을 뻗어 내린 협이다. 모양이 십자(十字)와 같다고 붙여진 이름이며 길격(吉格)의 협(峽)이다.

⑪ 왕자협(王字峽) - 십자협(十字峽)과 같이 과협(過峽)이 길어 균형을 유지하기 위해 좌우로 지각을 뻗어 내린 협(峽)을 말하는데, 모양이 왕자(王字)와 같다고 보아 붙여진 이름이며 길격(吉格)의 협(峽)이다.

마) 용의 지각(枝脚)과 요도(橈棹)

용(龍)의 지각(枝脚)과 요도(橈棹)는 용맥의 분기(分氣)이며 이를 보아 용(龍)의 귀천미추(貴賤美醜)를 분별할 수 있다. 지각(枝脚)이란 산맥의 가지[枝]와 다리[脚]라는 뜻으로 뻗어 내린 맥을 말하며, 요도(橈棹)는 지각(枝脚)의 일종으로 배에 노[棹]를 저어 가듯이 용(龍)의 행도(行道)에 방향을 전환하는 역할을 한다.

---

36) 마적(馬跡)이란 말이 지나간 듯한 흔적[말 발자국]을 말한다.

즉 행진하는 용(龍)의 몸통을 왼쪽에서 오른쪽으로, 오른쪽에서 왼쪽으로 틀어주는 역할을 한다. 이처럼 지각(枝脚)과 요도(橈棹)는 행룡(行龍)의 균형을 잡아 주는 역할을 하기 때문에 주룡(主龍)의 대소(大小)보다 너무 크면 주룡(主龍)의 기운이 설기(洩氣)되어 흉하고, 너무 작으면 주룡(主龍)의 행룡(行龍)을 잘 유지해 주지 못하므로 흉하게 된다.

이와 같이 볼 때, 지각(枝脚)과 요도(橈棹)가 있음에도 불구하고 균형이 잡히지 않거나 아름답지 않은 것은 주룡(主龍)이 약한 것이고, 흩어지고 늘어진 것은 허(虛)한 것이며, 배반(背反)하여 거슬린 것은 무정(無情)하기 때문이다고 말한다. 또한 악하고 뾰죽하여 주룡(主龍)을 쏘는 것은 살기(殺氣)의 발현(發現)이다. 지각(枝脚)이 고르지 못하여 한 쪽은 있고 한 쪽은 없거나, 한 쪽은 길고 한 쪽은 짧거나, 한 쪽은 순행하고 한 쪽은 역행하거나, 한 쪽은 귀미(貴美)하고 한 쪽은 천추(賤醜)한 것은 주룡(主龍)의 병(病)이 있기 때문이다.

바) 용의 전호(纏護)

전호(纏護)는 주룡(主龍) 주위를 주밀(周密)하게 옹위(擁衛)하고 보호한다는 뜻으로 귀룡(貴龍)은 호종(護從)하고 영송(迎送)하는 모든 산이 호위한다. 마치 귀인(貴人)의 행차와 같이 앞에서 인도하고 뒤에서 옹위하며, 보행자는 비켜서 담을 에워싸고, 앞에는 시종(侍從)이 수 백인이며, 병졸 수 천 명이 갑주(甲胄)를 갖추고 창검을 들고 호위하는 것과 같다.

전호(纏護)하는 산은 가까움을 더욱 중요시 하는데, 이는 노복(奴僕)이 가까이 있으면 편리하고, 멀리 떨어져 있으면 불편한 것과 같다. 또한 전호(纏護)하는 산의 장단(長短), 대소(大小)는 주룡(主龍)의 장단(長短), 대소(大小)에 따라 균형을 적절하게 이루어야 한다. 전호(纏護)하는 산이 없는 고한(孤寒)한 용(龍)은 신단(神壇) 등을 세우는 것이다.

5) 용의 구분(區分)

용(龍)의 구분을 기준으로 살펴보면 맥(脈)의 정기(正氣)와 편벽(偏僻) 유무에 따른 정룡(正龍)과 방룡(傍龍), 용의 늙고 어림을 분변하는 노눈(老嫩), 귀천(貴賤), 배면(背面), 행지(行止), 여기(餘氣) 등으로 구분할 수 있다.

가) 정룡(正龍)과 방룡(傍龍)

정룡(正龍)은 태조산(太祖山)을 떠나 행룡하던 용이 과협처(過峽處)에 이르러서는 무리의 산[拱峽砂나 迎送砂 등]이 주밀(周密)하게 보호해서 바람과 물의 수겁(水劫)함을 받지 않고, 행룡(行龍)의 기세가 활발하며[逶迤[37], 屈曲之玄[38], 起伏[39] 등], 행룡할 때에도 방룡(傍龍)의 호종(護從)을 받으며 행룡하는데 좌우에서 호종하는 방룡(傍龍)이 낮으면 높게 행룡(行龍)하고, 방룡(傍龍)이 높으면 낮게 행룡한다. 또한 행룡함에 있어 한 쪽으로 치우침 없이 혈(穴)이 되는 곳까지 이르므로 올바르게 뻗은 중출맥(中出脈)의 정기(正氣)를 받아 나간 것이다.

방룡(傍龍)은 비록 정룡(正龍)과 조종(祖宗)을 같이 하고 조안(朝案)을 같이 하였으나 정룡(正龍)처럼 정기(精氣)를 갖지 못하고 맥이 편벽되게 기울어진 것이다. 그러므로 혈을 결지(結地)할 수 없고 정룡(正龍)의 곁에서 정룡(正龍)을 호종(護從)하는 영송(迎送), 공협(拱峽), 조(照)하는 산이 된다.

나) 용의 노눈(老嫩)

노룡(老龍)은 산만(山巒)이 크고 뼈가 보여 거칠며, 귀미(貴美)한 모습은 보이지 않아 울툭불툭 험준하고 추루(醜陋)하며, 성체(星體)가 둔탁하고 지각(枝脚)이 짧으며, 박환(剝換)이 없어 활동적이지 못하다. 사람에 비유하면 생기(生氣)가 없어 모습이 마르고 잉태(孕胎)가 어려운 늙은 여자와 같으므로 노룡(老龍)에서는 혈(穴)을 구할 수 없는 것이다. 그러나 눈룡(嫩龍)도 노룡(老龍)으로부터 태어나는 것이므로 노룡(老龍)은 노숙(老熟)한 기상이 있어 용모가 후중하고 질박하며 덕으로써 자손을 양육하듯 눈룡(嫩龍)을 생출(生出)한다.

눈룡(嫩龍)은 굴곡(屈曲)과 기복(起伏), 대소(大小), 고저(高低) 등의 변화가 있어 마치 살아 움직이는 듯하여 거친 것이 부드럽게, 악한 것이 아름답게, 흉한 것이 길한 것으로 바꾸어진 것이다. 그러므로 사람에 비유하면 눈룡(嫩龍)은 의복

37) 위이(逶迤)란 용맥이 구불구불하고 비스듬하게 내려오는 모습을 뜻하며 산진처(山盡處) 가까이의 모습을 표현할 때 쓰는 말이다.

38) 굴곡지현(屈曲之玄)이란 행룡(行龍)을 생동감 있게 표현한 것이며 좌우(左右)로 변화한 모습을 말한다.

39) 기복(起伏)이란 행룡(行龍)을 생동감 있게 표현한 것이며 상하(上下)로 변화한 모습을 말한다.

(衣服)이 선명하며 용모가 아름답고 후복(厚福)한 것이니, 여기에 혈을 구하면 이는 명가(名家)의 여자를 취하여 귀한 자손을 두는 것과 같다.

다) 용의 귀천(貴賤)

용(龍)에는 귀(貴)하고 천(賤)한 용이 있으므로 용의 귀천(貴賤)[40]을 가릴 때는 먼저 조종(祖宗)과 부모를 살펴야 하는데, 이는 조종(祖宗)과 부모가 빼어나게 솟아 있으면 반드시 자손은 귀하게 되기 때문이다.

귀룡(貴龍)은 수려(秀麗)하고 특이하며 전호(纏護)함이 많다. 십산구수(十山九水)가 함께 모여도 중앙에 위치하고 있어야 이상적인데, 결혈(結穴)하기 전 주변 산들이 앞에서 맞이하고 뒤에서 옹호하며, 좌우에서 시위(侍衛)하고, 형상은 거북, 인장(印章), 혹, 기(旗), 북 등이 벌려 있어 모습이 마치 삼천분대(三千粉黛)와 팔백연화(八百煙花)[41]와 같다.

천룡(賤龍)은 두면(頭面)이 부서지고 추악하며, 지나는 맥이 한 쪽으로 기울고 준급(峻急)하여 거칠다. 이 뿐만 아니라, 천룡(賤龍)에는 영송(迎送)이 없으며 좌우가 공허(空虛)하여 팔풍(八風)이 닿고, 호종(護從)하는 산은 본신(本身)을 따르지 않으며, 지각(枝脚)이 예리한 칼과 같고 역행하며, 과협처(過峽處)는 편벽되게 기울어져 있다.

라) 용의 배면(背面)

본신(本身)과 호종사(護從砂)를 가르는 기준의 하나가 용(龍)의 배면(背面)이다. 龍의 시작점이 등[背]이 되고 멈춤이 있는 곳이 앞[面]이 되는데, 용(龍)의 면(面)

---

40) '귀(貴)'자는 본래 '들어내다, 들어 올리다'라는 뜻에서 출발하여, '다른 것과 달리 들어 올려진 상태, 선택된 상태', 즉 '고귀하다, 귀하다, 존귀하다'라는 의미로 변한 것이다. 이에 반해, '천(賤)'자는 '貴'자와 반대로 '값이 싸다, 신분이 낮다, 천시하다' 등을 뜻한다. 본래 '천(賤)'자는 '貝'[조개 패]와 '戔'[쌓일 전]이 합쳐진 글자이다. 고대 중국에서는 조개껍데기를 화폐로 사용한 적이 있다. 이 시기로부터 '패(貝)'는 '재물, 재화'의 뜻을 갖게 되었다. '천(賤)'자가 '재물을 쌓아 놓은 것'을 나타낸 것으로 부터 '천(賤)하게 여기다, 신분이 낮다' 등의 의미를 파생시켰다.

41) 『설심부(雪心賦)』에 나오는 말이며 분대(粉黛)와 연화(煙花)는 미인·미녀, 삼천·팔백은 숫자가 많음을 뜻한다.[粉黛煙花謂美人美女也, 三千八百極言其多) 분대와 연화는 혈의 사방에 여러 아름다운 봉우리들이 마치 시종이나 시녀가 왕을 모시고 있듯 에워싸고 있는 모습을 말하며 극히 귀한 땅을 말한다.

은 경사가 완만하고 가지런하고 반듯한 곳이며 용(龍)의 등[背]은 경사가 심하고 파쇄(破碎)하며 조악한 곳이다.

용(龍)의 배면은 유정(有情)과 무정(無情)함의 구별, 즉 음양(陰陽)의 분별을 말한다. 양(陽)인 면(面)은 유정하여 자연 광채가 있고 수려하며, 보기에도 좋은 산룡(山龍)의 앞을 말하고, 음(陰)인 배(背)는 무정하여 어둡고, 낭떠러지이며, 부스러지고 험준하며, 여위고, 지각(枝脚)도 뚜렷하지 않으며, 보기에도 흉한 산룡(山龍)의 뒤를 말한다.

만물에는 음양[背面]이 있다. 인간도 눈, 코, 입, 가슴, 배 등은 밝은 앞면에 있고, 뒷면은 척추가 있어 몸을 지탱하듯이 산룡도 동일하다. 그러므로 혈은 아름답고 유정한 앞면에 결지(結地)할 수밖에 없다. 조종(祖宗)에도 배면(背面)이 있고, 호종(護從)에도 배면이 있으며, 혈에도 배면이 있고, 산룡·평강룡(平岡龍)·평지룡(平地龍)에도 배면이 있다. 그러나 평지룡은 배면을 분간하기가 쉽지 않은데 이때는 주변의 물을 보고 판단한다. 물이 구불구불 천천히 흐르면서 넓은 곳이 앞이고, 유속이 빠르며 좁은 곳이 뒷면이다.

마) 용의 행지(行止)

산이 멈추지 않고 비주(飛走)하며, 물이 달아나는 곳에는 혈이 결지(結地)되지 않는데, 이는 과룡(過龍) 즉 용수배합(龍水配合)이 되지 않기 때문이다.

『장서(葬書)』에 "기운(氣運)은 형세로써 그치는 것이니 지나가는 산[過龍]에는 장사(葬事)하지 못할 것이다"라고 하였기 때문에 옛 말부터 '과룡(過龍)에 장사지내면 삼대(三代) 내에 절손이 된다'[過龍造葬, 三代內, 絶香火]고 하여 가장 꺼리는 곳으로 여겼다. 또, 『청낭경(靑囊經)』[42]에 이르기를 "무릇 산세(山勢)가 달아나 멈추지 않고, 수세(水勢)가 급하여 돌지 않고, 문호(門戶)가 관쇄(關鎖)되지 않고, 나성(羅星)이 에워싸지 않으면 용이 그치지 않은 증거이다"라고 하였다. 용이 멈춘다는 것[止]은 안산이 혈전(穴前)에 엎드려 절하는 듯하고, 무리 산들이 멈춘 듯하며, 모든 물이 다 모이는 것이니 진룡이 이곳에 융결(融結)하는 것을 뜻한다.

42) 『인자수지(人子須知)』에서는 중국 진(秦)나라 때 숨어사는 선비 황석공(黃石公)이 『청낭경』을 지어서 적송자(赤松子)에게 주었으며, 송(宋)의 진희이(陳希夷)가 주석하였다고 적고 있다.

바) 용의 여기(餘氣)

간룡(幹龍)의 기운이 성하여 용진처(龍盡處)에서 혈을 융결하고 남은 기운을 여기(餘氣)라 한다. 이러한 여기(餘氣)는 수십 리를 가기도 하는데 이 기운이 다시 융결하여 작은 혈을 몇 개 더 만들기도 하고, 몸을 돌려 전호(纏護)가 되기도 하며, 수구로 달려가 문호(門戶)를 이루기도 하고, 앞에 솟아 안산이 되기도 하며, 좌우에 비치는 조산(照山)이 되기도 하고, 혈 앞으로 퍼져 순전(脣氈)이 되기도 한다.

3. 입수룡(入首龍)

입수란 내룡(來龍)이 혈(穴)의 머리(首) 쪽으로 들어오[入]는, 혈장에 연결되는 첫 번째 볼록한 산줄기[第一節: 기목]를 말하는데, 보통 묘지를 혈에 정할 때 혈장(穴場) 뒤쪽 잘록하게 속기(束氣)된 부분을 말한다.

주산에서 흘러내리는 지기(地氣)가 혈장으로 들어오는 가느다란 도두일절(倒頭, 到頭一節)의 산줄기, 즉 잘록한 통로이다.

이와 같은 입수는 혈장에 지기를 공급하는 파이프라인(기목)에 해당하므로 과협(過峽)과 입수가 튼튼하고 잘록하게 잘 묶어주어야 주산에서 저장하고 있는 지기가 혈장에 힘차고 원활하게 공급되어 좋은 혈장을 만들 수 있다.

김두규 교수는 『풍수학 사전』에서 입수를 '주산(소조산)에서 혈처 뒷부분까지의 내룡'을 말한다고 하고, 최창조 교수는 『한국의 풍수사상』에서 '부모산, 태·식·잉·육이 모두 입수의 범주'라고 하여 입수의 개념을 광의(廣意)로 잡고 있으나 본서(書)에서는 협의(狹義)의 개념인 도두일절로 정의하여 설명하고자 한다.

통상 입수를 기준으로 혈장(穴場)과 혈심(穴心)도 찾고 점혈(點穴)·재혈(裁穴)·좌향(坐向)까지 결정하기 때문에 입수를 바로 찾는 것이 참으로 중요한 문제이다.

[입수오격(入首五格)]

직룡입수(直龍入首) - 입수할 때, 입수도두(入首到頭)의 한 가운데로 들어오는 것으로 당입수(撞入首)라고도 한다. 용맥의 기세가 강직하므로 발복(發福) 시기도 빠르고 발복 강도도 높기 때문에 제일 좋은 것으로 여기나 혈장 앞에 전순(氈脣)이 있어야 한다.

횡룡입수(橫龍入首) - 행룡(行龍) 방향에서 입수룡(入首龍)이 횡으로 틀어져서 입맥(入脈) 결혈(結穴)되므로 혈장 뒤 좌우에 붙어 받쳐주는 곁가지인 귀(鬼)와 혈장 뒤에 떨어져 주산처럼 솟아올라 바람막이 역할을 하는 낙산(樂山)이 있어야 좋다.

비룡입수(飛龍入首) - 입수룡의 형세가 위로 솟아 혈이 맺히니(上聚穴) 용호(龍虎)나 선익(蟬翼), 순전의 보호를 받아 적절한 균형을 이뤄야 좋다.

잠룡입수(潛龍入首) - 평지에 떨어져 결혈되므로 평수혈(平受穴)이라고 하는데, 혈장 주변을 싸고도는 물길이 있어야 한다. 평지에서는 한 치의 차이로도 산이 되고(高一寸爲山) 물이 된다.(低一寸爲水)

회룡입수(回龍入首) - 입수룡이 기세 있게 변화, 회전하여 자신이 출발했던 조종산을 바라보고 있는 회룡고조혈(回龍顧祖穴)을 말한다. 이때에도 혈 뒤에는 귀(鬼)가 받쳐주어야 좋다.

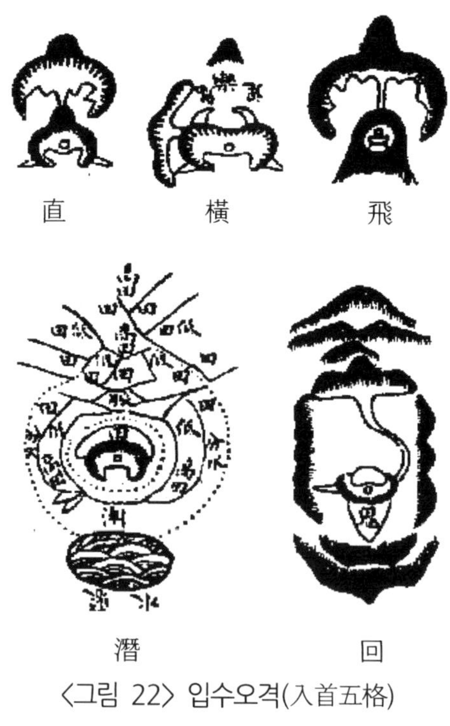

〈그림 22〉 입수오격(入首五格)

Ⅳ. 혈(穴 - 定穴法)

하나의 용맥이 흘러가면 물도 같이 흘러 용진처(龍盡處)에 이르면 음양이 상배(相配)하여 보금자리를 형성, 꽃을 피우고 열매를 맺으니 이를 혈(穴)이라고 한다.

혈이란 용맥 속을 따라 흐르는 지기(地氣: 山川精氣)가 물을 만나서 더 이상 나아가지 못하고 뭉쳐져 혈장(穴場)을 만들면 지기(地氣)가 바깥으로 솟아 나오는데 이를 혈이라 한다. 즉 혈이란 주변 산천의 정기(精氣)가 뭉쳐진 산등성이에서 지기(地氣)가 나오는 구멍(孔)을 말하는 것이다.[地氣發生之孔, 名爲氣口]

혈(穴)은 음양이 합국(合局)되고 산수의 정기가 뭉쳐진 곳이므로 혈을 옹위(擁衛)하는 산세를 거느려야 하며, 조안(朝案)을 갖추고 공결(空缺)이 없으며 유음(幽陰)하지 않아야 한다.[諸砂擁衛, 藏風靜水]

산맥의 열매인 혈의 중심에 혈토(穴土)가 있는데 이 혈토는 산천정기의 응결처(凝結處)라 오색찬란한 광택이 있고, 비석비토(非石非土)이다.

1. 혈증사과(穴證四科)와 혈(穴)의 삼난(三難)

1) 혈증사과(穴證四科)

혈이 위치하고 있는 장소 즉 혈장(穴場) 또는 혈판(穴坂)은 위쪽에서 지기가 들어오는 일절(一節)의 산줄기인 입수(入首 - 내룡이 혈 속으로 들어가려고 하는 혈장과의 연결 통로)가 있으며, 좌우에 매미의 날개와 같이 혈을 에워싸고 있는 선익(蟬翼)이 있고, 아래쪽에는 입술처럼 남은 기운이 뭉쳐진 순전(脣氈) 또는 전순(前脣)이 있으며, 그 한 가운데를 혈심(穴心)이라 한다.

일반적으로 크게 보아 ①구첨(毬簷: 穴星), ②장구(葬口: 穴), ③박구(薄口: 小明堂), ④합금(合襟: 金魚界水) 이렇게 네 가지 요소를 혈증사과(穴證四科)라 하지만 실제로는 좁게 혈장에서 ①입수, ②좌선익, ③우선익, ④전순(氈脣)을 보고 혈을 찾기 때문에 이를 혈증사과(穴證四科)라 하기도 한다.

[입수(入首)]

앞장 「Ⅲ. 용(龍 - 看龍法)」편 ‘3. 입수룡(入首龍)’ 참조.

[선익(蟬翼)]

매미의 날개처럼 혈장의 복개보벽(覆蓋保壁)으로 혈을 좌우에서 지탱하며 입수에서 혈로 주입되어 융취(融聚)된 정기(精氣)가 누설되지 않도록 보호하는 역할을 한다.

산천 정기가 입혈(入穴)하면 그 여기(餘氣)가 선익(蟬翼)이 되어 달무리(月暈)와 같이 좌우 양측에 은은하게 혈장을 감싸주게 되는 것이다. 선익(蟬翼)이 분명하면 내청룡, 내백호가 없어도 되는데 이는 선익(蟬翼)이 내청룡, 내백호의 역할을 하기 때문이다.

[전순(前脣, 氈脣)]

산천 정기가 입혈(入穴)하면 그 여기(餘氣)가 선익을 만들고, 또한 혈 앞 하단부에 뭉쳐 혈의 정기가 누설되는 것을 막는데 이를 전순(前脣, 氈脣)이라 한다. [큰 것을 전(氈)이라 하고 작은 것을 순(脣)이라 한다.]

선익(蟬翼)은 상팔분수처(上八分水處)가 되어 정기의 증발을 막고, 전순(氈脣)은 하팔합수처(下八合水處)가 되어 정기의 누설을 막아 보혈보기(保穴保氣)한다.

[합금(合襟)]

혈 후에서 나누어진 물이 혈 앞에서 합하는데 마치 앞가슴의 옷깃이 교합(交合)하는 듯 하다하여 붙여진 이름이다. 이는 혈의 생기(生氣)가 흩어지지 않도록 물의 상분하합(上分下合) 현상인데 이 분합(分合)현상을 삼분합으로 구분하여 보면 일분합은 혈장(穴場)안에서 이루어지는데 입수도두(入首到頭)에서 분수(分水)되어 선익(蟬翼)을 따라 경계지어 지고 전순(氈脣)에서 합수(合水)되며, 이분합은 혈 후 과협처에서 분수되어 혈전(穴前) 전순(氈脣)아래인 내용호(內龍虎)의 교회처(交會處)에서 합수(合水)되고, 삼분합은 소조산[主山]에서 분수(分水)되어 외용호(外龍虎)의 교회처(交會處)에서 합수(合水)한다.

2) 혈(穴)의 삼난(三難)

심혈(尋穴), 점혈(點穴), 재혈(裁穴)을 혈의 삼난(三難)이라 하여 정혈법(定穴法)의 어려움을 나타내었는데 심혈의 어려움이란 천장지비일석지지(天藏地秘一席

之地)인 진혈(眞穴)을 찾아내는 어려움을 말한 것이며, 이는 진혈(眞穴)을 찾을 수 있는 명사(明師)를 만나기도 어렵지만 태조산(太祖山)에서 출맥한 용의 진위(眞僞)를 분별(分別)하기도 어려울 뿐만 아니라 진혈(眞穴)을 찾기란 더욱 어려움을 말한 것이다.

심혈(尋穴)을 위하여서는 먼저 용의 살핌에 소홀함이 없어야 하며 〈主山 및 來龍入首〉, 국세(局勢)를 바르게 살펴야 하고〈朝, 案, 龍, 虎, 水口, 周邊砂〉, 바람과 유수(流水)를 세밀히 살펴야 한다.

점혈(點穴)의 어려움이란 "털끝만한 차이로 화복(禍福)은 아주 큰 차이가 난다"[毫釐之差, 禍福千里]라 하여 불과 한,두평(一,二坪)의 혈을 적중(的中)하기가 극히 어렵다는 말이다. 털끝만큼의 차이만 있어도 화복(禍福)의 차(差)는 천리(千里)나 되며 한척(一尺)의 차이에 탈맥상혈(脫脈傷穴)하여 어렵게 구한 진혈(眞穴)이 무용지물(無用之物)이 되는 것이다. 따라서 옛 선사들은 삼년심룡(三年尋龍)에 십년점혈(十年點穴)이라 하여 망세심룡(望勢尋龍)보다 등산점혈(登山點穴)이 어려운 것임을 강조하였다.

재혈(裁穴)의 어려움이란 심혈(尋穴)하고 점혈(點穴)하였으나 천광(穿壙)의 천심(穿深)과 입향(立向)의 여하에 따라 복(福)이 화(禍)로 변함을 말한 것이다. 장사(葬事)는 생기(生氣)를 받는 것인데 입향을 잘못하거나, 기(氣)가 어긋나거나, 천광(穿壙)이 얕아야 할 곳을 깊게 하면 기(氣)가 위로 지나가고, 깊어야 할 곳을 얕게 하면 기(氣)는 아래로 지나 버릴 것이니 비록 진혈(眞穴)을 얻었으나 복(福)이 화(禍)로 변하는 것이다.

재혈(裁穴)은 수십리(數十里)의 내룡(來龍)과 입수(入首)를 살핀 다음, 다만 혈판(穴坂) 1, 2평(坪: 4~5미터)을 두고 시신(屍身)의 최적안장지점(最適安葬地點)을 정하여 천광(穿壙)의 천심(穿深)과 입향(立向)을 정하는 것이다.

2. 혈(穴)의 4요소

혈(穴)의 중요 4요소를 살펴보면 '혈형(穴形), 혈성(穴星), 혈증(穴證), 기혈(忌穴)'이 있다.

[혈형(穴形)]

혈형(穴形)이란 혈의 형태를 말하나 만물형상(萬物形象)의 형(形)이 아니고 양균송(楊筠松)의 혈형사상(穴形四象)인 와·겸·유·돌(窩·鉗·乳·突)의 형(形)을 말한다. 다시 말해, 혈형(穴形)은 크게 와혈(窩穴), 겸혈(鉗穴), 유혈(乳穴), 돌혈(突穴)의 사상(四象)으로 나눌 수 있는데, 이 가운데 와혈(窩穴)은 혈처(穴處: 당판의 중심부)가 주위보다 낮아 우묵한 곳을 말하며, 돌혈(突穴)은 사방이 낮아 혈처가 불룩하고 평평한 곳을 말한다.

[혈성(穴星)]

입수(入首)의 산이 어느 성체(星體)를 이루는가를 살피는 것으로서 장자미(張子微)의 오성론(五星論)인 금성(金星), 목성(木星), 수성(水星), 화성(火星), 토성(土星)을 말한다.

[혈증(穴證)]

진룡(眞龍)의 결혈(結穴)에는 결혈증거(結穴證據)가 반드시 있는바 조안(朝案), 용호(龍虎), 명당(明堂), 수세(水勢)등의 응(應)함을 말함이다.

[기혈(忌穴)]

점혈(占穴)을 하기 위해서는 혈형(穴形)과 혈성(穴星)을 살펴보고 혈증(穴證)과 기혈(忌穴)을 알아보아야 하는데, 기혈(忌穴)이란 형(形)에서 살펴보아 생기(生氣)를 타지 못하는 흉한 곳 즉 불길한 혈(穴)을 말한다.

1) 혈형사상(穴形四象)

혈의 형태는 천태만상(千態萬象)으로 한결같지 않으나 음양(陰陽) 두 가지에 불과하다. 음(陰)이 오면 양(陽)이 받아주고[陰來陽水], 양(陽)이 오면 음(陰)이 받아주는[陽來陰水] 것을 말함이다. 그러나 음(陰) 중에 양(陽)이 있고 양(陽) 중에 음(陰)이 있는 것이므로 사상(四象)인 태양(太陽), 소양(少陽), 태음(太陰), 소음(少陰)으로 구분되니 그 형태가 와·겸·유·돌(窩·鉗·乳·突)인 것이다.

와·겸·유·돌(窩·鉗·乳·突)은 생기(生氣)를 얻어야 진(眞)이 되므로 승생기(乘

生氣)이며, 이 생기(生氣)는 태극(太極)이고 음양(陰陽)은 양의(兩儀)이며 와·겸·유·돌(窩·鉗·乳·突)은 사상(四象)인 것이다.

가) 와혈(窩穴)

굴혈(屈穴)또는 개구혈(開口穴)을 말하므로 이는 혈성(穴性)이 개구(開口)하여 양손으로 움켜질듯이 교회(交會)함이 있는 것을 말한다.

와혈(窩穴)의 다른 이름들로는 掌心穴(손바닥), 金盆穴(쇠대야), 鷄窩穴(닭의 둥우리), 燕巢穴(제비집), 鍋底穴(납비바닥), 旋螺穴(소라껍질)등이 있다. 앙천호격(仰天湖格)이라 하늘을 향해 양손으로 물건을 움켜지는 듯한 형(形)이다. 와혈(窩穴)은 평지나 고산 모두 있으나 고산에 더욱 많으며, 이는 고산에서는 와(窩)를 진(眞)으로 하고 평지에서는 돌(突)을 진(眞)으로 하기 때문이다.

「고산(高山)은 바람이 부는 것을 두려워하나 평지는 수겁(水劫)함을 두려워한다.」

와혈(窩穴)을 4격(四格)으로 구분하기도 하는데 이를 와형혈(窩形穴)의 기본형이라 하며 4격에 각각 2체(二體)와 정·변격(正·變格)의 2격(二格)이 있다. 4격은 심와(深窩), 천와(淺窩), 협와(狹窩), 활와(闊窩)가 있으며 각 격에 좌우 양손으로 움켜지듯이 교회(交會)되는 것을 장구와(藏口窩)라 하고, 좌우의 양손으로 움켜쥐는 것이 없이 교회(交會)되지 않는 것을 장구와(張口窩)라 하며 이 두 가지를 2체(二體)라 한다.

또한 와형혈(窩形穴)의 기본형인 4격에 좌우 양쪽의 움켜짐이 균등한 것을 정격(正格)이라 하고 균등하지 못한 것을 변격(變格)이라 한다.

혈 좌우의 바깥쪽에서 요(曜)를 대(帶)한 귀격인 대요격(帶曜格)있다. 대요격(帶曜格)은 좌우가 동일하게 있으면 좋고 한쪽만이라도 요(曜)가 있으면 없는 것 보다 좋으며 수구(水口)쪽에 있는 요(曜)가 더욱 좋다.

심와(深窩)는 개구(開口) 중에 깊이 감추어져 있는것을 말하며 미유(微乳)나 미돌(微突)이 있으면 음(陰) 중에 양(陽)이 있는 것이니 길(吉)하다. 그러나 반드시

와(窩)의 중심이 둥글고 깨끗하여야 하고[圓淨], 좌우 양손이 움켜진 듯한 곳이 명백하여야 하며 안으로 감싸주어야 길(吉)하다. 반대로 와(窩)가 너무 깊이 빠지고 유돌(乳突)이 없으며, 와(窩)의 중심이 둥글지 못하고 좌우의 한쪽이 치우치면[偏頗] 이는 허와가혈(虛窩假穴)이니 좋지 않다.

천와(淺窩)는 개구(開口) 중심이 얕은 것을 말한다. 너무 얕은 것은 바람직하지 못하며 적당히 얕아야 좋다. 다른 내용은 심와(深窩)와 동일하다.

활와(闊窩)는 개구(開口) 가운데가 관활(寬闊)한 것을 말하며 와(窩)가 너무 깊은 것은 불길하고 좌우가 교회(交會)되어야 길하며, 와(窩) 중에 작은 유돌(乳突)이 있어야 하고 유돌(乳突)의 꼭대기에 기(氣)가 모임으로 여기에 하장(下葬)하면 아주 길하다. 활와(闊窩)는 허(虛)하고 찬자리[冷]가 많으므로 조심하여야 하며 다른 내용은 심와(深窩)와 동일하다.

협와(狹窩)는 개구(開口)의 가운데가 협소(狹小)한 것을 말한다. 너무 좁은 것은 불길하나 적당히 좁고 균형이 고르면 길하며, 다른 내용은 심와(深窩)와 동일하다.

나) 겸혈(鉗穴)

겸혈은 혈의 사상(四象)중 점혈(點穴)하기가 제일 어려우며 용맥(龍脈)을 정확히 보아야 하므로 철사(哲師)가 아니면 분변(分辨) 하기가 어렵다.

개각혈(開脚穴)을 말하며 혈성(穴性)이 양다리를 벌려 놓은 것 같은 것을 말한다. 고산(高山)이나 평지 모두에 있으며 겸혈에는 8격(八格)이 있는데 5개의 정격(正格)과 3개의 변격(變格)이 있으며 정격(正格)에는 직겸(直鉗), 곡겸(曲鉗), 장겸(長鉗), 단겸(短鉗), 쌍겸(雙鉗)이 있고, 변격(變格)에는 仙宮[邊直, 邊曲], 單堤[邊長, 邊單], 疊指[邊單, 邊雙]가 있다.

8개의 각 격(格)에는 2체(二體)가 있으니 하나는 겸(鉗) 중에 아주 작은 유(微乳)가 있는 것인데, 이것은 유혈(乳穴)에서 변하여 된 것이다. 여기에 점혈(點穴)하고자 할 경우, 아주 작은 유의 머리(乳頭)에 하여야 하며, 조심하여야 할 것은 물과의 경계(境界)가 명백하고 유두(乳頭)가 둥글고 반듯해야(圓正) 한다. 2체중 또 하나는 겸(鉗) 중에 아주 작은 와(微窩)가 있는 것인데, 이것은 와혈(窩穴)에서 변하여 된 것이다. 여기에 점혈(點穴)하고자 할 경우에는 아주 작은 와(微窩)

의 중간에 하여야 한다. 겸혈(鉗穴)은 혈의 사상(四象)중 세 번째로 많은 혈이다.

다) 유혈(乳穴)

유혈은 열린 팔 가운데 가슴위의 드리워진 단아한 여자 유방과 같은 혈로서 다른 이름으로 수유(垂乳), 유두(乳頭), 현과(懸果) 등이 있다. 고산과 평지에 모두 있으며 유혈(乳穴)에는 6격(六格)이 있는데 4개의 정격(正格)과 2개의 변격(變格)이 있다. 정격(正格)에는 장유(長乳), 단유(短乳), 대유(大乳), 소유(小乳)가 있고 변격(變格)에는 쌍수유(雙垂乳), 삼수유(三垂乳)가 있다. 6개의 각 격(格)에는 2체(二體)가 있으니 하나는 좌우 양팔이 완전히 감싸 안은 모양이며 유회(紐會)라 하고, 다른 하나는 좌우의 양팔이 감싸주지 않은 모양이며 불유회(不紐會)라 한다.

장유(長乳)는 양팔이 감싸는 중간 부분에 드리워진 혈(垂乳)이 긴 것인데 너무 길어 맥(脈)이 생기가 없으면 쓸 수가 없으므로 살펴보아야 한다. 장유(長乳)는 삼정(三停)으로 나누어 입혈(立穴)할 수 있으니 상정(上停), 중정(中停), 하정(下停)이요, 천혈(天穴), 인혈(人穴), 지혈(地穴)의 삼재혈(三才穴)이다. 장유(長乳)에는 반드시 완연(宛然)하게 평탄(平坦)한 곳이 있을 터이니 전후(前後) 좌우(左右) 등 사세(四勢)의 성정(性情)을 잘 살펴서 점혈(點穴)하여야 하고, 높고 급하거나(峻急) 바로 곧고 단단하게 보이는 곳[直硬]은 좋지 않다.

단유(短乳)는 양팔이 감싸는 중간 부분에 드리워진 혈(垂乳)이 짧은 것인데 너무 짧다면 역량(力量)을 발휘할 수 없으므로 조심히 살펴야 한다. 단유(短乳)가 적당하고 물의 경계가 분명하면 길지(吉地)가 된다. 좌우에서 환포(環抱)하고 유(乳)가 정중(正中)에 있어서 거칠거나 높고 급하지[峻急] 아니하면 좋지만, 유(乳)가 너무 짧거나 준급(峻急)하며 거칠고 수계(水界)가 분명하지 못하면 좋지 않다.

대유(大乳)는 양팔이 감싸는 중간 부분이 유난히 크게 드리워진 혈(穴)인데 부드럽게 큰 것을 말한다. 너무 크고 거칠며, 딱딱하고 부스럼과 종기(腫氣) 같으면 좋지 않다. 좌우의 양팔이 부드럽게 감싸야 유정(有情)하며 이와 반대면 진혈(眞穴)이 아닌 것이다.

소유(小乳)는 양팔이 감싸는 중간 부분에 아주 작게 솟아난 부분[微乳]이 있는데 너무나 작은 것은 힘이 미약(微弱)하고 기(氣)가 약함에 일어서기 어렵고, 혈을 감싸는 양팔이 혈을 누르기 때문에 소유(小乳)가 아니므로 점혈(點穴)하기 어렵다. 소유(小乳)이면서 장유(長乳)나 단유(短乳) 그리고 대유(大乳)의 좋지 않는 부분이 있으면 역시 하장(下葬)하는 것은 좋지 않다.

쌍수유(雙垂乳)는 변격(變格)으로서 양팔이 감싸는 중간 부분에 드리워진 두 개의 혈(穴)이 있는 것인데 한쪽이 쳐지고 기울거나 마르고, 미세(微細)하거나 살찌고 비만(肥滿)하면 대·소·장·단(大·小·長·短)이 고르지 못해 하장(下葬)이 불가능하다.

양쪽이 모두 균형을 이루면서 아름답고 서로를 유정(有情)하게 바라보며 양팔이 유정하게 감싸면 길지(吉地)이다.

삼수유(三垂乳)도 변격(變格)으로서 양팔이 감싸는 중간 부분에 드리워진 세 개의 혈이 있는 것인데 쌍수유(雙垂乳)와 같이 살찌고, 마르고, 길고, 짧고, 크고, 작음이 균형을 이루면 하장(下葬)이 가능하다. 삼수유(三垂乳)가 고르지 못하면 중유(中乳)로서 합(合)하면 중유(中乳)에 하장(下葬)이 가능하나 중유(中乳)가 볼 것이 없으면 하장(下葬)이 불가능하며, 만약 중유(中乳)가 불가능하고 양 옆의 유(乳)가 합(合)하면 쌍수유(雙垂乳)로서 길격(吉格)이므로 하장이 가능하다.

라) 돌혈(突穴)

돌혈(突穴)은 가만히 솟아올라 부드러운 듯하면서도 솟아올라온 모습이 기품(氣品)이 있어 다른 이름으로는 구계(口鷄: 닭의 부리), 심어포(心魚泡: 물고기가 뿜어내는 물방울), 아란(鵝卵: 거위알), 용주(龍珠: 龍이 물고 있는 如意珠) 등이 있다. 돌혈(突穴)은 평지나 고산에 모두 다 있으나 평지에 더욱 더 많으며, 이는 고산에서는 와(窩)를 진(眞)으로 하고 평지에서는 돌(突)을 진(眞)으로 하기 때문이다.

높은 산의 돌혈(突穴)은 장풍(藏風)을 요하므로 반드시 좌우 양팔이 감싸주어야 하며, 홀로 솟아나서 바람을 받아 생기(生氣)가 흩어지는 것을 꺼리고, 넓은 평지(平洋地)의 돌혈은 솟아나도 수계(水界)가 명백하여야 한다. 또한 내룡맥(來龍脈)이 분명하며 좌우가 평탄한 것이 좋다. 이는 넓은 평지에서는 바람이 지면(地面)을 따라 부는 것이므로 해(害)가 없다.

돌혈(突穴)에는 4격(四格)이 있는데 2개의 정격(正格)과 2개의 변격(變格)이 있으며 정격(正格)에는 대돌(大突), 소돌(小突)이 있고 변격(變格)에는 쌍돌(雙突)과

삼돌(三突)이 있다. 대돌(大突)은 크고 높은 것을 말하는데, 지나치게 크거나 거칠고 흉악하면 돌혈(突穴)이라 할 수 없으므로 알맞게 크며 거칠지 않고[不粗], 부스럼이나 종기 같지 않고[不腫], 딱딱하거나 흉악하지 않고[不頑], 생기(生氣)가 있으면[不懶] 대돌(大突)로서 길격(吉格)인 것이다. 소돌(小突)은 작게 일어난 돌(突)을 말하는데, 평지이거나 고산이거나 너무 작으면 좋지 않고, 알맞게 작으며 적당히 풍만(豊滿)하며 형체가 빛나면(光肥) 길격(吉格)인 것이다.

쌍돌(雙突)은 국내(局內) 돌혈(突穴)이 2개가 있는 것인데, 2개 혈(穴) 모두가 균형이 있게 바르면 길격(吉格)이나 그 중 한 개가 특별히 달라도 대돌(大突)이나 소돌(小突)로 간주(看做)하여 하장(下葬)하여도 무방하다. 그러나 두 곳이 균형이 있는 듯하면서도 없으며, 바른 듯하면서도 기울고, 미악(美惡)을 분별하기 어려우면 하장(下葬)이 불가능하다.

삼돌(三突)은 국내(局內)에 돌혈(突穴)이 3개가 있는 것인데 세 개 혈 모두가 균형이 있게 바르고 적당히 풍만(豊滿)하여 광채(光彩)가 나면 길격이다. 쌍돌(雙突)과 마찬가지로 3개 혈 중 한 개가 특별히 달라도 대돌(大突)이나 소돌(小突)로 간주하여 하장(下葬)하여도 무방하나, 세 곳이 균형 및 대·소·미·악(大·小·美·惡)을 분별하기 어려우면 하장(下葬)이 불가능하다.

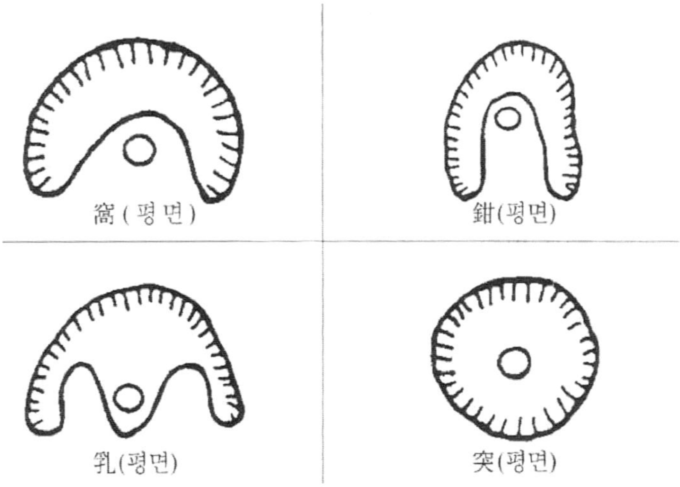

〈그림 23〉 혈형사상(穴形四象)[43]

43) 金基仙, 『風水地理學槪論』, 螢雪出版社, 2005, 198쪽.

이상과 같이 혈형사상(穴形四象)을 살펴본데서 잘 알 수 있듯이, 기복(起伏)과 굴곡(屈曲)을 하면서 힘차게 달려온 용이 결혈(結穴)을 하고자 하는 곳은 입수내룡(入首來龍)의 취기(聚氣)를 모두 받아 열매를 맺고자 하는 곳이므로 혈(穴)의 모양은 꽃꼭지[入首]의 속기(束氣)와 씨방[穴心]의 응결(凝結)과 꽃받침[蟬翼]의 포옹(抱擁)과 꽃술[前脣, 氈脣]의 보기(保氣)를 갖추고 있는 것이다.

2) 혈성(穴星)

국내(局內)에 결혈(結穴)되어 있는 부분을 혈장(穴場)이라 하며 혈 뒤에서 입수(入首)하는 산이 이루는 성체(星體)를 혈성(穴星)이라 하고, 이를 살피는 것은 오성론(五星論) 중 목성(木星), 화성(火星), 토성(土星), 금성(金星), 수성(水星) 중 하나로서 분명한 성체(星體)이면 진기(眞氣)가 융취(融聚)되는 것이며, 성체(星體)를 분명하게 이루지 못하면 진기(眞氣) 또한 융결(融結)되지 못한다.

다시 말해, 혈장(穴場)에 입수(入首)한 내용(來龍)의 진위(眞僞)와 선악(善惡)이 그 혈(穴)의 길흉(吉凶)을 결정하는 기준이 되는 까닭에 그 입수(入首)한 내용(來龍)을 구별하기 위하여 그 이름을 혈성(穴星)이라 한다. 오성(五星)의 혈성(穴星)에는 삼격(三格)이 있는데, 정체혈성(正體穴星), 측뇌혈성(側腦穴星), 평면혈성(平面穴星)이 바로 그것이다.

[정체혈성(正體穴星)]

성체(星體)의 두면(頭面)이 단정하며 맑고, 깨끗하며 용(龍)이 상격(上格)에 속하면 극품(極品)이 귀(貴)가 되나, 어수선하거나 어지럽고 탁(濁)하면 소귀거부(小貴巨富)에 그친다.

[측뇌혈성(側腦穴星)]

성체(星體)의 두뇌(頭腦)가 비스듬하고 형체가 한쪽으로 기울어진 것을 말하며, 기울어진 정도의 차이는 있으나 융결(融結)에는 차이가 없다. 성체(星體)가 맑고 깨끗하며 용(龍)이 상격(上格)에 속하면 존귀(尊貴)하며 권위(權威) 있고, 어수선하거나 어지럽고 탁(濁)하면 간사하거나 인색하지만 재물은 많다.

[평면혈성(平面穴星)]

성체(星體)가 땅바닥에 쓰러져서 형체가 평평한 것을 말하며 고저(高低)의 차이는 있으나 융결(融結)에는 차이가 없다. 성체(星體)가 맑고 깨끗하면서도 용(龍)이 상격(上格)에 속하면 부귀(富貴)가 오래가며, 어수선하거나 어지럽고 탁(濁)하면 부(富)만 크다.

가) 금성혈성(金星穴星)

금성혈(金星穴)의 근본은 둥근 것[圓]인데 2체(二體)가 있으며 상하(上下)가 함께 둥글고 본신(本身)이 높은 것을 태양금성(太陽金星)이라 하고, 위는 둥글며 아래가 모나고 본신(本身)이 낮은 것은 태음금성(太陰金星)이라 하며 다 같이 정체(正體), 측뇌(側腦), 평면(平面) 등 혈성삼격(穴星三格)으로 구분된다. 또, 각각의 격(格)에는 혈형사상(穴形四象)인 와겸유돌(窩鉗乳突)의 혈을 맺는다.

덧붙여 말하면, 정체금성(正體金星)은 형이 둥글고 단정하며 혈은 중앙에 맺히고, 측뇌금성(側腦金星)은 형이 둥글며 본신은 기울어져 있고 혈은 측방(側傍)에 맺히며, 평면금성(平面金星)은 면(面)이 하늘을 보고 있으며 본신(本身)의 형태가 둥글고 땅에 누운 것이니 혈은 꼭대기에 맺힌다.

나) 목성혈성(木星穴星)

목성(木星)이 수려(秀麗)하면 미녀(美女)라 하는데, 혈성(穴星)도 되고 사(砂)도 응용한다. 목성혈(木星穴)의 근본은 곧은 것(直)인데 본신(本身)이 곧고 높이 솟아 상부(上部)가 약간 뾰쪽하더라도 전체의 형체는 둥글다.

다) 수성혈성(水星穴星)

수성혈(水星穴)의 근본은 굽은 것[曲]인데 본래 동적(動的)이고 유약(柔弱)하여 금(金)의 도움이 있어야 한다. 즉 수성(水星)은 금(金)을 겸(兼)하여야 결혈(結穴)이 된다.

금(金)은 둥글고[圓] 수(水)는 굽은 것[曲]이니 상부(上府)는 둥글고 본신(本身)은 굽은 것이다. 수성(水星)이 금(金)을 겸하고 있지만 수성혈(水星穴)이라고 말하는 것은 수(水)가 주인격이 되기 때문이다.

정체(正體), 측뇌(側腦), 평면(平面) 등 혈성삼격(穴星三格)으로 구분되며 각각의 격(格)에는 혈형사상(穴形四象)인 와·겸·유·돌(窩·鉗·乳·突)의 혈을 맺는다.

정체수성(正體水星)은 상부(上部)가 둥글며[圓] 본신(本身)이 굽고[曲] 단정하며 혈은 중앙에 맺힌다.

측뇌수성(側腦水星)은 상부(上部)가 둥글며[圓] 본신(本身)이 굽고[曲] 기울어져 혈은 측방(側傍)에 맺힌다.

평면수성(平面水星)은 면(面)이 하늘을 보고 있으며 본신(本身)은 곡(曲)하며 땅에 누운 것이니 혈은 꼭대기에 맺힌다.

라) 화성혈성(火星穴星)

화성(火星)에 있어 노화(老火)는 작혈(作穴)하지 않고 소화(小火)의 사이는 역시 이루어지는 것이 있다. 그 줄기도 장엄(莊嚴)하여 조종산(祖宗山)으로 되거나 조산(朝山)으로 되면 길하지만, 그 근본이 뾰쪽하고 지극히 건조하며 화기(火氣)가 많으므로 금(金)이 들면 녹고, 목(木)이 들면 타버리고, 수(水)가 들면 말라 증발(蒸發)해 버리고, 토(土)가 들면 건조(乾燥)하거나 타버리기 때문에 쉽게 결혈(結穴)되지 않는다. 비록 수(水)의 제(濟)함이 있어 결혈(結穴)되어 있을 경우에도 간혹 화(火)의 재앙(災殃)이 나타나게 되니 가급적 하장(下葬)하지 않는 것이 바람직하다.

마) 토성혈성(土星穴星)

토성혈(土星穴)의 근본은 모가진 것[方]인데 본신(本身)이 중후(重厚)하고 단정하게 모가 나는 것[端方]이 좋다.

혈성(穴星)은 상부(上部)가 방정(方正)하며 전체의 형체는 평평하다. 정체(正體), 측뇌(側腦), 평면(平面) 등의 혈성삼격(穴星三格)에다 토성혈(土星穴) 고유의 혈성격(星穴格)인 요뇌(凹腦)격으로 구분되며 각각의 격에는 혈형사상(穴形四象)인 와·겸·유·돌(窩·鉗·乳·突)의 혈을 맺는다.

정체토성(正體土星)은 상부(上部)가 모가 나며[方] 본신(本身)은 평평하고 단정하며 혈은 중앙에 맺힌다.

측뇌토성(側腦土星)은 상부(上部)가 모가 나며[方] 본신(本身)은 평평하고 한쪽으로 기울어져 혈은 측방(側傍)에 맺힌다.

요뇌토성(凹腦土星)은 상부(上部)가 모가 나며[方] 본신(本身)은 평평하나 중앙이 요(凹)하니 혈은 요(凹) 아래에 맺힌다.

평면토성(平面土星)은 면(面)이 하늘을 보고 있으며 본신은 방(方)이나 땅에 누운 것이니 혈은 꼭대기에 맺힌다.

3) 혈증(穴證)

각종 정혈법(定穴法)에 따라 심혈(尋穴)한 혈지(穴地)의 진가여부(眞假與否)를 재확인할 필요가 있는데, 그 방법론을 혈증론(穴證論)이라 한다. 다시 말해, 혈증(穴證)이란 진룡(眞龍)의 결혈증거(結穴證據)를 말하는데, 그 증좌(證佐)가 명백하면 진혈(眞穴)이 되는 것이다. 이는 혈(穴)에서 바라보는 조안(朝案)이 아름답고 양명(陽明)해야 명당(明堂)이 바르며, 수세(水勢)가 개구(開口)하여 양손으로 움켜 질듯이 교회(交會)함이 있어야 하며, 뒤에는 낙산(樂山)이 높고 귀성(貴星)이 받혀주고 있으며, 좌우의 용호(龍虎)가 유정(有情)하게 감싸고 있으며, 전호(纏護)가 둘러 보호(保護)하고 묘정(墓庭)의 하단부인 순전(脣氈)이 바르며, 전·후·좌·우(前·後·左·右) 사산(四山)의 십도(十道)가 온전하고, 수계(水界)를 살펴보면 분합(分合)이 분명하게 되어 있어야 진혈(眞穴)이 되는 것이다. 이와 같이 볼 때, 혈증(穴證)과 정혈(定穴)을 같은 것으로 보아도 무방하다.

좌우(左右)의 모든 산은 혈(穴)을 모시고 호위하며[侍衛], 전후(前後)의 모든 산은 혈을 보내고 맞이하므로[送迎] 전·후·좌·우(前·後·左·右) 산의 형세가 높고 낮음이 다른 때는 가까이 있는 산을 기준으로 하는 것이 좋다.

가) 조산증혈(朝山證穴)

조산(朝山)이 높으면 혈(穴)도 높아야 하고 조산(朝山)이 낮으면 혈(穴)도 마땅히 낮아야 하며, 조산(朝山)이 너무 가까우면 치거나 억누를 우려가 있어 혈은 윗부분이 융결(融結)되므로 천혈(天穴)을 찾아야 하고, 조산(朝山)이 너무 멀면 생기(生氣)가 흐트러져 혈(穴)은 반드시 낮은 곳에 융결(融結)되므로 지혈(地穴)을 찾아야 한다.

수응(秀應: 秀麗한 봉우리의 有情함)하는 봉우리가 좌측에 있으면 혈(穴)은 왼쪽으로 향하고 수응(秀應)하는 봉우리가 우측에 있으면 혈(穴)은 오른쪽으로 향한다.

진혈(眞穴)을 구하고자 할 때는 먼 조산(朝山)보다 가까운 안산(案山)이 우선이며, 원근(遠近)이 서로 부합(符合)되면 더욱 좋으나 부합되지 않으면 가까운 안산(案山)의 유정(有情)함이 위주가 되는 근안활법(近案活法)으로 정혈(定穴)하여야 한다.

가까운 안산(案山)이 아름다우며 유정(有情)하면 수세(水勢)가 아름다울 것이며 뒤의 낙산(樂山)과도 조화롭게 될 것이니 사방(四方)의 어느 곳이나 결함이 없는 것이 좋다.

나) 명당증혈(明堂證穴)

『설심부(雪心賦)』에서 "혈(穴)에 오르면 명당(明堂)을 살피라"[登穴看明堂]고 하였듯이, 정혈(正穴)에는 명당이 방정(方正)하고 방정한 명당에는 생기(生氣)가 흩어지지 않도록 전·후·좌·우(前·後·左·右)의 산(山)과 물[水]이 주밀(周密)하게 감싸주며, 배반하지 않아 유정(有情)하면서도 평평하여야 한다.

진기(眞氣)가 모이는 곳이 보이면 명당을 살펴보고 정혈(定穴)한 곳이 의심스러우면 당국(堂局)을 보아야 한다.

명당증혈(明堂證穴)에 있어 혈(穴)자리가 방정(方正)하지 못할 뿐만 아니라 한쪽으로 기울고 경사지면 생기(生氣)가 모이지 못하다는 것이 가장 큰 전제이다. 이런 곳의 혈(穴)은 진기(眞氣)가 융결(融結)될 수 없기 때문에 진정한 혈(穴)이 아니다. 따라서 비록 혈(穴)이 아름답게 보일 경우가 있더라도 쓸모가 없다. 옛말에 명당이 기울거나 경사지면 혈(穴) 좋은 것을 자랑하지 말라 한 것은 진정한 혈(穴)은 진정한 명당에 있기 때문이다.

소명당(小明堂)은 혈(穴) 바로 앞의 원훈(圓暈)내 이므로 정혈(定穴)함에 가장 긴요(緊要)한 것이다. 소명당(小明堂)이 평평하고 방정(方正)하여야 하며 사람이 누울 수 있어야 진혈(眞穴)이 되는 것이다. 따라서 소명당(小明堂)이 길이로 길게 되거나 좌우(左右)로 치우치는 등 그릇되면 실혈(失穴)된다.

중명당(中明堂)은 좌우(左右)의 용호(龍虎)속에 있으므로 서로 교회(交會)되는 것이 좋으며 그렇지 않으면 기(氣)가 흐트러지므로 진혈(眞穴)을 맺지 못한다. 너무 넓으면 장풍(藏風)이 되지 않아 바람직하지 못하며, 너무 좁아서 국세(局勢)가 좁아도 바람직하지 못하다.

대명당(大明堂)은 용호(龍虎)밖 조안(朝案)안에 있는 것이므로 사방(四方)의 산이 원활히 솟아 공결(空缺)된 곳이 없어야 길(吉)하고 향(向)의 융취처(融聚處)가 됨을 요하는 것이며, 그렇지 않으면 실혈(失穴)되므로 소, 중, 대명당(小, 中, 大明堂)을 소홀(疏忽)히 할 수 없다.

다) 수세증혈(水勢證穴)

『금낭경(錦囊經)』에서는 "산에 가면 수구(水口)를 살피라 "[入山尋水口]라고 언표하면서 산을 보지 말고 수(水)를 먼저보라고 주장하였지만 풍수지리에 있어 산(山)과 물[水]은 근본적으로 서로 떨어질 수 없는 관계를 맺고 있다. 그리고 물[水]은 관쇄(關鎖)하여야 용(龍)이나 혈(穴)의 소용물(所用物)이 된다.

진룡(眞龍)과 정혈(正穴)이 있는 곳은 조원수(潮源水)가 모여서 합(合)하고, 산은 물을 따라 행도(行道)하는 것이니 혈이 있으면 반드시 물[水]이 있으며 혈은 물[水]의 길(吉)함을 얻는 것이 제일이다.

물[水]을 모르고서는 혈(穴)을 말할 수 없고, 물[水]의 오가는 바를 알면 혈의 자리도 알 수 있다. 수세(水勢)가 좌당(左堂)에 모이고 수성(水城)이 활과 같이 좌변(左邊)을 안고 돌면 혈(穴)이 왼쪽에 있을 것이고, 수세(水勢)가 우당(右堂)으로 모이고 수성(水城)이 우변(右邊)으로 활과 같이 안고 돌면 혈(穴)이 오른쪽에 있는 것이다. 또 수세(水勢)가 중앙에 모이고 원포유정(圓抱有情)하면 혈(穴)은 중앙(中央)에 맺힌다. 이때 조원(潮源)이 멀면 명당(明堂)이 넓을 것이니 혈(穴)은 높은 곳에 있고, 원진(元辰)이 길고 국세(局勢)가 순(順)하면 혈은 낮은 곳에 있다.

라) 낙산증혈(樂山證穴)

낙산(樂山)이라 함은 혈(穴) 뒤에 응락(應樂)하는 산을 말하는 것인데, 횡룡(橫龍)으로 결혈(結穴)될 때는 침락(枕樂)이 있어야 진정한 혈(穴)이라 할 수 있다. [枕樂證穴]

낙산(樂山)이 좌(左)에 있으면 혈(穴)도 왼쪽에 있고, 낙산(樂山)이 우(右)에 있으면 혈(穴)도 오른쪽에 있으며, 낙산(樂山)이 중앙(中央)에 있으면 혈(穴)도 중앙

(中央)에 있고, 낙산(樂山)이 좌우(左右) 양쪽에 있으면 쌍혈(雙穴)을 맺는다. 또한 낙산(樂山)은 가까운 것과 먼 것이 함께 있으면 가까운 것을 의지(依支)하고, 장단(長短)이 있으면 긴 것을 취(取)하며, 많고 적은 것이 있으면 많은 곳을 취(取)한다. 그러나 낙산(樂山)이 너무 높거나 하여 억누르는 세(勢)가 되면 그 낙산(樂山)을 회피(回避)하여 입혈(立穴)을 하여야 한다. 그런데 좌산(左山)이 압혈(壓穴)하면 우측에 입혈(立穴)하고 우산(右山)이 압혈(壓穴)하면 좌측에 입혈(立穴)한다.

마) 귀성증혈(鬼星證穴)

행룡(行龍)하는 주룡(主龍)의 측면(側面)에서 맥(脈)이 나와 혈(穴)을 결지(結地)하는 횡룡입수(橫龍入首)의 경우 혈 (穴) 뒤쪽이 비어있어 허약하기 때문에 이곳을 보완해주는 귀성(鬼星)과 낙산(樂山)이 있어야 한다. 귀성(鬼星)은 혈을 결지(結地)하는 입수룡(入首龍) 반대쪽 측면의 주룡(主龍)에 붙어 있는 작은 능선으로 뒤를 지탱해주는 역할을 한다. 다기 말해, 귀성(鬼星)은 횡락편사(橫落偏斜)한 혈(穴)의 뒤에서 받쳐 주는 작은 능선을 말하며, 낙산(樂山)과 비슷하나 낙산(樂山)은 본신산(本身山)이나 객산(客山)으로도 이루어지나 귀성(鬼星)은 반드시 혈성(穴星) 뒤에 붙어 있다는 차이가 있다.

횡룡출맥(橫龍出脈)한 혈성(穴星) 뒤편에 귀성(鬼星)이 없으면 공결(空缺)하여 기(氣)가 융취(融聚)하지 못하는 것이므로 혈장(穴場)은 귀기(鬼氣)를 얻어야 하는데 귀(鬼)가 높으면 혈(穴)도 높아야 하고 귀(鬼)가 낮으면 혈(穴)도 낮아야 하며, 귀(鬼)가 좌(左)에 있으면 혈(穴)도 좌(左)에 있고, 귀(鬼)가 우(右)에 있으면 오른쪽에 입혈(立穴)하여야 하기 때문에 귀(鬼)를 대하여 입혈(立穴)하는 것을 귀성증혈법(鬼星證穴法)이라 한다. 그러나 귀(鬼)가 태장(太長)한 것은 혈(穴)의 기(氣)를 빼앗아 가기 때문에 아주 좋지 않다.

바) 용호증혈(龍虎證穴)

용호(龍虎)의 멈춘 곳을 보아서 혈(穴)의 허(虛)와 실(實)을 가늠하고 용호(龍虎)의 형세(形勢)로 보아서 혈(穴)의 상·하·좌·우(上·下·左·右) 위치를 정하는 것을 용호증혈법(龍虎證穴法)이라 한다.

청룡(靑龍)의 역량이 크면 혈(穴)은 좌측에 입혈(立穴)하고, 백호(白虎)의 역량이 크면 혈은 우측에 입혈(立穴)한다.

용호(龍虎)가 낮으면 바람을 피하여 명당에 나아가 지혈(地穴)에 입혈(立穴)하고, 용호(龍虎)가 높으면 압(壓)을 피하여 천혈(天穴)에 입혈(立穴)하여야 한다. 또한 용호(龍虎)가 높지도 않고 낮지도 않거나 청룡이 높은데 백호가 낮고, 백호가 높은데 청룡이 낮거나 하면 혈(穴)은 중앙의 인혈(人穴)에 맺힌다. 한편, 용호(龍虎)가 없으면 혈(穴)이 맺히기 어려우므로 청룡이 없으면 물[水]이 혈(穴)의 왼쪽으로 감싸야 하고, 백호가 없으면 물[水]이 혈(穴)의 오른쪽으로 감싸야 한다.

사) 전호증혈(纏護證穴)

전호(纏護)라 함은 주인인 혈(穴)이 외롭지 않게 둘러 보호(保護)하는 것을 의미하므로 노복(奴僕)의 시위(侍衛)는 주인 곁에서 멀리 떨어져도 안 되고 곁에 너무 바짝 붙어도 안 되는 것이다. 그러므로 혈(穴)을 전호(纏護)의 위치를 고려하여 혈(穴)의 상·하·좌·우(左·右·上·下) 위치를 정하는 것을 전호증혈법(纏護證穴法)이라 한다.

아) 순전증혈(脣氈證穴)

순전(脣氈)이라 함은 혈(穴) 아래로 남은 기운(餘氣)이 나타나는 것[穴의 꼬리]을 말하는데 큰 것을 전(氈: 氈脣), 작은 것을 순(脣: 嘴脣)이라 한다. 진룡(眞龍)의 결혈(結穴)은 반드시 여기(餘氣)가 있어서 밖으로 나타나는데 특히 횡룡(橫龍)의 혈(穴)은 순전(脣氈)이 없으면 진혈(眞穴)이 아니다. 혈장(穴場)의 내팔(來八)인 선익(蟬翼)과 거팔(去八)인 순전(脣氈)은 혈(穴)의 기(氣)를 보호한다. 『산서(山書)』에서 "귀한 용(龍)이 끝나는 것에는 전순(氈脣)이 있다"[貴龍落處, 有氈脣]라고 말하면서 순전(脣氈, 氈脣)이 있는 혈(穴)은 부귀국(富貴局)이다고 하였다. 순전(脣氈)은 혈(穴) 아래에 있어서 귀인(貴人)의 절하는 자리[拜席]와 같고 승도(僧道)의 불단(佛壇)과 같아서 순전(脣氈)이 있으면 진룡(眞龍)의 혈(穴)인 것이다.

자) 천심십도증혈(天心十道證穴)

천심십도(天心十道)는 전·후·좌·우(前·後·左·右)의 사산(四山)이 응(應)하는 것, 즉 혈(穴)을 중심으로 주변의 산세가 둥글게 형성되어 있고 사방(四方)에 길(吉)한 산봉우리가 있으며 사방(四方)을 십(十)자로 그었을 때 그 중앙에 혈(穴)이 있는 것을 말한다. 다시 말해, 사산(四山)이 응(應)하는 것은, 뒤에는 개산(蓋山) 즉 현무(玄武), 앞에는 조산(照山) 즉 안산(案山), 좌우(左右)의 협이(夾耳)한 산 즉 용호(龍虎)가 있는 것으로 사응등대(四應登對), 개조공협(蓋照拱夾)이라고도 한다. 그런데 천심십도(天心十道)의 의미를 협의(狹意)로 보면, 혈장(穴場)내의 사응(四應)을 입수도두(入首到頭), 좌우(左右) 선익(蟬翼), 전순(氈脣)으로 볼 수도 있다.

차) 분합증혈(分合證穴)

앞의 「1) 혈증사과(穴證四科)」 '[합금(合襟)]' 편 참조.

분합(分合)은 삼분합이 일어나는데, 하수수(鰕鬚水)[44]나 구첨수(毬簷水)[45]의 일분합, 소팔자수(小八字水)의 이분합, 대팔자수(大八字水)의 삼분합이며, 이는 결혈(結穴)의 지극한 증거이다.

4) 기혈(忌穴)

기혈(忌穴)이란 비혈(非穴), 천혈(賤穴), 망지(亡地), 흉지(凶地)를 말하는데 이를 알고자 함은 혈(穴) 주변의 산수(山水)를 살펴 부적합한 곳이 있으면 피하고자 하는 것이다. 산줄기[龍] 속을 타고 흐르는 용맥(龍脈)이 진행을 멈추고[龍盡], 혈을 맺는다[穴的]하더라도, 혈적지(穴的地), 또는 주변의 산세가 혈장(穴場)의 기맥(氣脈)을 보호하지 못할 정도로 나약하거나, 추악한 환경이라면 융취(融聚)된 생기(生氣)가 흩어져버리거나 소모되어 결국 혈(穴)을 맺지 못하게 된다. 따라서 양균송(楊筠松)은 『구빈산결(救貧山訣)』에서 기혈(氣穴)에서 다음과 같이 언급하고 있다.

「산수즉인기(山瘦則人飢) - 산이 여위면 굶주리고,

산탁즉인치(山濁則人蚩) - 산이 탁하면 어리석고,

---

44) 하수수(鰕鬚水)란 『설심부(雪心賦)』에 나오는 말로 혈(穴)의 양변 돌기가 너무나 미미하여 새우 수염같다고 하여 붙여진 이름이며, 여기에 흐르는 물이다.

45) 구첨수(毬簷水)란 『인자수지(人子須知)』에 나오는 말로 하수수(鰕鬚水)와 같은 의미이다.

산파즉인비(山破則人悲) - 산이 부서지면 슬픈 일만 있고,

산주즉인리(山走則人離) - 산이 달려가면 흩어지고,

산축즉인요(山縮則人夭) - 산이 작으면 요절하고,

산암즉인미(山暗則人迷) - 산이 어두우면 우둔하고,

산배즉인기(山背則人欺) - 산이 등 돌리면 기만한다.」

위에 언급된 내용은, 주산이 추조저약(醜粗低弱)하여 위엄이 없고, 주룡(主龍)이 무변무기(無變無氣)하여 사룡천맥(死龍賤脈)이며, 용호(龍虎)가 단파절상(斷破絶傷)에 배역도주(背逆逃走)하고, 안산(案山)이 추루험상(醜陋險相)에 무정배좌(無情背座)하며, 내외명당(內外明堂)이 기울어져 수세풍광(水勢風光)을 거두어들이지 못하고, 주변 물은 직사역류(直射逆流)하며, 보국(保局)은 음습유냉(陰濕幽冷)하여 각종 살충렴이 괴롭히는 땅을 말함이다.

가) 기혈지(忌穴地)의 종류

① 조악(粗惡) - 산세가 거칠고 흉한 암석이 많은 곳.

② 준급(峻急) - 산세가 험하고 경사가 급한 곳.

③ 단한(單寒) - 호종(護從)산이 없어 혈이 노출 되는 곳.

④ 옹종(臃腫) - 부스럼처럼 더럽고 추루한 곳.

⑤ 허모(虛耗) - 땅이 푸석해 벌레나 해충이 드나드는 곳.

⑥ 수삭(瘦削) - 여위고 깎여 나간 곳.

⑦ 돌로(突露) - 땅이 홀로 솟아 바람을 받는 곳.

⑧ 파면(破面) - 혈이 굴착되거나 토석이 채취된 곳.

⑨ 흘두(疙頭) - 부스럼처럼 자갈과 돌이 섞인 거친 땅.

⑩ 산만(散漫) - 용맥이 평탄하게 퍼져서 흩어진 곳.

⑪ 유냉(幽冷) - 골이 깊고 찬 곳.

⑫ 첨세(尖細) - 혈처가 첨예미세한 곳.

⑬ 탕연(蕩軟) - 너무 낮거나 넓으며 땅이 연약한 곳.

⑭ 완경(頑硬) - 억세고 곧게 뻗어 생기가 없는 곳.

⑮ 참암(巉巖) - 인근에 흉물스러운 돌이 있는 곳.

나) 불가장지(不可葬地)

① 곽박(郭璞) 오부장(五不葬) - 『금낭경(錦囊經)』

童山不葬(氣以生和) - 초목이 자라지 않는 동산.

斷山不葬(氣以形來) - 맥이 끊어진 단산.

石山不葬(氣以土行) - 생기가 흐르지 않는 석산.

過山不葬(氣以勢止) - 생기가 지나가 버리는 과산.

獨山不葬(氣以龍會) - 산맥의 회합이 없는 독산.

② 청오자(靑烏子) 십불상(十不相)

粗頑醜石 - 거칠고 무디며, 더럽고 흉석이 많은 곳.

孤單龍頭 - 단산 독용(獨龍)으로 바람의 피해가 심한 곳.

神前佛後 - 신당·사찰 인근의 고음과양(孤陰寡陽)한 곳.

墓宅休人 - 파묘자리나 패가터, 감옥으로 사용한 곳.

山岡燎亂 - 산세가 흩어져 어지럽게 비추고 있는 곳.

風水悲愁 - 바람과 물소리가 시끄럽게 울부짖는 곳.

坐下低軟 - 혈장 아래가 낮고 물러 기가 누설되는 곳.

龍虎尖頭 - 용호의 끝이 날카로워 찌르거나 다투는 곳.

急水爭流 - 물의 흐름이 급해 다투듯 내려가는 곳.

窮源絶境 - 궁벽진 곳이나 용맥이 끊긴 곳.

③ 양균송(楊筠松) 삼불장(三不葬)

有龍無穴不葬 - 용맥은 있으나 혈이 아닌 곳.

有穴無人不葬 - 진혈(眞穴)이나 인품이 안 된 사람.

有人無時不葬 - 사람은 있으나 때가 아니면 불가능 함.

④ 정자(程子)[46] 오부장(五不葬)

他日爲道路 - 후일 도로가 될 우려가 있는 곳.

---

46) 여기서 말하는 정자(程子)는 송(宋)나라의 정이천(程伊川, 1033-1107)인데, 그의 저술 중에는 『주역(周易)』을 의리적(義理的)으로 해석한 『이천역전(伊川易傳)』이 있다.

他日爲城郭 - 후일 성곽이 될 우려가 있는 곳.

他日爲溝也 - 후일 도랑이나 못이 될 우려가 있는 곳.

他日爲貴勢所奪 - 권세가에게 빼앗길 우려가 있는 곳.

他日爲田畓 - 후일 논밭이 될 우려가 있는 곳.

⑤ 요금정(寥金精)[47] 육계(六戒)

물이 배반하고 달아나는 곳을 취하면 패가(敗家)한다.

칼등(劍背) 같은 용을 취하면 풍수가까지 해를 입는다.

바람이 닿는 혈을 취하면 인정(人丁)이 끊어진다.

안산이 없는 곳을 취하면 의식(衣食)이 곤궁해진다.

명당이 기울어진 곳을 취하면 가업이 패망한다.

용호(龍虎)가 비주(飛走)한 곳을 취하면 가족과 이별한다.

3. 심혈법(尋穴法)

심혈법(深穴法)은 구체적인 정혈(定穴)에 앞서 주변 산세(山勢)와 수세(水勢), 명당(明堂) 등을 살펴 어느 곳인가에 있는 진혈(眞穴)을 찾는 방법이다. 심혈의 방법에는 주산(主山)을 구성(九星)으로 분류한 뒤 구성(九星)에 따른 혈(穴)을 찾는 구성심혈법(九星尋穴法)[48], 주산(主山)의 높낮이로 혈()穴을 찾는 삼정심혈법(三停尋穴法)·삼세심혈법(三勢尋穴法), 과협(過峽)을 보고 진혈(眞穴)의 여부와 위치를 찾는 과협심혈법(過峽尋穴法), 용(龍)·사(砂)·수(水)·명당(明堂) 등이 갖추어진 국(局)을 보아 혈(穴)을 찾는 보국심혈법(保局尋穴法), 기타심혈법[落山, 鬼星, 案山, 明堂, 水勢尋穴法 등] 등이 있으나 많은 부분이 정혈법(定穴法)과 겹치므로, 여기서는 대표적인 몇 가지만 살펴보고자 한다.

1) 삼정·삼세심혈법(三停 · 三勢尋穴法)

삼정·삼세심혈법(三停·三勢尋穴法)은 주산(主山)과 주변 산세(山勢)의 높낮이

47) 요금정(寥金精)은 당(唐)시대 풍수가로서 『설천기(泄天機)』를 저술하였다.
48) 구성심혈법(九星尋穴法)은 양균송(楊筠松)이 저술한 『감룡경(撼龍經)』에 나온다.

를 통하여 혈(穴)을 찾는 방법인데, 이는 천혈(天穴=上停=立勢), 인혈(人穴=中停=座勢), 지혈(地穴=下停=眠勢)의 세 가지로 나누어 볼 수 있다.

① 천혈(天穴=上停=立勢)

천혈(天穴)의 진(眞)은 내룡맥(來龍脈)이 평완(平緩)하며 급(急)하지 않는 맥(脈)이어야 하고 높은 곳에 있어도 혈장(穴場)에 올라보면 평지와 같이 안정되어 높은 것을 느낄 수 없다. 전·후·좌·우(前·後·左·右)의 산이 높고 크면 천혈(天穴)을 취하여야 하며 먼 산과 물을 탐(貪)하여 천혈(天穴)을 취하면 불길하다. 귀(貴)가 우선 발복(發福)한다.

② 인혈(人穴=中停=座勢)

인혈(人穴)의 진(眞)은 내룡맥(來龍脈)이 평완(平緩)하며 급(急)하지 않는 맥(脈)이어야 하고 혈(穴)을 맺는 곳은 산의 허리부분이다. 전·후·좌·우(前·後·左·右) 산의 형세가 비슷하고 편안히 앉아 있는 것 같다. 부(富)와 귀(貴)가 고르다.

③ 지혈(地穴=下停=眠勢)

지혈(地穴의 진(眞)은 산의 형세가 누워 있는 것 같고 전·후·좌·우(前·後·左·右) 산의 형세가 비슷하여야 한다. 그러므로 산진처(山盡處)나 평지에서 혈(穴)을 찾아야 한다. 또한 혈(穴) 주변의 산들이 높아 혈(穴)을 위압하면 흉(凶)하다. 부(富)가 우선 발복(發福)한다.

2) 과협심혈법(過峽尋穴法)

과협심혈법(過峽尋穴法)은 과협(過峽)의 모양, 곡직(曲直), 장단(長短), 미추(美醜), 노출된 곳의 흙 상태 등을 보고 혈(穴)을 찾는 방법이다. 과협(過峽)은 행룡(行龍)의 생기(生氣)가 속기(束氣)된 곳이며, 과협(過峽)은 노출이 심하여 용(龍)의 성질을 파악하기 용이하다고 하여 진정(眞情)이 나타나는 발현처(發現處)라 한다.

과협(過峽)에는 길흉(吉凶)을 나타내는 기이(奇異)한 자취가 있으므로 잘 살피는 것이 용맥(龍脈)의 생·왕·사·절(生·旺·死·絶)과 융결(融結)된 혈(穴)의 진위

(眞僞)를 미리 알 수가 있는 것이다.

과협(過峽)이 아름다우면 혈(穴)도 아름답고, 곧으면 혈(穴)도 바르게 맺히며, 좌우(左右)로 굽어 나가면 혈(穴)도 좌우(左右)에 맺히고, 짧으면 혈(穴)도 가까이 맺히며, 길면 혈(穴)도 먼 곳에 맺힌다.

노출된 곳의 흙 상태가 단층(斷層)·절리(節理)되어 있으면 혈(穴)이 맺히지 않으며, 혈토(穴土)가 보이면 반드시 혈(穴)을 맺는다.

3) 보국심혈법(保局尋穴法)

행룡(行龍)하던 주룡(主龍)이 혈(穴)을 맺고자 할 경우에는 혈(穴)을 중심으로 용호(龍虎)·조안(朝案)·사(砂)·수(水)·명당(明堂) 등이 유정(有情)하면서도 수려(秀麗)하게 국(局)을 형성하는데, 이렇게 갖추어진 국(局)을 보고 혈(穴)을 찾는 것을 보국심혈법(保局尋穴法)이라 한다.

4. 교혈(巧穴)·괴혈(怪穴)

교·괴혈(巧·怪穴)은 보통의 혈(穴)과는 달리 기이(奇異)하고 교묘(巧妙)하여 혈(穴)의 결지(結地)가 되지 않을 것으로 보이는 땅이지만 오색(五色)의 혈토(穴土)가 나오는 진혈(眞穴)을 말한다.

『인자수지(人子須知)』에 보면 "땅에는 기교(奇巧)함도 있고 추졸(醜拙)함도 있는 것이니, 진룡(眞龍)의 융결(融結)이 비상(非常)하나 묘(妙)하게 조화(調和)를 이룬 것을 교(巧)라 하고 결(結)이 있어도 궤추형(詭醜形)이 된 것은 졸(拙)이라 하는데 이를 총칭(總稱)하여 괴혈(怪穴)이라 하며, 보통의 혈(穴)은 시사(時師-일반 풍수가)라도 쉬이 알 수 있으나, 괴혈(怪穴)은 요험성(僥險性)이 많아 도안(道眼)의 명사(明師)가 아니면 분별할 수 없고 적덕군자(積德君子)가 아니면 얻을 수 없는 것이다"라고 하였고, "진룡장행혈(眞龍藏倖穴)은 기괴(奇怪)하니 속안이 어찌 찾겠는가? 천장지비(天藏地秘)를 귀신이 맡아 지키고 있으니 지점(指點)은 명사를 기다릴 것이다. 장(藏)이라 함은 회(晦)와 은(隱)인 것이요, 행(倖)이란 휼(譎)과 험(險)인 것이다. 대개 진룡(眞龍)의 융결(融結)은 복성(福星)이 비상하니 그 혈(穴)됨이 또한 수상한 격(格)으로 되어 있다. 잠종섬적(潛踪閃跡)하고, 빛을 감추고, 꽃을 거두어 궤이(詭異)한 형혈(形穴)이 되어 폐장(閉藏)하는 것 같으므로 시속(時俗)으로는 쉽게 알지 못하게 한다하여 장행(藏倖)이라 하였다"라고 하였다.

괴혈(怪穴)은 천지조화(天地造化, 天藏地秘) 속에 숨겨져 있다가 후덕한 사람을 기다리는 것이므로 아무나 찾을 수 없고, 적덕(積德)과 인덕(仁德)을 많이 쌓은 사람에게만 천지(天地)의 가호(加護)로서 그 모습을 드러낸다고 한다. 그러나 지사(地師)가 흉악하고 박덕한 사람에게 괴혈(怪穴)을 점지해 주면 천지신명(天地神明)이 노(怒)하여 지사(地師)가 도리어 화(禍)를 입는다고 한다. 그러므로 함부로 발설치 말 것이며 후덕(厚德)한 사람을 기다려야 한다.

[교·괴혈(巧·怪穴)의 종류]

① 천교혈(天巧穴) – 산 꼭대기에 있는 혈로서 분지(盆地) 같고 천지수(天池水)가 있다.

② 몰니혈(沒泥穴) – 낮은 평지의 논밭이나 수기(水氣) 가득한 산자락에 은맥(隱脈)으로 만든 혈(穴)인데, 천평혈(天平穴)이라고도 한다.

③ 천풍혈(天風穴) – 노출되어 있어 팔풍(八風)이 닿아도 혈(穴)은 와혈(窩穴)로 아늑하다.

④ 수변혈(水邊穴) – 물가에 결지(結地)하여 수겁(水劫)할 것 같으나 장후(葬後) 토사(土砂)가 더 쌓이는 땅이다.

⑤ 수사혈(水射穴) – 수충사협혈(水沖射脇穴)이라고도 하며 물이 충사(沖射)하는 부분에 산요(山曜)나 석요(石曜)가 있어 물을 적층(積層)되는 혈(穴)이다.

⑥ 수중혈(水中穴) – 도수맥(渡水脈)으로 행룡하다가 용진처(龍盡處)에서 융기(隆起)하여 결지한 혈(穴)이다.

⑦ 용루혈(龍漏穴) – 진룡이 결혈되고 남은 여기(餘氣)가 우물에서 결혈(結穴)되는 것인데 천중혈(泉中穴)이라고도 한다.

⑧ 기룡혈(騎龍穴) – 과룡(過龍)에서는 혈(穴)을 결지(結地) 할 수 없으나 용진처(龍盡處)가 아닌 용(龍)의 등마루에 순식간에 혈(穴)을 결지(結地)한 후, 행룡(行龍)을 계속하는데 용척혈(龍脊穴)이라고도 한다.

⑨ 토피혈(土皮穴) – 혈토(穴土)가 지표면으로 노출되어 객토(客土)로 봉분(封

墳)을 만드는 것인데 배토혈(培土穴)이라고도 한다.

⑩ 석중혈(石中穴) - 석산(石山)이나 돌무더기 속에 생기(生氣)가 융취(融聚)된 곳에 혈(穴)이 생긴 것이다.

⑪ 합기혈(合氣穴) - 두 줄기 이상의 용맥이 행룡하다가 하나의 용맥으로 합쳐진 후에 결혈(결穴)된 혈이다.

⑫ 추졸혈(醜拙穴) - 외관은 추(醜)하고 졸렬(拙劣)하나 용진혈적(龍盡穴的)이 분명하여 태극훈(太極暈)이 보인다.

⑬ 고조혈(顧祖穴) - 용(龍)이 몸을 돌려 조산(祖山)을 돌아보고 결혈(結穴)된 것으로 회룡고조(回龍顧祖)라 하기도 한다.

⑭ 부아혈(附蛾穴) - 나비가 벽에 붙어 있듯 경사가 급한 산 중턱의 미돌(微突)한 작은 공간에 생긴 와혈(窩穴)이다.

⑮ 괘등혈(掛燈穴) - 경사가 급한 산 중턱의 작은 공간에 등잔대에 걸린 등불과 같이 생긴 와혈(窩穴)이다.

⑯ 기타 앙고혈(仰高穴), 무안혈(無案穴), 무용호혈(無龍虎穴) 등 많은 괴혈(怪穴)이 있다.

Ⅴ. 사(砂 - 藏風法)

장품법(藏風法)이란 사(砂)로서 기(氣)의 화순(化醇)을 살피는 법을 말하는데 혈(穴)을 원·근·전·후·좌·우(遠·近·前·後·左·右)에서 둘러싸 생기(生氣)가 흩어지지 않도록 융취(融聚) 여부와 관계되는 산과 언덕 및 바위 등의 모든 구조물을 사(砂)라 하며 대표적인 것이 사신사(四神砂)이고, 규봉(窺峰), 관귀금요(官鬼禽曜)와 낙산(樂山), 수구사(水口砂)와 보필사(輔弼砂) 등도 모두 사(砂)에 포함된다.

사격(砂格)이란 혈(穴)의 전·후·좌·우(前·後·左·右)에 있는 모든 산과 바위를 말한다. 혈(穴) 뒤에는 주산(主山)과 현무(玄武)가 있고, 혈(穴) 앞에는 안산(案山)과 조산(朝山)이 있으며, 좌우(左右)에는 청룡(青龍)과 백호(白虎)가 있다. 이밖에도 외곽을 둘러싸고 있는 나성(羅城)이 있다. 따라서 제사(諸砂)의 모양과 종류는 너무나 많게 되는 것이다. 『인자수지(人子須知)』[49]와 『옥수진경(玉髓眞經)』[50] 등에 방대한 분량의 사(砂)들 모양과 해설이 실려 있다. 옛날에는 대개 산(山)을 지칭하였는데 지금은 빌딩 등의 건물, 송전탑, 고압철탑, 전봇대, 제방(堤防) 등 혈(穴)에 기(氣)의 변화를 주는 일체의 모든 구조물을 지칭한다.

장풍(藏風)이란 바람을 받아들이되 나가지 못하게 하는 것을 말한다. 묘지[穴]나 집터[明堂]가 장풍(藏風)이 되려면 사신사(四神砂)를 비롯한 여러 사(砂)들이 겹겹이 에워싸야(重重包裏) 좋다. 들어오는 바람과 햇빛이 천기(天氣) 즉 플러스 에너지이고 혈(穴)에서 나오는 지기(地氣)는 마이너스 에너지[陰氣]인데 천기(陽)와 지기(陰)가 화합(化合)하여 생기(生氣) 즉 생성기운(生成氣運)을 만들어낸다.

만약 장풍(藏風)이 되지 못하고 〈사신사(四神砂)가 가까이에서 높으면〉 방풍(防風)이 되어 아예 바람이 들어오지 못하는 곳이 되며, 이 뿐만 아니라 햇빛까지도 들지 않는 곳이 된다면 천옥(天獄)[51]이라고 하여 풍수에서는 음택이나 양택으로 사용할 수 없는 흉지(凶地)가 되고 만다.

---

49) 명나라(1564년 경) 徐善繼 · 徐善述 형제가 중국의 산천을 직접 답사하고 지은 책이다.
50) 송(宋)나라 장자미(張子微)가 형상론을 위주로 지은 옥수경과 동일한 책이다.
51) 혈장보다 주변에 둘러싸인 산들이 가까이에서 높고 험하여 감옥과 같다는 모습에서 연유한 말이다.

1. 사(砂)의 구분

1) 사신사(四神砂)

혈(穴) 뒤쪽 산을 현무(玄武) 또는 주산(主山)이라 하고 혈(穴) 왼쪽 산줄기를 청룡(靑龍)이라 하며 혈(穴) 오른쪽 산줄기를 백호(白虎)라 한다. 또한 혈(穴) 앞쪽 산을 주작(朱雀)이라 하는데 가까이에 있는 작은 산[近而小者]을 안산(案山)이라 하고 그 뒤에 있는 높은 산[遠而高者]을 조산(朝山)이라 한다.

사신사(四神砂)란 혈(穴)의 전·후·좌·우(前·後·左·右)에 있는 네 가지의 산을 말한다. 즉 혈(穴) 후방에 있는 현무(玄武), 전방에 있는 주작(朝案), 좌측에 있는 청룡(靑龍)과 우측에 있는 백호(白虎)를 말한다.

풍수에서 사신사(四神砂)가 중요한 이유는 현무(玄武: 부모)와 주작(朱雀: 배우자)이 혈(穴: 자신)의 기(氣)를 직접 발동시키면서 바람막이 역할을 하며, 청룡(靑龍: 아들)과 백호(白虎: 딸)는 그 기(氣)가 흩어지지 않도록 보호하는 역할을 하기 때문이다.

주산(主山: 玄武)에 대해서는 구성산형(九星山形)의 모양에 따라 여러 가지의 소응(所應)이 있다고 하였으며, 안산(案山)과 조산(朝山)의 모양 또한 발음에 있어서 중요한 사항이다. 조산(朝山)이 내객(來客)이나 종자(從者)처럼 권위를 유지하는 장식품에 비유할 수 있는데 반하여 안산(案山)은 주산(主山)에 대하여 의식주의 생필품처럼 필수품의 중요성을 갖는다.

대개의 경우, 주산(主山)의 모양도 그렇지만, 안산(案山)의 모양이 그 혈(穴) 자리의 성격을 단적으로 나타내고 있다고 하겠다. 하회(河回) 양진당(養眞堂)의 안산(案山)인 홀(笏)[52], 전북 순창군 인계면 마흘리(馬屹里) 용마산(龍馬山) 남쪽에 있는 광산김씨 김극뉴(金克忸, 1436-1496)의 산소 안산(案山)인 천마(天馬)[53], 만대산(萬代山)에 있는 고령 신씨(高靈 申氏)의 시조 신성용(申成用)의 산소 안산(案山)인 대귀인(大貴人)[54], 전북 남원시 대강면 풍산리 풍계서원(楓溪書院) 뒷산 중턱에 있는 황균비(黃均庇)의 산소 안산(案山)인 청귀문성(淸貴文星)[55], 예천군

52) 홀(笏)은 국가의 의식을 행할 때 손에 들고 예(禮)를 표했던 것으로 벼슬을 상징한다.
53) 천마(天馬)는 쌍봉(雙峰)이 한 쪽은 높고, 한 쪽은 조금 낮아 말의 등과 같은 모습을 말한다.
54) 대귀인(大貴人)이란 목성(木星)이 높이 솟아 존엄하고 수려한 모습을 나타낸 것을 말한다.
55) 청귀문성(淸貴文星)이란 토성(土星)의 산이 부드럽고 교묘하며 섬세한 모습을 나타낸 것을

지보면 지보리 익장(益庄)마을에 터 잡고 있는 정사(鄭賜, 1400-1453)의 산소 안산(案山)과 울산시 울주군 언양읍 반연리에 있는 경주 최부자 최진립(崔震立, 1568-1636) 산소의 안산(案山)인 일자문성(一字文星)[56], 전북 익산시 함열에 있는 심연(沈淵)의 산소 안산(案山)과 육영수 여사 옥천 생가(生家)의 안산(案山)인 아미문성(蛾眉文星)[57] 등이다. 그 다음으로는 왼쪽으로 내려온 산줄기인 좌청룡(左靑龍)과 오른쪽으로 내려온 산줄기인 우백호(右白虎)도 커다란 영향을 미친다.

가) 현무(玄武)

현무(玄武)는 내룡(來龍: 현무에서 내려온 산줄기)이 혈(穴)을 맺는 산의 총칭인데, 넓은 의미에서 볼 때, 혈(穴) 후방에 있는 산을 무한정 포함할 수 있지만, 통상 성국(成局: 사신사(四神砂)가 모여 이루는 혈(穴) 주위를 에워싸면서 산세를 이루기에 필요한 만큼을 현무(玄武)라고 한다.

현무(玄武)는 혈(穴)의 뒤편에 있으므로 후산(後山)이라고도 하지만, 종(從)인 청룡(靑龍)·백호(白虎)와 객(客)인 주작(朱雀)에 대해 주인(主人)인 까닭에 통상적으로 주산(主山), 본산(本山) 또는 내룡(來龍)이라고 칭한다.

태조산(太祖山)이란 혈(穴)의 근원이 되는 가장 높고 큰 산이다. 한 지방 및 몇 개 고을 또는 국가에서 가장 으뜸이 되는 산으로 염정화(廉貞火)로 되거나 창천수(蒼川水)로 이루어져 살기운(殺氣運)이 나온다. 태조산에서 다시 여러 개의 조종산(祖宗山)을 거쳐 소조산(少祖山)으로 오는 도중에 우뚝 솟은 산을 중조산(中祖山: 宗山)이라 한다.

한편, 소조산(少祖山: 應星)이란 후로는 태조산과 상응하고 앞으로는 혈장과 상응되는 주산(主山: 玄武)을 말하는데 단정하게 다듬어져 아름다운 광채를 발하는 것이 좋다. 실제로 소조산(少祖山)과 주산(主山: 坐山)은 같은 산일 경우도 있고 소조산(少祖山)이 거느린 명당이 여러 개일 경우 소조산(少祖山)과 각각의 주산(主山)은 별개일 경우도 있다.

말한다.

56) 일자문성(一字文星)이란 누운 목성(木星)이라고 『인자수지(人子須知)』에서는 말하고 있으나, 토성(土星)의 전형이라고 보기도 한다.

57) 아미문성(蛾眉文星)이란 초승달이나 아름다운 여인의 눈썹과도 같은 모습을 나타낸 것을 말한다.

♣ 현무(玄武)는 거북이와 뱀의 결합된 형태로서 '검은 전사', '저승을 지키는 신' 또는 '겨울'을 상징하기도 한다. 거북은 힘과 인내뿐만 아니라 장수(長壽)를 상징한다.

나) 주작(朱雀)

혈(穴) 앞쪽 산을 주작(朱雀)이라 하는데, 가까이에 있는 작은 산[近而小者]을 안산(案山)이라 하고, 그 뒤에 있는 높은 산[遠而高者]을 조산(朝山)이라 한다.

주작(朱雀)은 혈(穴)을 향하여 안아줄 듯한 모양이 좋다. 안산(案山)은 의식주의 생필품으로서 중요성을 갖고, 조산(朝山)은 권위와 벼슬의 장식품에 해당된다. 그리고 조산(朝山)은 없어도 성국(成局)이 되지만, 안산(案山)이 없으면 성국(成局)될 수 없다. 위엄이나 격식이 필요한 국도(國都), 왕묘(王墓), 시도청사(市道廳舍)에는 조산(朝山)이 반드시 필요하지만, 보통의 음택(陰宅), 양기(陽基)에는 안산(案山)이 꼭 필요한 것이다.

주작(朱雀)의 모습은 현무(玄武)를 향하여 앞으로 다가와서 상무(翔舞)하는 것이 좋다. 주작(朱雀)은 현무(玄武)에 대하여 주인[남편]에게 공손하게 다가오는 손님[아내]의 자세와 같이 춤추며 끌어안으려는 유정(有情)한 모습이 바람직하다. 이에 반해, 무정(無情)하게 배반하고 돌아서거나 직충(直沖)으로 공격하듯 다가오는 모습은 배반·공격을 당하는 흉지(凶地)가 될 수 있다. 한편, 조안(朝案)은 단아하며 아름답고, 특히 유정(有情)함을 필요로 한다.

안산(案山)의 크기나 거리는 적절하게 균형이 이루어져야 한다. 그리고 안산(案山)은 산(山)이 아니고 물[水: 貯水池, 湖水, 냇물]로 대신할 수가 있으며, 오히려 산보다 물로 안산(案山)이 되는 것이 음양조화(陰陽調和), 산수융결(山水融結)에 더욱 바람직하다고 보는 사람도 있다. 물[水]은 안산(案山)뿐만 아니라 주산(主山)과 혈장(穴場)을 제외한 청룡(靑龍), 백호(白虎)도 대신할 수가 있다.

♣ 주작(朱雀)은 붉은 봉황(鳳凰)을 말한다. 봉황은 좋은 길조(吉兆)를 알려주는 아름다운 상상의 새이다. 봉황의 모습은 닭의 주둥이, 제비의 턱, 뱀의 목, 거북의 등, 용의 무늬, 물고기의 지느러미 같은 꼬리 모양 또는 닭과 비슷한 몸체, 뱀의 머리에 물고기의 꼬리를 가졌다고도 한다.

다) 청룡(青龍)

혈(穴) 왼쪽 산줄기[左山]를 청룡(青龍)이라 하는데, 가까운 곳에 있는 산줄기를 내청룡(內青龍), 내청룡 뒤에 있는 산줄기를 외청룡(外青龍)이라 한다. 전·후·좌·우(前·後·左·右)를 이야기할 때, 동양에서는 대상[山]을 살아있는 주체로 보고 말하는데 반해, 서양에서는 대상을 객체로 바라보면서 말한다.

주지하다시피, 풍수에서 청룡이란 주산의 왼쪽 산줄기를 말한다. 그리고 내·외청룡(內·外青龍)이 여러 겹으로 에워싸고 있으면 바람막이 즉 장풍(藏風: 바람이 들어오되 나가지 못함)의 역할을 더 잘 수행할 수가 있다고 본다. 또, 청룡은 떠오르는 양(陽)의 기운을 가진 것으로 보기에 청룡완연(青龍蜿蜒)하여야 하며 남자, 본손(本孫), 문(文), 관귀(官貴)를 주재(主宰)한다고 보아, 청룡의 어깨는 장자(長子), 중간은 중자(仲子), 끝은 말자(末子)의 자리로 간주한다.

♣ 용(龍)은 상상의 동물이다. 구체적 모습은 낙타의 머리, 사슴의 뿔, 토끼의 눈, 암소의 귀, 뱀의 목, 개구리의 배, 잉어의 비늘, 매의 발톱, 범의 발바닥으로 이루어진 긴 몸과 비늘을 가졌다. 동양의 용은 착한 사람을 지켜주면서 필요할 때마다 비를 내려주는 좋은 동물이다. 용은 신과 같은 존재인 까닭에 날개 없이도 자유롭게 하늘을 날아다닐 수 있고 물속에서도 오랫동안 지낼 수 있다.

라) 백호(白虎)

혈(穴) 오른쪽 산줄기(右山)를 백호(白虎)라 하는데, 가까운 곳에 있는 산줄기를 내백호(內白虎), 내백호 뒤에 있는 산줄기를 외백호(外白虎)라 한다. 내·외백호(內·外白虎)가 여러 겹으로 에워싸고 있으면 바람막이 즉 장풍(藏風)의 역할을 더 잘 수행할 수가 있다고 본다. 내·외백호(內·外白虎)가 여러 겹으로 에워싸고 있으면 바람막이 즉 장풍(藏風)의 역할을 더 잘 수행할 수가 있다고 본다.

백호(白虎)는 가라앉는 음(陰)의 기운을 가진 것으로 보기에 백호준거(白虎蹲踞)하여야 하며 여자, 외손(外孫), 무(武), 재화(財貨)를 주재(主宰)한다고 보아, 백호(白虎)의 어깨는 장녀(長女), 중간은 중녀(仲女), 끝은 말녀(末女)의 자리로 간주한다.

♣ 호랑이는 범을 뜻하는 한자말 '호(虎)'에 어떤 동물을 의미하는 ' –랑이'라는 접미사를 붙여 만든 말이다. 호랑이 중에서도 특별하게 대접받는 호랑이가 백호(白虎)이다. 몸빛이 흰 호랑이는 중국과 우리나라에서 신처럼 숭배 받았는데, 전통적으로 우리나라에서 흰색은 청렴결백과 순수함을 의미하는 상징 색으로 여겼기에 백호(白虎)는 더욱 신성한 영물로 여겼다. 산이 많은 우리나라에서는 예부터 산신(山神)을 믿었는데 산신령(山神靈)은 호랑이를 타고 다닌다고 생각했다. 호랑이는 산신(山神)의 심부름꾼인 동시에 때로는 호랑이가 산신(山神)의 변한 모습이기도 하다.

[Tip] 용호(龍虎)의 출신

본신용호(本身龍虎) – 주룡(主龍)의 본신에서 나온 용호.

외산용호(外山龍虎) – 외산에서 나온 용호.

주합용호(湊合龍虎) – 본신과 외산이 혼합되어 나온 용호.

본신용호(本身龍虎)를 상격(上格)으로 간주하지만, 그 중에서도 중요한 것은 혈(穴)을 배반하지 않고 유정(有情)하게 잘 감싸주어야 하며 생기(生氣)가 흩어지지 않도록 주밀(周密)하여야 한다는 것이다.

2) 관귀금요(官鬼禽曜)

안산(案山) 배후 산·혈산(穴山) 배후 산·수구지석(水口之石)·혈전(穴前) 좌우지사(左右之砂)를 말한다. 안산(案山) 뒤에 붙어 툭 불거져 나온 봉우리가 관성(官星), 혈성(穴星) 뒤에 붙어 불거져 나온 봉우리가 귀성(鬼星), 혈 앞 물가[明堂]에 작고 둥근 섬처럼 생긴 돌산이 금성(禽星), 혈(穴)이나 용호(龍虎)의 끝부분[팔뚝]에 뾰족하게 솟아난 돌이나 흙을 요성(曜星)이라 한다. 이들은 모두 혈(穴)의 전·후·좌·우(前·後·左·右)에서 발생하는 여기(餘氣)의 사(砂)인데, 이것이 구비되면 부귀(富貴)의 용혈(龍穴)이 된다.

『지리대전(地理大全)』[58]에서는 이들 산(山)을 혈(穴)의 전·후·좌·우(前·後·左·右)에서 발생(發生)하는 여기(餘氣)의 산이라 하며, 앞에 있는 것을 관(官),

---

58) 『지리대전(地理大全)』은 명(明)나라 추정유(鄒廷猷) 또는 이국목(李國木)이 지은 것으로 알려진 책으로, 기존의 풍수서적을 집대성 한 책이다.

뒤에 있는 것을 귀(鬼), 용호(龍虎)의 좌우(左右)에서 있는 것을 요(曜), 명당(明堂)의 좌우(左右)에 있는 것을 금(禽)이라 한다고 언표하고 있다.

〈그림 24〉 관귀금요(官鬼禽曜)59)

3) 낙산(樂山)

혈(穴) 뒤에 위치하여 혈(穴)의 베개가 되는 것을 낙산(樂山) 또는 탁산(托山)이라 하는데, 이것은 혈(穴) 뒤에서 부는 바람을 막아 생기(生氣)의 흩어짐을 막아주는 산(山)이다. 그러므로 낙산(樂山)이 혈에서 너무 멀리 떨어져 있거나 너무 낮으면 흉하다.

낙산(樂山)은 혈(穴)에서 보아 보이는 것이 길격(吉格)이며, 혈(穴)에서 보이지 않으면 내명당(內明堂)에서라도 보여야 한다.

횡룡입수(橫龍入首)나 회룡입수(回龍入首)일 경우 거의 혈(穴) 뒤가 공허해지므로 뒤에서 붙어 받쳐주는 산[鬼星]과 떨어져 받쳐주는 산[樂山]이 있어야 좋은데, 이를 귀성(鬼星)과 낙산(樂山)이라 한다. 낙산(樂山)의 좌·우·중(左·右·中)의 위치에 따라 혈(穴)도 그쪽에 정하게 된다.

---

59) 金基仙, 『風水地理學槪論』, 螢雪出版社, 2005, 163쪽.

4) 수구사(水口砂)

사방(四方)의 물이 빠져나가는 물목을 수구(水口)라 하는데, 풍수에서는 물이 마지막 보이는 곳[破: 水歸隱處]을 말한다. 내명당(內明堂)의 수구(水口)를 내수구(內水口), 외명당(外明堂)의 수구(水口)를 외수구(外水口)라 하며 수구(水口)의 양쪽 기슭에 있는 산(山)을 수구사(水口砂)라 칭한다. 수구사(水口砂)는 물의 직류를 막아 혈(穴) 내의 순화(醇化)를 도우면서 국혈(局穴)의 위엄을 갖추기 때문에 부귀(富貴)의 용혈(龍穴)을 만든다. 수구사(水口砂)에는 한문(捍門), 화표(華表), 북신(北辰), 나성(羅星) 등이 있다.

『설심부(雪心賦)』에서 "산(山)에 들면 수구(水口)를 찾고[入山尋水口], 혈(穴)에 오르면 명당(明堂)을 보라[登山看明堂]"고 주장하면서, 풍수의 발음(發蔭)에 있어서 제일 큰 영향을 미치는 요소는 수구(水口)라 하였다. 청(淸)의 금려황화(錦廬黃華)도 그의 『심지오요첩결(尋地五要捷訣)』에서 수구(水口)를 가장 먼저 들었으며 조선의 이중환(李重煥)도 『택리지(擇里志)』에서 양택(陽宅)의 여섯 가지 조건 중에서 수구(水口)를 가장 먼저 들었다.

수구(水口)가 교쇄(交鎖) 또는 관쇄(關鎖)되어 막혀[閉] 있으면 재물과 사람이 모여들지만 벌렁하게 열려[開] 있으면 재물과 사람이 쉬 빠져나가게 된다고 한다. 그러므로 화표(華表)·한문(捍門)·북진(北辰)·나성(羅星) 등의 수구사(水口砂)가 있어 긴밀(緊密)하면 대부귀지(大富貴地)가 된다.

[수구사의 종류][60]

가) 화표(華表)

수구(水口) 사이에 기봉(奇峰)이 있어 빼어나게 탁립(卓立) 한 것을 화표(華表)라고 말하는데, 이는 수구(水口) 양쪽의 산(山)이 대치(對峙)하여 물이 가운데로 흐르거나 횡란(橫欄)이 높게 가로 막아 물의 흐름을 막는 것을 의미하기도 한다. 이러한 화표(華表)는 높이 솟아 천표(天表)가 되어야 화표(華表)의 이름을 받을 수 있는 것이고, 화표(華表)가 수구(水口) 사이에 있으면 반드시 군읍지나 천도(遷都)의 대지(大地)가 있는 것이며 군왕(君王)에 가까운 벼슬이 난다.

---

60) 徐善繼·徐善述(김동규 옮김), 『人子須知』, 명문당, 684-691쪽.

나) 한문(捍門)

한문(捍門)이란 수구(水口) 사이의 양쪽 산이 서로 대치(對峙)하여 문호(門戶)를 지키는 산(山)을 말하고 삼격(三格)이 있으며 구체적인 형상을 가져야 귀격(貴格)이라 할 수 있다.

一格: 혈전(穴前) 좌우의 산이 문(門)과 같이 대치(對峙)하였고 방출(放出)한 외양산수(外陽山水)가 조입(朝入)한 것이다.

二格: 혈전(穴前) 좌우의 산이 문(門)과 같이 대치(對峙)하여 그 문사이로 물이 흘러 나가는 것이며, 또한 대하(大河)가 당면(當面) 하며, 횡요(橫繞)하고 내당(內堂)이 관란(關攔) 하여야 하며, 용호(龍虎)가 교회(交會) 하여야 합격이다.

三格: 횡수(橫水)가 수구(水口)를 나올 즈음에 좌우(左右)에 있는 산(山)이 문(門)과 같이 대치(對峙) 하여 물이 문 사이로 흘러가는 것이다.

다) 북신(北辰)

북신(北辰)이란 수구(水口) 사이에 석산(石山)이 차아(嵯峨)하여 웅앙고삽(雄昻高揷)하며, 괴이(怪異)하게 귀가 생기고, 뿔이 생기고, 부리도 생기며, 어떤 짐승이나 쟁도(鎗刀)등 기물 같기도 하여 쑥 빼어나 만 길이나 솟고, 흘립(屹立)하여 바라보면 신(神)이 놀라고 마음이 두려우니, 준증준험(峻嶒峻險)하고 참암(巉巖)한 것을 말한다.

만약 여러 가지 고괴(古怪)한 형상이 되지 않으면 북신(北辰)이라 할 수 없고, 극귀성신(極貴星辰)이나 수구(水口)에 있어야만 참된 것이라 할 수 있다. 그러나 혈상(穴上)에서 볼 때, 보이면 반대로 불길(不吉)한 것이다.

라) 나성(羅星)

나성(羅星)이란 수구관란(水口關攔) 사이에서 돈부(墩阜)가 특이하게 솟은 것인데, 평평한 문호(門戶) 사이에서 돌이나 흙으로 돌연(突然)히 솟아 사면(四面)으로 물이 둘러 있는 것을 말한다. 돌로 된 것이 상격(上格)이고 흙으로 된 것이 그 다음이다. 이러한 수구사(水口砂)에 대해 『설심부(雪心賦)』에서는 "〈혈처를 에두르는〉 나성(羅城)보다 더 높은 성봉(星峰)이 솟아나서, 진실로 갈라진 창[戟]을 꽂은 것 같은 것이 〈담장처럼 둘러싸〉 원국(垣局을) 호위하고, 혈(穴) 앞으로는 돈부(墩阜: 솟아오른 둔덕)가 첩첩이 이어지면, 도열한 관리들이 일제히 소리 내어 인사하는 것이 된다. 화표(華表)와 한문(捍門)이 수구(水口)에 있고, 누대(樓臺)와 고각(鼓角)이 나성(羅城)에 열 지으면, 양택지(陽宅地)로써는 군(郡) 도읍지가 아지면 천도(遷都)한다. 음택(陰宅)이라면 주인은 관직에 올라 임금을 가까이 한다"[城上星峰卓卓, 眞如插戟護垣, 面前墩阜纍纍, 喚作排衙唱喏. 華表捍門居水口, 樓臺鼓角列羅城, 若非立郡遷都, 定住爲官近帝]라 하였고, "혹 일월(日月)의 형상으로 서로 대치하거나, 혹은 화표(華表)가 높이 솟고, 혹은 사자와 코끼리의 모습으로 함께 솟아 있으며, 혹은 새나 짐승의 형상이 수구(水口)에 있으면, 이런 것들을 한문(捍門)이라 한다. 모두 귀격(貴格)이고 그 안은 반드시 부귀(富貴)한 땅이 맺는다"[或日月相對, 或華表高聳, 或獅象幷峙, 或禽星獸星居于水口, 此等捍門, 皆貴格也. 其內必結富貴地也][61]라 하였는데, 이는 수구사(水口砂)의 중요성을 잘 표현한 말이다.

5) 규봉(窺峰)

혈(穴)에서 사방(四方)으로 보일 듯 말 듯 산두(山頭)만 드러내어, 마치 도둑이 울안을 넘겨다보듯이 혈장(穴場)을 넘겨다보고 있는 산(山)을 무척이나 꺼렸다. 규봉(窺峰)이 혈장을 넘겨다보면 도적 자손이 나와 패가망신하거나 도적을 당해 손재패가(損財敗家 또는 官訟刑獄)를 겪게 된다고 한다. 그런데 규봉(窺峰)에 대한 정의가 명확하지 않아 산 너머 산이 보이기만 하면 무조건 규봉(窺峰)인 줄 알고 상격사(上格砂: 宰相筆, 壯元筆 등)들과 명당을 버리고 흉지(凶地)에 점혈(點穴)하는 사례가 흔히 발생된다. 그러나 설사 규봉(窺峰)이 있더라도 멀리 희미하게 보이면 그 피해가 크지 않고 명당대지이면 별 문제가 되지 않는다.

산소의 경우 앉아서는 보이나 누우면 보이지 않고[坐見臥不見], 주택의 경우 서면 보이나 앉으면 보이지 않아야[立見坐不見] 규봉(窺峰)이란 설을 따른다면 규봉(窺峰)은 극히 드물다고 할 것이다.

---

61) 김선술·석한섭, 『눈을 뜨면 땅속이 보인다』, 백산출판사, 2001, 97쪽 재인용.

[Tip]

「穴眞則凶砂藏而吉砂見, 穴假則吉砂藏而凶砂見」

혈(穴)이 참이면 흉사(凶砂)는 감추어지고 길사(吉砂)만 보이며, 혈이 거짓이면 길사(吉砂)는 감추어지고 흉사(凶砂)만 보인다.

6) 보필사(輔弼砂)

사신사(四神砂) 이외에 용혈(龍穴), 전조(前朝), 명당(明堂), 수구(水口)의 좌우(左右)에 우뚝 선 대칭사(對稱砂)로서 과협(過峽)의 좌우(左右)에 천각천고(天角天鼓), 후룡(後龍)의 좌우(左右)에 천을태을(天乙太乙), 용혈(龍穴)의 좌우(左右)에 문무시위(文武侍衛), 일월협조(日月夾照), 열병열장(列屛列帳), 전조(前朝)의 좌우(左右)에 금오집법(金吾執法), 명당(明堂)의 좌우(左右)에 천관지축(天關地軸), 수구(水口)의 좌우(左右)에 화표(華表)·한문(捍門) 등이 대칭되게 우뚝 서 있으면 귀(貴)한 혈(穴)이 된다.

7) 하수사(下手砂)

하수사(下手砂)란 수구(水口)에서 용호(龍虎) 중 긴 쪽의 사(砂) 끝 부분을 말한다. 하수사(下手砂)는 물을 직거(直去)하지 못하도록 역수(逆水)시켜 혈(穴)의 생기(生氣)가 흩어지지 않도록 한다.

하수사(下手砂)는 팔처럼 물을 걷어준다 하여 하비사(下臂砂), 하관사(下關砂), 역관사(逆關砂)라고도 하는데, 역관(逆關)이란 용어는 역수하관(逆水下關)에서 따온 말이다.

풍수에서는 물[水]을 재물로 보기에 하수사(下手砂)를 재사(財砂)라 부르기도 하는데, 하수사(下手砂)가 물을 걷어주지 못하고 같은 방향으로 있으면 순관(順關)이라 하여 흉(凶)한 땅이 된다.

[종류]

① 청룡역관(靑龍逆關)

청룡역관(靑龍逆關)이란 청룡이 백호보다 긴 하수사(下手砂)를 말하는데, 물은 우득좌파(右得左破)하여 청룡 바깥쪽을 감싸고 나가는 길격(吉格)의 하수사(下手砂)이다.

② 백호역관(白虎逆關)

백호역관(白虎逆關)이란 백호가 청룡보다 긴 하수사(下手砂)를 말하는데, 물은 좌득우파(左得右破)하여 백호 바깥쪽을 감싸고 나가는 길격(吉格)의 하수사(下手砂)이다.

③ 청룡순관(青龍順關)

청룡순관(青龍順關)이란 청룡이 백호보다 긴 하수사(下手砂)를 말하는데, 물은 좌득우파(左得右破)하여 백호 바깥쪽을 감싸고 나가는 흉격(凶格)의 하수사(下手砂)이다.

④ 백호순관(白虎順關)

백호순관(白虎順關)이란 백호가 청룡보다 긴 하수사(下手砂)를 말하는데, 물은 우득좌파(右得左破)하여 청룡 바깥쪽을 감싸고 나가는 흉격(凶格)의 하수사(下手砂)이다.

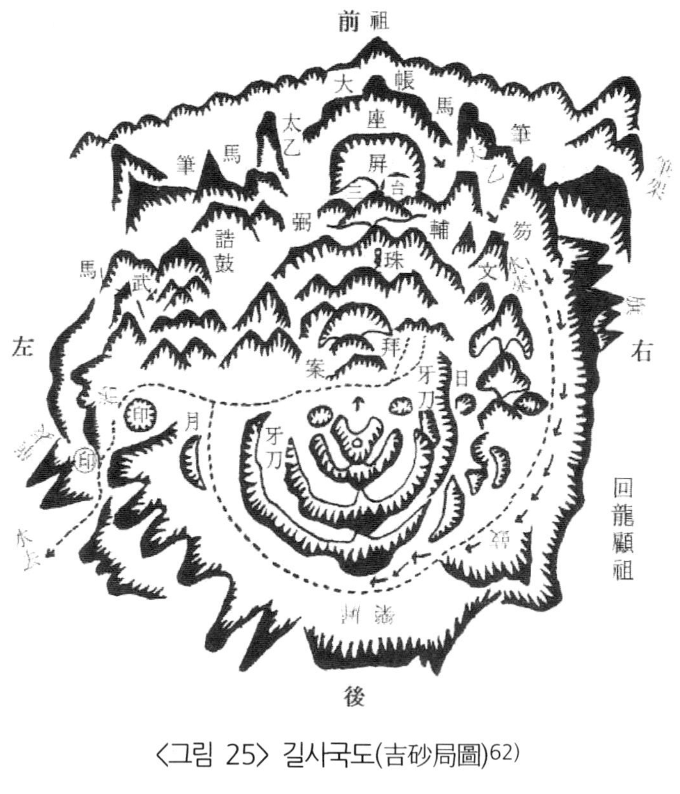

〈그림 25〉 길사국도(吉砂局圖)62)

2. 사(砂)의 형태와 길흉(吉凶)

유형제사(類型諸砂)의 모양에는 혈(穴)자리 소응(所應)의 함축적 뜻이 담겨 있다고 할 것이다. 그러므로 사(砂)는 혈(穴)에서 보이는 것이 중요하고 혈(穴)에서 먼 것보다 가까운 것이 우선이며, 가까운 것보다 더욱 가까운 것이 우선이다.

길(吉)한 형태의 사(砂는 밝고 수려하며 유정(有情)하고, 흉한 형태의 사(砂)는 파쇄(破碎)되어 흉하고 추악하며, 배반하여 무정(無情)하다. 길사(吉砂)와 흉사(吉·凶砂)의 종류와 형태는 수없이 많기 때문에, 여기서는 대표적인 것만을 간략하게 설명하고자 한다. 따라서 부족한 부분에 대해서는 『인자수지(人子須知)』와 『옥수진경(玉髓眞經)』 등의 고전에 담겨져 있는 내용을 통하여 좀 더 보충하는 것이 바람직하다.

1) 길사(吉砂)

가) 귀인사(貴人砂)

기본적으로 귀인사(貴人砂)는 탐랑성(貪狼星)인 목성(木星)을 기준하여 이름을 하거나, 주변 사(砂)와 조합하여 다양한 변형의 이름을 붙이기도 한다. 이러한 이름은 수십 가지가 있지만, 여기서는 몇 가지만 언급하고자 한다.

㉠ 대귀인(大貴人) - 목성이 솟아 존엄하고 수려한 것.

㉡ 대소귀인(大小貴人) - 목성의 한 봉우리는 높고 크고, 다른 한 봉우리는 낮고 작은 것.

㉢ 마상귀인(馬上貴人) - 목성이 높이 솟아 있고 그 아래 천마사(天馬砂: 말 모양)가 있는 것.

나) 문성사(文星砂)

기본적으로 문성사(文星砂)는 토성(土星), 금성(金星), 목성(木星)의 변형된 모습에 따라 다양한 이름을 붙인다. 문성사(文星砂) 역시 많은 종류가 있지만, 여기서는 몇 가지만 언급하고자 한다.

62) 金基仙, 『風水地理學槪論』, 螢雪出版社, 2005, 158쪽.

㉠ 아미문성(蛾眉文星) - 태음금체(太陰金體)로 초생달 모양의 사(砂).

㉡ 일자문성(一字文星) - 『인자수지(人子須知)』에는 도지목성(倒地木星: 넘어진 木星)이라고 하는데 일반적으로 토성(土星)의 전형으로 본다.

㉢ 청귀문성(淸貴文星) - 토성이 부드럽고 섬세한 것.

다) 무성사(武星砂)

무성사(武星砂)는 태양금체(太陽金體)로 위엄이 있고 웅장한 것을 말한다.

㉠ 대무성(大武星) - 위세가 웅장하고 존엄한 것.

㉡ 특립무성(特立武星) - 금성(金星) 하나가 크고 높으며, 주변의 여러 산들은 낮은 것.

라) 어병사(御屛砂)

어병사(御屛砂)란 토성(土星)이 특히 높은 것인데, 방정(方正), 골립(骨立)하여야 하고 약하거나 기울지 않으며 달아나지 않아야 한다. 산의 모양이 마치 병풍을 펴놓은 것 같이 존엄하면 공후(公侯)나 왕비(王妃)가 나온다.

마) 어서대(御書臺)

어서대(御書臺)란 토성(土星)이 저소(低小)한 것인데, 위는 평평하고 면은 반듯한 것으로 임금의 책상과 같은 것이다.

바) 고축사(誥軸砂)

고축사(誥軸砂)란 토성(土星)의 양각(兩角)이 솟은 것인데, 청수평정(淸秀平正)하고 파쇄(破碎)되지 않아야 한다.

㉠ 고축(誥軸) - 토성이 짧고 협소한 것.

㉡ 전축(展軸) - 토성이 길고 넓은 것.

사) 장원필(狀元筆)

장원필(狀元筆)이란 화성(火星)이 토성(土星) 위에 높이 서있으나 중앙에 있으면서도 바른 것을 말한다.

아) 재상필(宰相筆)

재상필(宰相筆)이란 화성(火星)이 토성(土星) 위에 높이 서있지만 중앙에 위치해 있지 않은 것을 말한다.

자) 삼공필(三公筆)

삼공필(三公筆)이란 세 개의 화성(火星)이 토성(土星) 위에 높이 서있으면서도 화성의 크기와 간격이 균일한 것을 말한다.

2) 흉사(凶砂)

가) 매천필(罵天筆)

매천필(罵天筆)이란 첨봉(尖峰)이 두 갈래로 나뉜 것인데, 비록 수려해도 불길한 것이다. 이와 관련하여 옛날 말에 문필이 솟았으나 비뚤어졌으니 열 번 과거(科擧)에 아홉 번 공허(空虛)하다고 한 말이 있다.

나) 투송필(鬪訟筆)

투송필(鬪訟筆)이란 혈전(穴前)이나 좌우에서 첨봉(尖峰)들이 싸우고 쏘는 것 같은 것인데, 형제 불화하고 송사(訟事)하기를 좋아한다.

다) 퇴전필(退田筆)

퇴전필(退田筆)이란 용호(龍虎)의 한 쪽 끝이 날카로운 것인데, 물도 이를 따라 순류거(順流去)하는 것을 말한다. 퇴전필(退田筆)은 전답을 팔아 없애는 형세라 하여 붙여진 이름이다. 만약 용호(龍虎)의 끝이 혈(穴)을 쏘는 것 같은 형세를 취하고 있다면 인명살상, 투쟁, 소송 등으로 패가망신한다.

라) 천기사(賤旗砂)

천기사(賤旗砂)란 첨예한 산봉우리가 깃발처럼 서있어 마치 돈기사(頓旗砂)와 비슷하나 깨지고 비틀어져 추악한 형태의 산을 말한다. 천기(賤旗)는 첨사(尖射), 파쇄(破碎), 추악(醜惡), 참암(巉巖)하며 기울어져 있는 것이다.

마) 객관사(客棺砂)

객관사(客棺砂)란 작은 산이나 바위가 관(棺)처럼 생긴 산으로 객사(客死)를 나타낸다. 만약 물이 순수(順水)하면 객사(客死)하여 영혼도 돌아오지 못하고, 역수(逆水)하면 객사(客死)하더라도 시신은 고향으로 돌아온다고 한다. 관형(棺形)이 횡(橫)으로 보이는 것은 상화(喪禍)를 뜻하므로 객사(客死)한다는 것을 의미한다.

바) 헌화사(獻花砂)

좌우(左右)의 산각(山脚)이 넓게 벌려 있고, 그 중간에 들어가거나 구덩이가 있어 마치 여인이 다리를 벌리고 있는 것처럼 보여 여인의 음란(淫亂)을 나타낸다.

사) 흔군사(掀裙砂)

한 산에 수 개의 산각(山脚)이 벌려 있어, 마치 여인의 치마가 들려 흔들리는 형상을 나타내고 있는 것처럼 보여 여인의 음란(淫亂)을 나타낸다.

아) 포견사(抱肩砂)

큰 산이 작은 산을 껴안고 있는 것 같은 형상을 하거나, 뒷산이 앞산을 안거나 다리를 걸치고 있는 것 같은 형상을 하여 음란(淫亂)을 나타낸다.

3. 발사법(撥砂法)

발사법(撥砂法)은 용(龍)·혈(穴)과 명당(明堂)에 관련된 모든 사(砂)의 위치 방위를 측정하여 이 방위의 사(砂)가 리기적(理氣的)으로 용(龍)·혈(穴)이나 명당(明堂)에 어떤 영향을 줄 것인가를 가늠하는 방법이다. 자주 사용하는 발사법(撥砂法) 몇 가지만 언급하면 다음과 같다.

가) 겁살방(刦殺方)

겁살방(刦殺方)은 좌(左)에 미치는 주변 흉사격(凶砂格) 방위로서 필히 인반중침(人盤中針)으로 격정(格定)하여야 한다. 겁살방(刦殺方)에 고용(高聳)한 봉우리나 철탑 등이 솟아 파쇄(破碎), 왜사(歪斜), 악석(惡石), 참암(巉巖)하면 대₩크게 흉(凶)하다.

坐	壬	子	癸	丑	艮	寅	甲	卯	乙	辰	巽	巳	丙	午	丁	未	坤	申	庚	酉	辛	戌	乾	亥
劫煞方	申	巳	巳	辰	丁	未	丙	丁	申	未	癸	酉	辛	酉	寅	癸	乙	癸	午	寅	丑	丑	卯	乙

나) 중침오행(中針五行) 발사법[63]

다) 삼길육수방(三吉六秀方)

삼길육수방(三吉六秀方)에 좋은 사격(砂格)이 있으면 부귀(富貴)가 극품(極品)이며 복록수(福祿壽)를 갖춘다고 하는데, 삼길육수방(三吉六秀方)은 다음과 같다.

三吉方	亥, 震(卯), 庚
六秀方	艮, 丙, 巽, 辛, 兌(酉), 丁

삼길방(三吉方)과 육수방(六秀方)을 정음(正陰)·정양(正陽)의 팔괘납갑(八卦納甲)으로 살펴보면, 초효(初爻)와 상효(上爻)가 양양(陽陽)이나 음음(陰陰)으로 중첩되지 않고 음양(陰陽)이 교구(交媾)하는 정음(正陰)임을 알 수 있다.[中爻는 중매 역할을 한다.]

삼길방의 팔괘납갑

亥·卯·庚 – 震卦(☳) → 淨陰

육수방의 팔괘납갑

艮·丙 – 艮卦(☶) → 淨陰

巽·辛 – 巽卦(☴) → 淨陰

酉·丁 – 兌卦(☱) → 淨陰

삼길방위(三吉方位)의 해방(亥方), 묘방(卯方), 경방(庚方) 3방위 중 한 방위에만 사(砂)가 있어도 길(吉)하지만 3방위에 함께 있으면 크게 길(吉)하다.

亥 – 천자의 침궁(寢宮)으로 평화를 상징하는 방위이며, 태미원(太彌垣) 또는 자미원(紫微垣)이란 별이 있어 재앙을 없애 준다.

63) 앞의 "4) 오행의 종류" '중침오행' 참조.

卯 – 태양의 문호이며 만물의 성장을 주관하는 방위이다.

庚 – 달의 문호이며 세상의 어두운 곳을 밝혀 희망을 얻을 수 있도록 보살펴 주는 방위이다.

육수방위는 艮·丙·巽·辛·酉·丁 방위의 6방위이다.

艮 – 천시원(天市垣)이며 부(富)를 관장한다.

丙 – 천귀성(天貴星)이며 귀(貴)를 관장한다.

巽 – 태을성(太乙星)이며 전쟁, 재앙, 생사를 관장한다.

辛 – 천을성(天乙星)이며 세상의 길흉사를 관장한다.

酉 – 소미원(小彌垣)이며 기쁨을 관장한다.

丁 – 남극성(南極星)이며 빛을 얻으면 장수를 누린다.

라) 록방(祿方)

관록(官祿)이라고도 하는데 관(官)은 귀(貴)요, 록(祿)은 부(富)를 뜻한다. 녹방(祿方)에 첨원방정(尖圓方正)한 사(砂)가 청고수려(淸高秀麗)하게 솟아 있으면 발부발귀(發富發貴)한다.

向	甲	乙	丙	丁	庚	辛	壬	癸
正祿	寅	卯	巳	午	申	酉	亥	子
借祿	艮		巽		坤		乾	

마) 천을귀인방(天乙貴人方)

좌(坐)에 미치는 주변 길사격(吉砂格) 방위로서 천을귀인방(天乙貴人方)에 첨원방정(尖圓方正)한 사(砂)가 청고수려(淸高秀麗)하게 솟아 있으면 복록(福祿)이 무한하다.

坐	甲·庚	乙	丙·丁	辛	壬·癸
天乙貴人方	丑·未	子·申	亥·酉	寅·午	巳·卯

바) 역마방(驛馬方)

좌(坐)에 미치는 주변 길사격(吉砂格) 방위로서 역마방(驛馬方)에 첨원방정(尖圓方正)한 사(砂)가 청고수려(淸高秀麗)하게 솟아 있으면 복록(福祿)이 역마봉(驛馬峰)의 자극을 받아 속발(速發)한다.

坐	申·子·辰	亥·卯·未	寅·午·戌	巳·酉·丑
驛馬方	寅	巳	申	亥

사) 팔국주(八國周)

좌향(坐向)에 관계없이 팔간(甲, 乙, 丙, 丁, 庚, 辛, 壬, 癸) 방위에 첨원방정(尖圓方正)한 사(砂)가 청고수려(淸高秀麗)하게 솟아 있으면 제왕지지(帝王之地)이다. 팔방위(八方位) 중 한 곳이라도 빠지면 역량이 떨어진다.

아) 일월명(日月明)

좌향에 관계없이 일월(日-午, 月-子) 방위에 첨원방정(尖圓方正)한 사(砂)가 청고수려(淸高秀麗)하게 솟아 있으면 고귀한 후손이 나온다.

자) 태양승전(太陽昇展)

좌향에 관계없이 사정(四正-子, 午, 卯, 酉) 방위에 태양금체(太陽金體)의 사(砂)가 청고수려(淸高秀麗)하게 솟아 있으면 극부극귀(極富極貴)하는 후손이 나온다. 사방위(四方位) 중 한 곳이라도 빠지면 역량이 떨어진다.

차) 태음입묘(太陰入廟)

좌향에 관계없이 사간(四干-甲, 庚, 丙, 壬) 방위에 초승달 모양의 아미사(蛾眉砂)인 태음금체(太陰金體)가 수려(秀麗)하게 있으면 여자는 귀하게 되어 왕비(王妃)에 이르고 남자의 경우는 임금의 사위인 부마(駙馬)가 되는 후손이 나온다. 사방위(四方位) 중 한 곳이라도 빠지면 역량이 떨어진다.

카) 오기조원(五氣朝元)

좌향에 관계없이 북(北)-수성(水星), 동(東)-목성(木星), 남(南)-화성(火星), 서

(西)-금성(金星), 중(中)-토성(土星)이 위치하고, 중앙인 토성(土星)에 혈(穴)이 위치하고 있는 것을 오기조원(五氣朝元)이라 하며, 왕(王), 왕후(王后), 성인(聖人)이 배출되는 곳이다.

VI. 수(水 - 得水法)

풍수에서 그 성국(成局)을 이루는 물이 흘러오는 곳[水始見]을 득(得, 見, 闢, 天門)이라 하고 물이 흘러가는 곳[水歸隱]을 파(破, 不見, 闔, 地戶) 또는 수구(水口)라고 한다.

기(氣)는 물의 어머니다.[氣者水之母] 기(氣)가 있으면 물이 있다.[有氣斯有水] 따라서 풍수(風水)에서는 장풍(藏風)보다는 득수(得水)가 더 중요하다.[風水之法, 得水爲上, 藏風次之] 득수(得水)는 산수융결(山水融結)에 있어 필수적이기 때문이다.

풍수에서 산(山)이 양(陽)이라면 물[水]은 음(陰)이다. 〈물은 동(動)하니 양(陽)으로 보고, 산(山)은 정(靜)하니 음(陰)으로 보기도 한다.〉 산이 크고 물이 작은 것을 독양(獨陽)이라 하고 산이 작고 물이 큰 것을 독음(獨陰)이라 한다. 독양(獨陽)의 산은 절멸하고 독음(獨陰)의 물은 쇠잔하게 된다. 이것들은 음양(陰陽)이 서로 화합하지 않는 까닭에 흉지(凶地)이다. 따라서 명당(明堂)에는 득수(得水) 즉 주변에 물이 만환굴곡(灣環屈曲)으로 감돌며 흘러야 좋다. 음양(陰陽)의 조화(調和)를 이루게 하고 나아가서 물은 생명력과 부귀(富貴)를 가져다 줄 뿐만 아니라 발복(發福)을 빠르게 불러오고 또 오래 지속시키게 하기 때문이다. 특히 물[水]은 인정(人丁)보다 재물(財物)을 관장한다.[山管人丁, 水管財物]

득파(得破)를 남녀관계에 비유하면 남녀가 처음 만남에는 견(見)이 당연하지만 불견(不見)이어야 상락(相樂), 음양생기(陰陽生氣)의 활동을 할 수 있다.

만약 수구(水口)가 열려있으면 기(氣)와 부귀, 재물과 사람이 모두 빠져나가므로 기(氣)가 명당에 모여 있을 수가 없다. 따라서 물길은 들어오거나 나갈 때 구불구불한 모양이 되어야 이상적이다. 그러므로 명당을 평가하는 첫째 조건은 수구(水口)가 닫혀있어야 한다는 사실이다.

풍수에서는 혈(穴)을 중심으로 하는 명당국에서 물은 산수융결(山水融結) 즉 음양(陰陽)의 화합에 필수적인 존재인데 이를 인체에 비유한다면 산(山)은 형체와 같고 물[水]은 혈맥과 같다.

만약 인체에서 피[血]가 부족하면 건강을 잃듯이, 풍수에서 수구(水口)가 열려 물이 빠져나가서 부족하면 흉지(凶地)가 되고 만다. 따라서 수구(水口)가 닫혀있어야 물이 국내에 머물러 음양(陰陽)을 화합(化合)시켜 명당의 생기(生氣)를 발생시킬 수 있다. 그러므로 수구(水口)는 좁게 닫혀 있어야 명당국(明堂局)을 형성한다. 또한 물은 직류(直流)하는 것보다 굴곡(屈曲)함이 좋은데 이는 직류수는 물의 오고감이 보이거나 물의 흐름이 빨라 생기의 융취(融聚)가 어렵고, 굴곡수(屈曲水)는 물의 오고감이 보이지 않거나 물의 흐름이 느려 생기(生氣)가 융취(融聚)되기 때문이다.[64] 『일편금(一片金)』에서는 "수구(水口)는 물이 거수하는 곳을 말하는데 수구는 주밀(周密), 조첩(稠疊), 고결(交結), 관쇄(關鎖)하여야하며 수구(水口)가 광활하고 관쇄(關鎖)하지 않으면 왕성한 기운이 흩어져 버린다"[水口者, 水之去處也. 此處欲其周密稠疊交結關鎖, 若廣闊無關. 則旺氣飄散]라고 말하면서 수구(水口)의 중요성을 표현하고 있다.

♣ 우리나라 문학작품에서 이상향[유토피아]으로 그려진 도연명(陶淵明)[65]의 무릉도원(武陵桃源)은 역사상, 풍수지리상으로 실재하는 대표적인 명당마을인데, 수구가 좁고 구불구불하여 닫혀있는 형상이다. 도연명이 묘사한 「도화원기 병시(桃花源記 併詩)」 일부를 보면 다음과 같다.

진(晉)나라 태원(太原, 376-396) 때, 무릉(武陵)에 고기잡이를 업으로 하며 사는 사람이 있었다. 어느 날 시내를 따라 올라가다가 길을 잃어버려 헤매다가 갑자기 복숭아 숲을 만나게 되었다. 언덕을 따라 수백 보를 걸어가니 그 가운데 잡목 하나 없이 아름답고 향기로운 풀이 싱그러우며 꽃잎이 어지러이 휘날리고 있었다. 어부는 매우 이상하게 생각하고 더 앞으로 나가 그 숲의 끝까지 가보았다.

숲이 다한 곳은 시내물의 발원지(水源)이며 거기 문득 한 산이 가로막으면서 작은 통로가 나타나는데 희미하게 빛이 보이는 듯했다. 어부가 배를 버리고 입구를 따라 들어가는데 처음은 매우 좁아 겨우 한사람 드나들 정도였다. 다시 수십 보를 더 나아가니 환하고도 넓은 곳이 나타났다.

토지는 평탄하고 집들은 반듯한데 비옥한 밭과 아름다운 연못, 뽕나무와 대나무가 울창하며, 조금 더 걸어가니 밭 사이로 동서남북으로 길이 뻗어 있으며 닭과 개 우는 소리가 들려왔다. 그 가운데를 오고가며 농사일을 하는 남녀의 입은 옷은 모두 딴 세상의 옷과 같았으며 노인과 아이들 모두 걱정 없이 즐거워 보였다.

64) 『葬書』, 「氣感」 : 氣乘風則山, 界水則止.
65) 도연명(陶淵明, 365-427)은 동진(東晋)시대의 시인이다.

어부를 보고 크게 놀라 어떻게 여기 왔느냐고 묻는다. 그 내력을 다 말하니 집으로 데려가 술상을 마련하고 닭을 잡고 밥을 지어서 대접했다.

마을에 이 어부가 온 소문을 듣고 호기심으로 여러 가지를 묻고자 사람들이 몰려들었다. 마을 사람들이 스스로 말하기를, 그들은 진(秦, B.C. 221-B.C. 207)나라 때 난리를 피해 처자와 읍의 사람을 데리고 이 외진 곳에 와서 다시 돌아가지 않았다 하며, 그 때부터 외지 사람과 사이가 단절되었다 한다. 그리고 묻기를 지금은 어느 시대인가 하는데, 한(漢, B.C. 202-A.D. 8)나라가 있다는 것조차 모르며 위(魏, 220-265)나라와 진(晉, B.C. ?-B.C. 276)나라도 알지 못한다. 거기 사람들은 그런 말을 자세히 다 듣고 모두 탄식을 한다. 그리고 다른 사람들도 다 그들 집으로 초청해서 모두 술과 음식을 내놓았다.

며칠을 묵고 작별하고 떠나는데 그 가운데 한 사람이 말하기를 "외부 사람들에게 우리 이야기를 하지 말아 주세요"라고 했다.

그곳을 떠나 배를 타고 오면서 가는 길목 곳곳에 일일이 표시를 해두었다. 군에 도착하자 태수(太守)에게 가서 그 말을 다했다. 태수는 사람을 보내어 그가 간 곳을 찾아보게 했는데 표시한 곳을 찾았으나 결국 헷갈려서 길을 찾지 못했다.

♣ 다만 물이 있는 것은 좋으나 너무 많은 물은 바람직하지 않다. 개인의 주택은 강거(江居)보다는 계거(溪居)가 바람직하다. 산[陽]이 감당할 수 있는 정도의 물[陰]이라야 좋다. 일반적으로 산이 55% 이상, 물이 45% 이하가 좋다고 한다. 따라서 개인의 주택이나 묘지는 시냇물(溪川)이나 연못이 좋고 아주 큰 호수[댐]나 강물, 바닷물은 좋지 않다. 산은 약하고 물이 강한 국세 즉 산약수강(山弱水强)하면 파란격(波瀾格)이라고 한다.

풍수에서 물[水]은 생명력과 부귀(富貴)를 상징하기 때문에 대단히 중요하다. 그리고 물은 발복(發福)을 빠르게 가져오게 할 뿐만 아니라 오래 지속시키기도 한다.

이러한 물길은 화살을 쏠 때의 모습처럼 만환굴곡(灣環屈曲)으로 즉 크게 보면 활모양(灣環)처럼, 작게 보면 좌우(左右)로 구불구불한 굴곡(屈曲)으로 흐르는 것이 좋다. 그리고 들어오는 물길은 보이는 것이 좋고 묘택(墓宅)의 앞에는 고여 있다가 나가는 물길은 보이지 않는 것이 좋다.

1. 물의 형세(形勢)

『설심부(雪心賦)』의 4길(吉) 형세인 교·쇄·직·결(交·鎖·織·結)과 4흉 형세인 천·할·전·사(穿·割·箭·射)를 살펴보면 아래와 같다.

① 교(交) - 용혈의 좌우에서 나온 양수(兩水)가 혈전(穴前) 명당에서 만나 교회(交會)하는 것을 말한다.

② 쇄(鎖) - 수구사(水口砂)가 성국(城局)의 입구에 자물쇠를 채워놓은 것 같이 긴밀한 것인데 이를 관쇄(關鎖)라고도 한다.

③ 직(織) - 구불구불하게 굴곡지현(屈曲之玄)하면서 흐르는 것으로 그 형세가 마치 북이 진행하면서 베를 짜는 모양과 같다하여 붙여진 이름이다.

④ 결(結) - 용혈 주위의 여러 골짜기에서 나온 물이 혈전 명당 한 곳에 모이는 것을 말한다.

⑤ 천(穿) - 준급직류(峻急直流)하는 물이 명당을 뚫듯이 깨고 나가거나, 좌우 용호(龍虎)의 한쪽이 요함(凹陷)하여 그곳을 뚫듯이 나가는 것을 말한다.

⑥ 할(割) - 혈장 아래 흙이 물러 약한 곳으로 물이 급히 흘러 할퀴고 깎아 나가는 것을 말한다.

⑦ 전(箭) - 물의 흐름이 빠르게 직류하며 마치 쏜 화살 같이 나가는 것을 말한다.

⑧ 사(射) - 준급직류(峻急直流)하는 물이 혈장(穴場)을 찌르듯 들어오는 물을 말한다.

2. 물의 길흉수세(吉凶水勢)66)

물이 구불구불 들어오거나, 묘나 집 앞에 깨끗하게 고여 있거나, 만환굴곡(灣環屈曲)으로 천천히 감돌며 흐르다가 보이지 않게 흘러나가는 물은 길수(吉水)이고, 정면으로 곧게 흘러나가거나, 합수(合水)되지 않고 준급직류(峻急直流)하거나, 배반수(反弓水)로 흐르거나, 흘러나가는 것이 보이는 물은 흉수(凶水)이다.

66) 이 부분의 내용은『人子須知』「水星」편 '水의 形勢'條를 인용한 것이다.

[길수(吉水)]

① 조회수(朝懷水) - 당면으로 구곡입회(九曲入懷)하면서 혈전(穴前)으로 들어왔다가 혈을 감싼 후 나가는 물을 말한다. 조회수(朝懷水)는 속발(速發: 朝貧夕富)하며 부(富)뿐만 아니라 귀(貴)도 능히 이룰 수 있는데, 양균송(楊筠松)[67]은 "대수(大水)가 양양(洋洋)히 면(面)에 대하여 조회하면 토지를 넓히고 모옥(茅屋, 초가집)도 나뉜다"라고 하였고, 『청오경(靑烏經)』[68]에서는 "큰물이 앞에서 들어오면 귀함이 비길 데 없다"[大水洋朝, 無上之貴]라고 하였다.

② 위신수(衛身水) - 용맥이 기이하여 호수(湖水) 가운데 돈부(墩埠)가 돌기하여 혈이 맺힌 것으로 전후좌우가 모두 양양(洋洋)한 거침(巨浸)으로 되어있다. 이 형국이 마치 초생달이 강에 잠긴 것 같다하여 강맥배랑형(江脈拜浪形), 또는 연꽃이 물위에 솟아 있는 모습과 같다하여 연화출수형(蓮花出水形)이라고도 한다. 이는 물로써 혈을 호위하는 것이니 물은 맑고 고요하면서 넘치지도, 마르지도 않아야 부귀를 누릴 수 있다.

③ 취면수(聚面水) - 주변의 모든 물이 혈전(穴前)에 융취(融聚)한 것을 말한다. 『설심부(雪心賦)』에서는 "물이 천심(天心)을 모으면 누가 그 부귀함을 모르리요"[水聚天心, 水知其富貴]라고 하였는데, 물은 움직이는 것이지만 물이 고요하여 무래무거(無來無去)처럼 느껴지면 수법 중에서 최고의 격(格)이다.

④ 탕흉수(盪胸水) - 수세(水勢)가 혈전의 주머니 속에 물이 채워지는 모습이다. 모습이 취면수(聚面水)와 비슷하나 주머니[囊]속을 채우는 형상이므로 지극히 부(富)한다. 탕흉수(盪胸水)가 왼쪽에 있으면 장손(長孫)이 지극히 부(富)하고 오른쪽에 있으면 지손(支孫)이 지극히 부(富)한다.

⑤ 공배수(拱背水) - 물이 혈(穴) 뒤에 위치한 현무봉 뒤를 감싸고 있는 것으로 수전현무(水纏玄武)라고도 한다. 『설심부(雪心賦)』에서는 "수전현무(水纏玄武)이면 발복이 유장(悠長)하다"고 하였다. 대개 물은 용(龍)의 기(氣)를

67) 양균송(楊筠松)은 많은 풍수서적을 남긴 당(唐)나라 사람으로 중국 풍수의 조사(祖師)로 알려져 있으며, 그의 호는 구빈(救貧)이다.

68) 『청오경(靑烏經)』은 후한(後漢)시대 청오자(靑烏子)라고 알려진 사람이 쓴 풍수 고전을 말한다.

모으는 것이니 이를 두고 수전(水纏)이 산전(山纏)보다 좋은 것이라 말한다.

⑥ 입구수(入口水) – 조래입당(朝來入堂)한 물이 용호(龍虎)의 한 쪽이 길어서(逆關砂) 난수(攔收–차단되어 모임)된 물을 말하며 입구수(入口水)는 음양교합(陰陽交合)이 빨라 발복(發福) 또한 빠르다.

⑦ 구곡수(九曲水) – 물이 구불구불하게 굴곡지현(屈曲之玄)하며 흐르는 것을 말하며, 이를 어가수(御街水)라고도 하는데 지극히 길(吉)의 물이다. 『설심부(雪心賦)』를 저술한 복응천(卜應天)은 구곡수(九曲水)가 앞에서 명당(明堂)으로 들어오면[朝來入堂] 당대에 재상(宰相)이 나온다고 주장하였다.

⑧ 창판수(倉板水) – 혈전(穴前) 명당이 평탄하고 넓은 논이나 밭으로 되어 있어 전원수(田原水)이다고 달리 말하기도 하였는데, 옛 글에는 "불충불할(不衝不割) 무천사(無穿射)한 물이 전조(田朝–혈 앞에 가득 고여 있으면)면 해조(海潮)보다 낫다"고 한다.

⑨ 요대수(腰帶水) – 고요한 물이 혈을 감싸고 흐르는 것으로 마치 허리띠를 한 모습이며, 달리 금성수(金星水)라고 말하기도 하는데 부귀(富貴)가 함께 하는 가장 길(吉)한 물이다.

⑩ 회류수(迴流水) – 조래입당(朝來入堂)한 물이 혈전(穴前) 명당에서 회류하며 모였다가[못] 완만히 혈장(穴場)을 감싸 돌면서 혈 뒤로 빠져나가는 물이다. 이 또한 지극히 길(吉)한 물이다.

⑪ 암공수(暗拱水) – 혈에서는 보이지 않는 많은 물[龍虎 밖의 물]이 모여 혈을 감싸주고 있는 것을 암공수(暗拱水)라 한다. 청룡 백호와 안산이 주밀(周密)하여 보이지 않지만 암공수(暗拱水)가 안산 밖에서 혈을 향해 밀어주고 있으면 부귀발복(富貴發福)한다. 언(諺)[69]에 이르기를 "암공수(暗拱水)는 혈 앞의 물보다 좋다"[明朝不如暗拱]라 했다.

⑫ 융저수(融瀦水) – 혈전(穴前) 명당이나 청룡 백호 사이에 깊은 연못이나 호수 또는 웅덩이가 있어 주변 물들이 이곳으로 흘러 모이는 것으로 거부귀현(巨富貴顯)이 유구(悠久)하다. 『설심부(雪心賦)』에서는 "전안(前案)이 난잡하면 융저수(融瀦水)를 찾아라"하여 살(殺)이 있어도 해(害)가 없다고 하였다.

69) 언(諺)이란 옛말이나 속담을 이르는 말이다.

⑬ 오가수(嗚珂水) - 논밭의 굴곡진 부분(田屈曲)이나 돌의 구멍[石竅]에 이르러 소리가 나는 물을 말한다. 물소리가 말방울 소리, 북치는 소리, 일정하게 〈당당동동〉 울리는 소리는 길(吉)하나, 비명이나 처량한 소리가 나면 길(吉)하지 않다.

[흉수(凶水)]

① 폭면수(瀑面水) - 용혈은 저소(低少)하나 수세(水勢)는 웅대한 것을 말한다. 웅대한 수세가 저소(低少)한 용혈을 억누르는 형상이니 인정(人丁)이 왕(旺)하지 못하여 절손(絶孫)할 수 있다. 그러나 혈 후 고산(高山)이 탁낙(托樂)[70]하면 꺼리지 않는다.

② 충심수(衝心水) - 급류가 혈전에서 곧바로 들어오는 것인데 물이 창으로 혈장을 찌르듯 곧게 들어 온다하여 이를 수파천심(水破天心)이라 하는데, 도간(陶侃)[71]이 이를 표현하여 "자손이 빈한(貧寒)하다"라고 하였다.

③ 사협수(射脇水) - 직선으로 곧게 뻗은 빠른 물이 혈의 좌우 옆구리를 쏘는 듯한 흉한 물이다. 사협수(射脇水)가 있으면 횡사(橫死)와 살상(殺傷)의 화를 당한다. 좌측을 찌르면 장방(長房, 長孫)이 화를 입고, 우측을 찌르면 유방(幼房, 支孫)이 화를 당한다.

④ 이두수(裏頭水) - 용호(龍虎)가 없고 내룡(來龍)이 약하며 고한(孤寒)하여 여기(餘氣)가 없는 것이므로 물이 용(龍)을 감아 돌면서 할퀴고 깎아 버리는 것을 말한다. 이는 병을 부르고 가세는 빈한(貧寒)하게 된다.

⑤ 견비수(牽鼻水) - 원진수(元辰水)가 혈 앞에서 막아줌이 없이 직선으로 나가는 것인데 이른바 견동토우(牽動土牛)라고도 한다. 이는 용혈의 생기(生氣)가 융취 (融聚)하지 못하므로 견비수(牽鼻水)가 있으면 주로 패전(敗田), 패산(敗産), 산재(散財)하고 소망고과(少亡孤寡)한다. 그러나 원진직거(元辰直去)하더라도 다시 교회(交會)[72]하면 초년(初年)에는 불리하더라도 후에는

---

70) 탁낙(托樂)은 탁산(托山)과 낙산(樂山)을 의미하지만, 탁산(托山)은 낙산(樂山)의 다른 이름일 뿐이다.

71) 도간(陶侃, 259-334)은 동진(東晉)시기의 군사전략가였는데, 음양(陰陽)과 지리(地理)에 능통하여 『착맥부(捉脈賦)』를 저술하였다.

72) 교회(交會)란 횡(橫)으로 흐르는 대강수(大江水)나 호수(湖水) 또는 횡와안산(橫臥案山)을 만

부귀(富貴)하게 된다.

⑥ 천비수(穿臂水) – 혈 좌우 용호(龍虎) 한쪽이 패이거나 잘려 나갔기 때문에 그곳으로 물이 침범하는 것을 말한다. 청룡이 뚫리면 장방(長房, 長孫)이, 백호가 뚫리면 유방(幼房, 支孫)이 화를 당한다. 주로 고질병(痼疾病), 음란(淫亂), 고과(孤寡), 자액(自縊)의 화를 당할 수 있다.

⑦ 반신수(反身水) – 물이 혈전(穴前)에 이르러 방향을 바꾸어 혈을 무정하게 배신하고 반대로 가는 것을 말한다. 배성수(背城水)와 같은 것으로 흉이 더욱 심하다. 가산(家産)이 기울어지고 유리타향(遊離他鄕)하며 끝내는 멸절(滅絶)한다.

⑧ 할각수(割脚水) – 혈의 여기(餘氣)가 없어 물이 각(脚)을 두드리는 것이다. 진혈(眞穴)은 전순(氈脣)이 있어 할각(割脚)하지 못한다. 할각수(割脚水)가 되면 주로 산재패가(散財敗家)와 인정불왕(人丁不旺)하고 끝내는 절멸(絶滅)한다. 그러나 앙고상취(仰高上聚)[73]의 혈에서는 구애받지 않는다.

⑨ 누시수(漏腮水) – 혈전(穴前) 양쪽 또는 한쪽에 샘물이 있기 때문에 진응수(眞應水)로 착각할 수 있으나 진응수(眞應水)는 혈에 생기(生氣)를 융결(融結)한 후에 나오는 물이고, 누시수(漏腮水)는 생기(生氣)를 누설시키는 물이다. 인공적으로 연못을 파도 누시수(漏腮水)가 될 수 있으므로 조심하여야한다. 누시수(漏腮水)가 있으면 가업이 퇴락하고 겁략살륙(劫掠殺戮)에 남녀가 음란하다.

⑩ 임두수(淋頭水) – 혈 뒤에 용맥이 없어 분수(分水)를 못하고 골이 패여서 물이 묘두(墓頭)로 흘러 유골을 적시는 것을 말한다. 임두수(淋頭水)가 스며들면 인정(人丁)이 끊기고 마침내 절사(絶嗣)한다. 와겸(窩鉗)의 혈은 속입수(續入首)를 하여 물을 분수하기 때문에 임두수(淋頭水)가 아니다.

⑪ 교검수(交劍水) – 혈 양쪽에서 준급직류(峻急直流)한 물이 혈전(穴前)에서 부딪치는 것을 말한다. 대개 양수(兩水)가 혈전에서 완만히 합류하여 굴곡지현(屈曲之玄)으로 거수(去水)하여야 하는데 교검은 준급직류(峻急直流)로 충(沖)하기 때문에 생기(生氣)가 융취(融聚) 되지 못한다. 교검수(交劍水)는

나는 것을 의미한다.

73) 앙고상취(仰高上聚)란 높은 산 정상 부위를 의미한다.

전상(戰傷), 호투(好鬪), 관재(官災)가 끊이질 않는다.

⑫ 분류수(分流水) - 혈전(穴前)에서 물이 팔자(八字)로 나뉘어 흐르는 것을 말한다. 물이 나누어 흐르면 용이 머무르지 않으니 결혈(結穴)이 되지 않는다. 다만 기룡혈(奇龍穴)에서는 구애 받지 않는다. 이는 난절관쇄(攔截關鎖)되어 수세(水勢)의 분거(分去)가 보이지 않기 때문이다.

⑬ 누조수(漏槽水) - 혈 아래가 푹 꺼져서(深漏) 곧게 기울어진 것이 말구유통 같이 생긴 것을 말한다. 이는 물이 있고 없고를 떠나 누조[(漏槽: 용의 생기가 누설되는 것]된다. 누조수(漏槽水)가 있으면 가업이 기울고, 어린아이가 죽는 흉화가 있다.

⑭ 권렴수(捲簾水) - 혈전(穴前) 명당이 한쪽으로 번갈아 기울어 경질(傾跌)한 모습으로 마치 멍석을 말듯이 물이 나가는 것을 말한다. 복응천(卜應天)이 "권렴수(捲簾水)가 있으면 다른 사람이 집에 들어와 안방을 차지 하는 것이니 극히 흉하다"라고 하였는데, 이는 가산(家産)을 털어 바치고 소망고과(少亡孤寡)하며 과부가 안방으로 외간 남자를 불러들이는 것과 같으니 점차 후손이 끊긴다[漸至絶人].

⑮ 유니수(流泥水) - 혈전의 물이 기울어 흘러가고 사(砂) 또한 물을 따라 배반한 것을 말한다. 양균송(楊筠松)은 "산도 물을 따라 배반하였으니 고향을 잃어 구할 길이 없다"고 하였다. 주로 패산(敗散) 이향(離鄕)한다.

⑯ 사별수(斜撇水) - 물이 명당에 이르지 않고 빗겨 흘러가는 것을 말한다. 혹역(逆)으로 빗겨나가기도 하고 순래사거(順來斜去)하기도 하는데 모두 무정하므로 흉이 된다. 따라서 복응천(卜應天)은 "혈에서 볼 때 일수(一水)만 빗겨 흘러가는 것이 보여도 퇴관(退官), 실직(失職)한다"고 하였다.

⑰ 반도수(反挑水) - 반신수(反身水), 배성수(背城水), 반궁수(反弓水)라고도 하며, 혈전을 흐르는 물이 혈을 감싸주지 않고 배반하여 흐르는 것을 말한다. 생기를 융결시킬 수 없으며 주로 가패빈한(家敗貧寒)하고 음란(淫亂)하며, 이향(離鄕), 생이별(生離別), 패역(悖逆)의 화를 입는다.

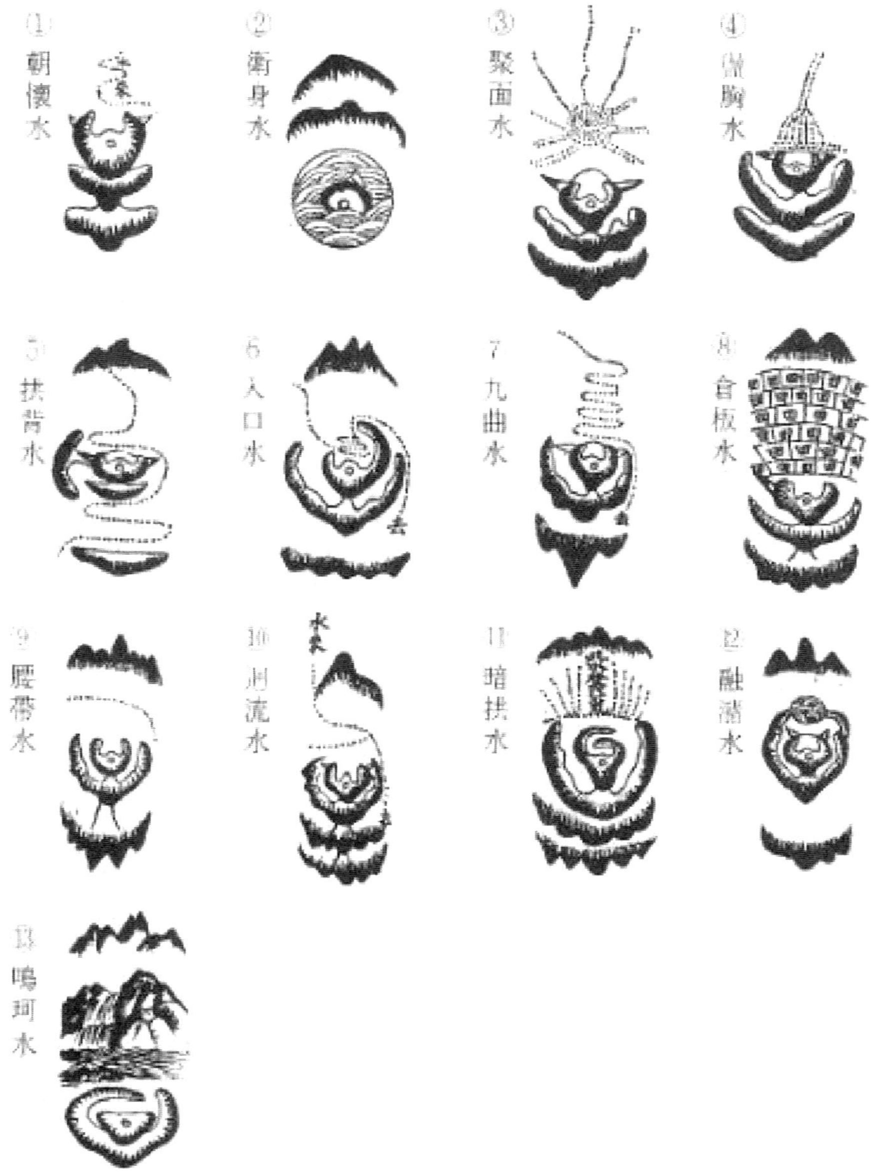
①朝懷水
②衛身水
③聚面水
④當胸水
⑤拱背水
⑥入口水
⑦九曲水
⑧倉板水
⑨腰帶水
⑩洄流水
⑪暗拱水
⑫融瀦水
⑬鳴珂水

(1) 길수(吉水)

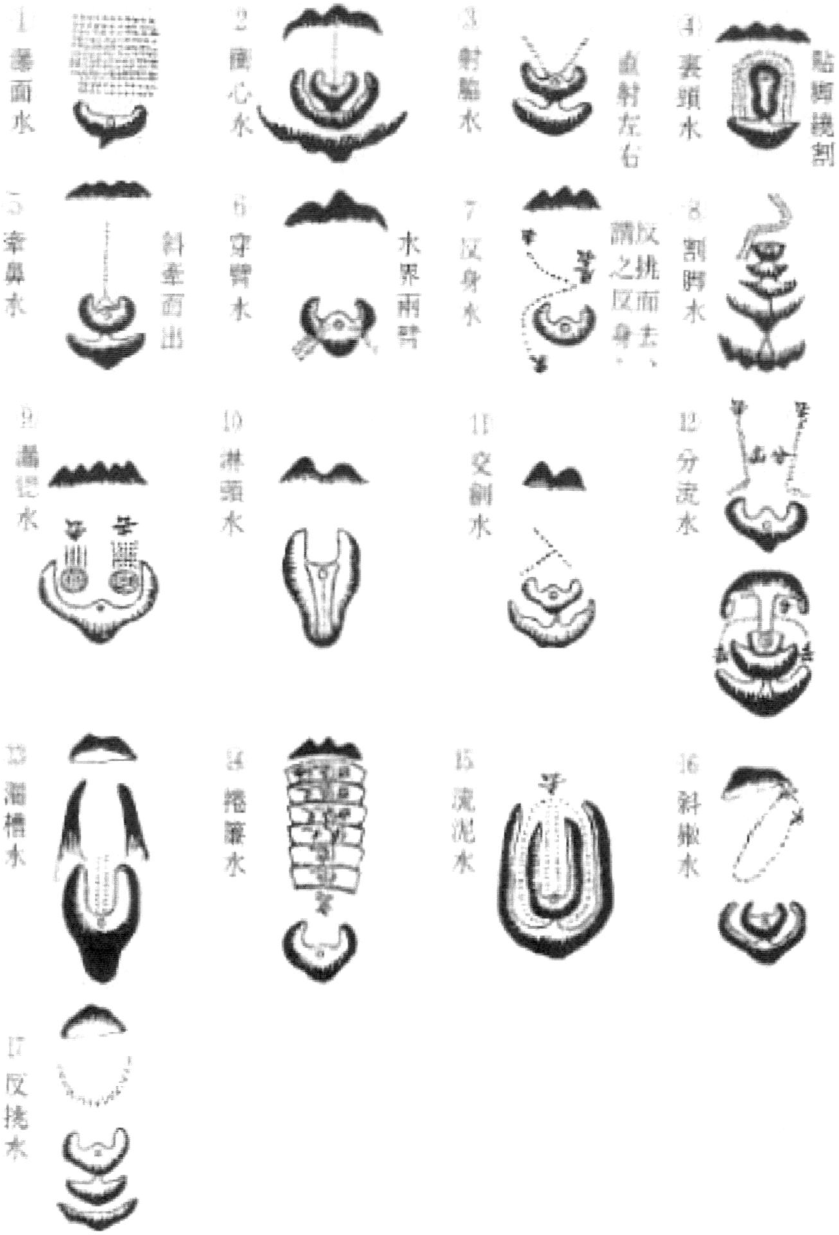

(2) 흉수(凶水)

〈그림 26〉 길흉수세(吉凶水勢)[74]

74) 金基仙, 『風水地理學槪論』, 螢雪出版社, 2005, 184-185쪽.

3. 물의 종류[75]

① 해조수(海潮水) – 해수(海水)가 활의 등처럼 육지로 들어온 것으로 혈전(穴前)에 바닷물이 가득 차있는 것을 말한다. 해조수(海潮水)의 크기와 역량은 용혈(龍穴)과 균형이 맞아야 한다. 대개 대간룡(大幹龍)이 다한 용진처(龍盡處)이므로 융결이 커서 왕이나 왕후, 거부귀현(巨富貴顯)을 생산함이 많다.

② 황하수(黃河水) – 황하수는 위로 통하고, 하늘과 통하며 사시(四時)로 탁(濁)하다. 그러나 그 물이 한 번만 맑아지면 새로운 성인(聖人)이 나오는 경사스러운 일이 발생한다.[76]

③ 강수(江水) – 강과 하천의 물로 장원(長遠)히 흐르며, 모든 물이 모여든다. 그러나 그 기세가 호탕(浩蕩)하므로 필히 구불구불 흐르면서 감싸 안은 듯 흘러야 길수(吉水)이다.

④ 호수(湖水) – 호수는 여러 강과 하천에서 흘러나온 물이 모여 이루어진 것도 있고 샘이 용출(湧出)하여 저장된 호도 있다. 깨끗하고 맑은 호수가 거울처럼 비추면 길(吉)하다.

⑤ 계간수(溪澗水) – 계간수는 산골짜기 시냇물이다. 용혈(龍穴)과 매우 가깝게 있으므로 풍수지리에서는 매우 중요시 한다. 계간수(溪澗水)는 반드시 굴곡(屈曲–굽이 흐르고), 환요(環遶–감싸 돌아 흐르고), 취주(聚注–명당에 모여 들고), 심완(深緩–깊으면서도 느려야)하여야 아름답고, 직급(直急–곧고 급하거나), 유성(溜聲–소리를 내며 흐르거나), 준질(峻跌–달려 나가듯)하면 흉(凶)하다.

⑥ 평전수(平田水) – 혈전(穴前) 명당이 논으로 되어있어 그 논에 가득 고여 있는 물을 말한다. 평전수(平田水)는 충(沖), 사(射), 할(割), 천(穿)하지 않아 '승어강호(勝於江湖)'라 하여 강호수(江湖水)보다도 더 좋게 보았으며 논에 가득한 물이 바람을 타고 찰랑거리고 햇볕을 받아 반짝이면 더욱 양기가 성해져 최고의 부귀가 기약되는 길수(吉水)이다.

⑦ 구혁수(溝洫水) – 구혁수는 평야지 즉 논밭의 도랑 물이다. 평야지에 결혈

---

75)『人子須知』「水法」편 '水論二十一條' 인용.

76) 황하수(黃河水)는 중국의 황하(黃河)를 가리키는 것처럼 보인다.

한 것을 구혁수(溝洫水)가 굴곡(屈曲-굽이 흐르고), 환요(環遶-감싸 돌아 흐르고)하면 길수(吉水)이고, 충(沖), 사(射), 할(割), 천(穿)하면 흉수(凶水)이다.

⑧ 지당수(池塘水) - 혈전(穴前)에 있는 작은 저수지나 연못 혹은 물웅덩이에 고여 있는 물을 말한다. 지당수(池塘水)의 형성은 혈 주변의 모든 물이 이곳으로 모여서 만들어진 경우도 있고, 용맥(龍脈)의 생기(生氣를 보호하면서 땅속으로 따라온 물이 혈 앞에서 합수하여 지상으로 용출(湧出)된 샘물도 있다. 지당수(池塘水)는 청정(清淨)하면 길(吉)하나 오염되어 더러우면 흉(凶)하다. 다시 말해, 물의 근원이 있어서 계속 생성되는 지당수(池塘水)는 복(福)이 쌓이는 것으로 귀한 물이 된다. 그러나 오염되어 더러우면 흉하며, 매몰하더라도 물의 흐름을 변화시키기 때문에 화재(禍災)가 닥친다. 지당池塘)을 인공으로 파는 경우에는 조심하여야 하는데 이는 용혈의 생기를 누설(漏泄)시키는 결과를 초래하여 재앙을 자초하기 때문이다.

⑨ 천지수(天池水) - 천지수는 높은 산 정상에 자연적으로 있는 지호수(池湖水)로 지극히 귀한 물이다. 산 정상 분지(盆地)에 맺은 천교혈(天巧穴) 앞에 맑고 깊은 샘물이나 연못 또는 호수가 사계절 마르지도 넘치지도 않고 항상 일정한 수위를 유지하는 물이다. 천지(天池)를 천한(天漢), 천막(天漠)이라고도 하는데, 옛말에 "용(龍)에 천지(天池)가 있으면 귀함이 오래 간다. 또 천지(天池)는 물이 마르지 않아야 아름답고, 마르면 화(禍)가 미친다"라고 하였다. 천지수(天池水)는 귀수(貴水) 중에서도 백미(白眉)로 극귀국부(極貴國富)를 상징하는 존귀(尊貴)한 물이다. 덧붙여 말하면, 천교혈(天巧穴)은 역량이 대단히 커서 상격룡일 경우 군왕지지(君王之地), 중격룡에서는 장상지지(將相之地)가 된다.

⑩ 주맥수(注脈水) - 용맥(龍脈) 위에 호수(湖水)가 있는 것을 말하며 앙천호(仰天湖)라고도 한다. 대룡(大龍)의 형세가 강하여 행룡(行龍)의 중간 부분인 미진처(未盡處)에 호수(湖水)가 있으면 바로 그 위에 혈을 맺는다. 용맥 위에 호수가 생긴 후 다시 뻗은 용이 일어나면 그것은 안산이 되거나 관요(官曜)가 되어 더욱 귀하다.

⑪ 원두수(源頭水) - 원두(源頭)란 용(龍)의 발원처(發源處)를 말한다. 이곳은

수원(水源)이 짧게 와서 길게 가니 진룡(眞龍)이 머무르지 않아 혈이 맺히지 않는다. 그러나 혹 대룡결혈(大龍結穴)이 산곡(山谷) 중에 있는 경우도 있다.

⑫ 저여수(沮洳水) - 편산편지(遍山遍地-기울어진 산이나 땅)가 항상 젖어 있어서 밖으로는 보이지 않으나 밟으면 신발이 젖고, 구덩이를 파놓으면 물이 차오고, 혹 우기에는 샘이 흐르고 가뭄에는 마르는 것을 말한다. 흉한 곳이다.

⑬ 취예수(臭穢水) - 소, 돼지의 오줌과 같이 탁하고 냄새나는 더러운 물이다. 취예수(臭穢水)가 용혈(龍穴) 주변 웅덩이에 고이거나 개천으로 흘러 들어오면 괴질(怪疾)과 염병(染病) 등 질병과 가운쇠락(家運衰落), 사업실패(社業失敗), 음탕(淫蕩) 등이 따른다.

⑭ 니장수(泥漿水) - 니장(泥漿)이란 진흙, 진탕 물이 마치 풀이나 미음같이 곤죽이 되어 있는 진수렁을 말한다. 비가 오면 물이 차 수렁으로 변하여 정강이까지 푹푹 빠지고, 개이면 물이 말라 먼지가 날리는 땅이다. 이와 같은 것은 지맥이 누설(漏泄)되어 생긴 것으로 물을 저축하지 못한다. 주로 패산(敗散), 고질(痼疾), 객사(客死)의 화(禍)를 당한다.

⑮ 송룡수(送龍水) - 주룡(主龍)을 양쪽에서 보호하며 흐르는 물로, 용(龍)이 시작되는 곳에서부터 두 물줄기가 좌우로 따라 흐르다가 용이 끝나는 곳[龍盡處]에서 합수(合水)하여 명당을 적신다. 장단(長短), 심천(深淺), 형세(形勢)에 따라 길흉(吉凶)이 다르다.

⑯ 건류수(乾流水) - 평시에는 흐르지 않다가, 우천 시에만 흐르는 물, 건류수(乾流水)는 일명 건수(乾水)라고 부르는데, 풍수에서는 실제 물이 보이거나 흐르는 것만을 물이라 하지 않고, 평상시에 물이 없다가도 비가 오면 물이 고이거나 물길이 생기는 고랑, 계곡, 개천 등을 모두 물길로 간주한다. 이는 풍수지리상 혈(穴)에 비해 혈보다 높으면 산이요 혈보다 낮은 곳은 물이라 표현함을 의미하는데, 점점이 물방울만 떨어져도 물이 흐르므로 고일촌위산(高一寸爲山) 저일촌위수(低一寸爲水)라는 말이 나온 것이다. 혈 아래 건류는 직장경도(直長傾倒-곧바로 흐르거나 기울어진 것)를 꺼리고, 평탄하고 완만한 것을 좋은 것으로 본다.

⑰ 합금수(合襟水) - 용맥을 보호하면서 따라온 수기(水氣)가 혈후(穴後)에서

나누어졌다가 혈전(穴前)에서 다시 합수(合水)하는 물을 합금수(合襟水)라 한다. 마치 옷깃을 여미는 것과 같다하여 붙여진 이름으로 혈을 결지(結地)하려면 물의 상분하합(上分下合, 來八去八)이 반드시 이루어져야 한다.

⑱ 극훈수(極暈水) – 입수도두(入首到頭), 선익(蟬翼), 순전(脣氈)이 감싸고 있는 혈장(穴場) 가운데에 생기(生氣)가 융취(融聚)되면 이를 보호하기 위해서 미세한 수기(水氣)가 원을 그리며 감싸주고 있는 것을 극훈수(極暈水) 또는 태극훈(太極暈), 혈훈(穴暈)이라 한다. 훈(暈)이란 태양이나 달의 주위를 감싸고 있는 둥근 테 모양의 무리를 말하는데 혈에도 이와 같은 훈(暈)이 있어야 진혈(眞穴)이다.

⑲ 원진수(元辰水) – 용호(龍虎)내 주룡(主龍)을 따라온 물이 혈전(穴前)에서 합금하여 명당을 통해 나가는 물을 말한다. 이 물은 명당이 기울어서 도망가는 것을 꺼린다. 좌우 사(砂)들이 감싸주어 굽이굽이 흘러가는 것이 좋다.

⑳ 천심수(天心水) – 천심(天心)이란 혈전(穴前)의 명당 한 가운데를 말하는데 이 곳으로 물이 모여들면 '수취천심(水聚天心)'이라 하여 대부대귀(大富大貴)하는 것으로 본다. 그러나 천심수(天心水)가 명당을 뚫고 곧게 나가면 '수파천심(水破天心)'이라 하여 재물이 흩어지고 사람도 희소(稀少)해져 결국에는 절손이 되는데 이는 직천(直穿)은 기(氣)를 모으지 못하기 때문이다.

㉑ 진응수(眞應水) – 혈전(穴前)에 있는 샘[웅덩이]을 진응수라(眞應水) 한다. 용의 기세가 강하면 용의 기를 보호하기 위해서 용맥을 따라오는 수기(水氣)가 결혈(結穴)후 여기(餘氣)가 남아 지상으로 분출한 물을 말한다. 진응수(眞應水)는 크고 작은 것을 가리지 않으며, 사시사철 마르지도 넘치지도 않고, 고요하므로 영천(靈泉)이라고도 한다. 대부귀현(大富貴顯)이 기약되는 길(吉)한 물[水]이다.

4. 물과 명당

산수동로(山水同路)의 여정(旅程)이 끝나면 음양의 결합인 보금자리를 형성하여 〈한 평 남짓한 혈처(穴處)를 맺는데 이 혈 앞에〉 작은 평지가 만들어지니 이 평탄한 곳을 명당(明堂)이라고 한다.

명당(明堂)이란 산이 열리고[山開曰明] 물이 감도는[水回曰堂], 산이 멈추고[山頓] 물이 돌아가는[水曲] 넓고 평평한 땅을 말한다. 이러한 곳은 양택[주택]의 좋은 자리로서 지기(地氣: 山川精氣)가 발생하는데 천기(天氣)와 조화(調和)를 이루어 발생하는 생기(生氣: 生成氣運)가 모인 길지(吉地)이다. 『지리신법(地理新法)』에서는 명당이라는 의미로 '규국(規局)'이라는 용어를 쓰고 있고 『택리지(擇里志)』에서는 '야세(野勢)'라고 하고 있는데, 『의룡경(疑龍經)』[77]에서는 "여러 물이 모여드는 곳이 명당이다"[衆水聚處是明堂]라고 정의하고 있으며, 『대대례(大戴禮)』 「명당(明堂)」편에서는 '명당'의 어원에 대해 "명당은 천자(天子)가 백관(百官)의 알현을 받으며 정치를 펴는 넓은 공간이다"라고 언표하고 있다. 한편, 오늘날 일반적인 명당 개념은 크게 〈넓은 의미의 명당과 좁은 의미의 명당〉 두 가지로 구분되어 진다. 넓은 의미의 명당은 보통 사람들이 통상적으로 이해하고 있는 '좋은 터, 좋은 땅'을 말하고 있으며, 좁은 의미의 명당은 혈 앞에 펼쳐지는 들판을 말한다.

김두규교수는 명당(明堂)의 의미를 "혈장(穴場)에서 보아 가장 먼 지점이 수구(水口)가 되므로 명당의 크기는 혈(穴)과 수구(水口) 사이의 거리에 비례하며, 거리가 짧을수록 경사도가 가파르다는 것을 의미하고, 멀수록 경사도가 완만하여 좀 더 넓은 공간이 형성된다. 여기서 수구(水口)는 용호(龍虎)가 서로 만나는 지점에서 형성되는데 용호(龍虎)의 간격이 좁을수록 수구(水口)의 형성이 훌륭한 것이며, 간격이 벌어질수록 수구(水口)의 형성이 엉성하다. 수구(水口)가 훌륭하다는 것은 명당(明堂)을 비롯한 혈장(穴場) 자체가 훌륭하다는 것을 의미한다"[78]라고 하였다.

명당(明堂)에는 내청룡(內靑龍), 내백호(內白虎), 가까이의 안산(案山)이 환포한 내명당(內明堂)과 외청룡(外靑龍), 외백호(外白虎), 안산(案山) 너머의 조산(朝山)이 감싸준 공간인 외명당(外明堂)이 있는데, 내명당(內明堂)은 발복(發福)의 속도를 주관하며, 외명당(外明堂)은 발복(發福)의 크기[大小]를 주관하는데, 주산(主山)과 내룡(來龍), 그리고 혈(穴)에 흐르는 기(氣)의 대소(大小)에 따라 각각 차등

77) 『의룡경(疑龍經)』은 양균송(楊筠松)의 저서로 알려져 있으며 중국에서 출간된 대부분의 풍수책에 수록되어 있다. 의룡(疑龍)이란 뜻은 용(龍)을 찾는 심룡(尋龍)을 말한다.
78) 김두규, 『풍수학사전』, 비봉출판사, 2005, 161쪽.

이 있어 일률적으로 정할 수가 없다.

명당(明堂)의 범위는 대체로 혈(穴) 앞을 중심으로 하여 청룡(靑龍)과 백호(白虎)에 둘러싸인 부분, 즉 혈(穴)을 중심으로 전·후·좌·우(前·後·左·右)의 일정한 공간이다. 내명당(內明堂)이 용(龍)과 혈(穴)에 비해 너무 넓으면 광탕(曠蕩)[79]하고, 광탕하면 장풍(藏風)이 되지 못하며, 너무 좁으면 촉박(促迫)하다. 그러므로 넓이가 적당하고 방원(方圓)이 분명하며, 비습(卑濕)하지 않고, 경도(傾倒)되어 기울지도 않으며, 요함(凹陷)하지도 않아야 한다.

외명당(外明堂)은 양변(兩邊)이 관전(寬展)하여 협착(狹窄)하지 않으며, 사산(四山)[80]이 위요(圍繞)하고 공결(空缺)이 없으며, 외수(外水)가 굽이굽이 흘러들어야 길한 것이다.

명당으로 부귀의 길흉을 알 수도 있는데 명당은 물이 모여드는 곳이므로 대개 부(富)의 발복을 관장하나 귀(貴) 또한 살필 수 있다. 명당이 협착하면 후손의 국량이 좁고 어리석으며, 반대로 광탕하면 허망지상(虛妄之象)의 실속 없는 인물이 나오므로 명당이 용·혈(龍·穴)과 균형이 맞아야 한다.

명당의 종류는 수 없이 많을 수 있으나 『인자수지(人子須知)』에서는 길격9종과 흉격9종으로 나누어 설명되어 있다.

[길격명당(吉格明堂)][81]

교쇄(交鎖)명당, 주밀(周密)명당, 요포(遶抱)명당
융취(融聚)명당, 평탄(平坦)명당, 조진(朝進)명당
광취(廣聚)명당, 관창(寬暢)명당, 대회(大會)명당

[흉격명당(凶格明堂)]

겁살(劫殺)명당, 반배(反背)명당, 질색(窒塞)명당
경도(傾倒)명당, 핍착(逼窄)명당, 편측(偏側)명당
파쇄(破碎)명당, 두사(陡瀉)명당, 광야(曠野)명당

---

79) 넓고 광활하여 양기(陽氣)가 너무 강해 음양조화가 이루어지지 않는다.
80) 祖山, 朝山, 外靑龍, 外白虎.
81) 『人子須知』 「明堂」편 '明堂吉格九式條', '明堂凶格九式條' 참조 바람.

5. 수법론(水法論)

수법론은 용·혈(龍·穴)과 명당에 관련된 모든 물의 위치 방위를 측정하여 이 방위의 물이 리기적(理氣的)으로 용·혈이나 명당에 어떤 영향을 줄 것인가를 가늠하는 방법이다.

수법론에는 좌향론(坐向論)과 마찬가지로 다양한 이론과 학설이 있으며 통일성이 없는 것이 현실이다. 필자 또한 어느 수법이 옳은 방법인지 여러 방법을 동원하여 이를 검증해보려고 노력을 해보았겠지만 미진(未盡)하여 지금까지 설득력 있는 결론을 내놓지는 못했다. 그러나 우주만물은 일정한 법칙과 질서에 의해서 운행되고 있다는 사실이며, 수법 또한 나름대로의 규칙을 가지고 있을 것이다. 이에 본서에서는, 전통적으로 있어 온 여러 가지 수법에 대해 학습자들이 올바른 취사선택(取捨選擇)을 할 수 있도록 하기 위해 아래와 같이 자료를 정리해 보았다.

1) 구성수법(九星水法)

구성수법(九星水法)은 후천수법(後天水法)과 보성수법(輔星水法)으로 나뉘는데, 좌(左)나 향(向)을 기준으로 물[水]의 득파(得破)를 살펴 길·흉·화·복(吉·凶·禍·福)을 판별한다. 득수(得水)의 경우에는 4길성(吉星)이 길(吉)하고 4흉성(凶星)이 흉(凶)하는데 반하여, 파구(破口)는 4흉성(凶星)이 길(吉)하고 4길성(吉星)이 흉(凶)하다.

[사길성(四吉星)]

탐랑(貪狼), 거문(巨門), 무곡(武曲), 보필(輔弼)

[사흉성(四凶星)]

문곡(文曲), 녹존(祿存), 염정(廉貞), 파군(破軍)

〈표 11〉 24방위 팔괘 배납

구분	淨陰				淨陽			
八卦	震	兌	艮	巽	乾	坤	坎	離
方位	卯·庚 亥·未	酉·丁 巳·丑	艮·丙	巽·辛	乾·甲	坤·乙	子·癸 申·辰	午·壬 寅·戌

가) 후천수법(後天水法)

좌(左)를 기준하여 득수(得水)와 파구(破口)를 보아 길흉(吉凶)을 살피는데, 이는 좌(左)를 정음(正陰)·정양(正陽)의 팔괘납갑(八卦納甲)을 기본 괘(卦)로 하여 득수와 파구의 방위로 변효(變爻)시켜 길흉을 알 수 있다.

■ 변효(變爻) 순서에 따른 구성 一上破軍, 二中祿存, 三下巨門, 四中貪狼 五上文曲, 六中廉貞, 七下武曲, 八中輔弼

예 寅坐申向, 득수(得水)-辰方, 파구(破口)-庚方일 경우 좌향(坐向)의 길흉 여부는?

인좌(寅坐)는 팔괘납갑하면 리괘(☲)이고 기본괘가 되며, 변효 일상(一上)하면 리괘의 상효 음양을 바꾸라는 것이므로

일상파군 하면 리괘(☲) → 진괘(☳)로
이중녹존 하면 진괘(☳) → 태괘(☱)로
삼하거문 하면 태괘(☱) → 감괘(☵)로
사중탐랑 하면 감괘(☵) → 곤괘(☷)로
오상문곡 하면 곤괘(☷) → 간괘(☶)로
육중염정 하면 간괘(☶) → 손괘(☴)로
칠하무곡 하면 손괘(☴) → 건괘(☰)로
팔중보필 하면 건괘(☰) → 리괘(☲)로

된다. 득수(得水)-진방(辰方)은 팔괘납갑하면 감괘(☵)이고 파구(破口)-경방(庚方)은 팔괘납갑하면 진괘(☳)가 되는데, 득수 감괘는 길성의 거문성이고 파구 진괘는 흉성의 파군성이다. 그러므로 득수는 4길성에 해당되고 파구는 4흉성에 해당하므로 길한 좌향이 된다.

나) 보성수법(輔星水法)

향(向)을 기준하여 득수(得水)와 파구(破口)를 보아 길흉을 살피는데, 이는 향(向)에 대해 정음(正陰)·정양(正陽)의 팔괘납갑(八卦納甲)을 기본 괘(卦)로 삼아 득수와 파구의 방위로 변효(變爻)시켜 길흉을 알 수 있다.

■ 변효(變爻) 순서에 따른 구성
一上輔弼, 二中武曲, 三下破軍, 四中廉貞
五上貪狼, 六中巨門, 七下祿存, 八中文曲

예 壬坐丙向, 득수(得水)-卯方, 파구(破口)-坤方일 경우 좌향(坐向)의 길흉 여부는?

병향(丙向)은 팔괘납갑하면 간괘(☶)이고 기본 괘가 되며, 변효 일상(一上)하면 간괘의 상효 음양을 바꾸라는 것이므로

일상보필 하면 간괘(☶) → 곤괘(☷)로
이중무곡 하면 곤괘(☷) → 감괘(☵)로
삼하파군 하면 감괘(☵) → 태괘(☱)로
사중염정 하면 태괘(☱) → 진괘(☳)로
오상탐랑 하면 진괘(☳) → 리괘(☲)로
육중거문 하면 리괘(☲) → 건괘(☰)로
칠하녹존 하면 건괘(☰) → 손괘(☴)로
팔중문곡 하면 손괘(☴) → 간괘(☶)로

된다. 득수 묘방은 팔괘납갑하면 진괘(☳)이고, 파구 곤방은 팔괘납갑하면 곤괘(☷)가 되는데 득수 진괘는 흉성의 염정성이고, 파구 곤괘는 길성의 보필성이다. 그러므로 득수는 4흉성에 해당되고 파구는 4길성에 해당하므로 흉한 좌향이 된다.

2) 포태수법(胞胎水法)과 황천수법(黃泉水法)

㉠ 포·태수(胞·胎水) - 포·태방위는 구성의 녹존성에 해당하며, 포궁과 태궁에서 득수한 물이 혈 앞 명당으로 들어오면 유산(流産)이 되거나 불임(不姙)이 되어 자손이 끊어지고, 혹 아이가 생겼다고 해도 양육하기 어렵다. 부자(父子)간에는 불목(不睦)하고 부부간에는 불화(不和)한다. 포·태수가 장대(長大)하면 여인이 음란하게 된다. 포·태궁으로 파구되면 많은 후손들이 관복을 입게 된다.

ⓛ 양·생수(養·生水) – 양·생방위는 구성의 탐랑성에 해당한다. 양궁이나 생궁에서 득수한 물이 혈 앞 명당으로 들어오면 장자, 장손이 부귀발복하며 부모에 효도하고 나라에 충성하게 된다. 또한 많은 자손이 발복하여 가문의 이름을 알리게 된다. 양궁이나 생궁으로 파구되면 자손이 끊어지고 청상과부가 줄을 잇고, 도박 등으로 집안의 문을 닫는다.

ⓒ 목욕수(沐浴水) – 목욕방위는 구성의 문곡성에 해당하며, 목욕궁에서 득수한 물이 혈 앞 명당으로 들어오면 도박이나 사치, 사업실패, 관재(官災), 음란색정(淫亂色情) 등으로 패가망신하며 물에 투신자살하는 후손이 나온다. 목욕궁으로 파구되면 시나 문장 그리고 그림에 뛰어나 풍류를 즐기는 인물이 나온다.

ⓡ 관대수(冠帶水) – 관대방위는 구성의 보필성에 해당하며, 관대궁에서 득수한 물이 혈 앞 명당으로 들어오면 '칠세아동능작시(七世兒童能作詩)'라 하여 7세의 아이가 시문에 뛰어나서 만인의 칭송을 받는다. 후손들이 총명하며 풍류를 즐기고 이름과 가문을 빛낸다. 관대궁으로 파구되면 대흉이 되어 어린 자손이 죽거나 재물에 손해가 극심하고 고아나 과부가 나온다.

ⓜ 임관수(臨官水) – 임관방위는 구성의 무곡성에 해당하며, 임관궁에서 득수한 물이 혈 앞 명당으로 들어와 묘(墓)방위로 나가면 녹마(祿馬)가 되어 대길하다. 또한 소년등과(少年登科)하여 임금을 보필하고 만인이 우러러보는 어진 재상이 된다. 임관궁으로 파구되면 살인대황천이 되어 집안의 장성한 자손이 죽고, 청상과부가 줄지어 나며, 재물은 비고 후사가 끊어진다.

ⓑ 제왕수(帝旺水) – 제왕방위는 구성의 무곡성에 해당하며, 제왕궁에서 득수한 물이 혈 앞 명당으로 들어오면 재정양왕(財丁兩旺)하여 가문이 흥왕한다. 제왕궁으로 파구되면 재정양패(財丁兩敗)하여 부귀와 명예는 사라진다.

ⓢ 쇠수(衰水) – 쇠방위는 구성의 거문성에 해당하며, 쇠궁에서 득수한 물이나 파구되는 물 모두 길하다. 쇠방에서 득수한 물이 혈 앞 명당으로 들어오거나 파구되면 총명한 자손이 소년등과(少年登科)하고 문장가가 나온다. 무(武)의 성(星)이기도 하고 부(富)의 성(星)이기도 하다.

ⓞ 병·사수(病·死水) – 병·사방위는 구성의 염정성에 해당하며, 병궁이나 사궁에서 득수하거나 파구되면 모두 흉하다. 그러나 득수는 흉하지만 파구는

길하다는 설도 있다.

㉨ 묘수(墓水) - 묘방위는 구성의 파군성에 해당하며, 묘궁 즉 고장궁(庫藏宮)에서 득수한 물이 혈 앞 명당에 들어오면 많은 자식이 없어지며 후손이 상하고 집안이 망한다. 묘궁으로 파구되면 부귀하고 후손이 번성하게 되며, 특히 묘방위에 맑은 지당(池塘)이 있다면 대부(大富)가 나온다.

황천수법(黃泉水法)은 앞의 「나침반 이론」 중 "나침반의 활용법" '2층 사로(四路)·팔로(八路) 황천수(黃泉水)'에 자세히 설명되어 있다.

3) 기타 수법(水法)

가) 도화수(桃花水)

도화수가 혈 앞으로 흘러들면 음란하고, 물에 투신하여 자살하는 일이 생기며, 재산이 흩어지는 일이 생긴다.

亥·卯·未 向 - 子水　　寅·午·戌 向 - 卯水

巳·酉·丑 向 - 午水　　申·子·辰 向 - 酉水

나) 삼길육수수(三吉六秀水)

좌향에 상관없이 아래 삼길육수 방위에 내·축수(來·蓄水)가 있으면 길하다.

三吉方: 亥, 震(卯), 庚

六秀方: 艮, 丙, 巽, 辛, 兌(酉), 丁

다) 역마수(驛馬水)

아래 방위의 물이 혈 앞으로 흘러들거나, 지호수(池湖水)가 있으면 부귀가 속발한다.

坐	申·子·辰	亥·卯·未	寅·午·戌	巳·酉·丑
驛馬方	寅	巳	申	亥

라) 어가수(御街水)

좌향에 상관없이 아래 방위의 물이 혈 앞으로 흘러들거나, 지호수(池湖水)가 있으면 과갑입조(科甲入朝)[82]한다.

乾, 坤, 艮, 巽

마) 귀인수(貴人水)

아래 방위의 물이 혈 앞으로 흘러들거나, 지호수(池湖水)가 있으면 과갑입조(科甲入朝)한다.

坐	甲·庚	乙	丙·丁	辛	壬·癸
天乙貴人方	丑·未	子·申	亥·酉	寅·午	巳·卯

바) 녹수(祿水)

아래 방위의 물이 혈 앞으로 흘러들거나, 지호수(池湖水)가 있으면 재물이 무궁하다.

向	甲	乙	丙	丁	庚	辛	壬	癸
正祿	寅	卯	巳	午	申	酉	亥	子
借祿	艮		巽		坤		乾	

82) 과갑입조(科甲入朝)란 과거에 급제하여 조정에 출사한다는 뜻이다.

Ⅶ. 향(向 - 坐向法)

향(向)이란 음택에서 관(棺)을 넣을 앞쪽의 바라보는 방향을 말하고 주택에서는 건축물의 기초를 놓을 때 앞쪽의 방향을 말한다. 지리오과(地理五科)에서 용(龍)은 귀천(貴賤)을, 혈(穴)은 길흉(吉凶)을, 사(砂)는 수요(壽夭), 물(水)은 빈부(貧富)를 주관하지만 향은 화복(禍福)을 관장한다. 이같이 중요한 향은 어떻게 놓느냐에 따라 화복(禍福)이 결정되기 때문이다.

좌(坐)란 향(向)의 반대 방향을 말한다. 따라서 향이나 좌 어느 한 가지만 결정되면 나머지는 상호 반대방향이라 자동적으로 결정된다. 풍수에서는 일반적으로 이 두 가지를 합하여 좌향(坐向)이라고 말하고 있지만, 물의 득파(得破)를 기준으로 향(向)을 세우는 삼합법(三合法)에서는 '입향(立向)'이라 하고, 안산(案山)을 기준으로 향(向)을 세우는 대안입향(對案立向)에서도 '입향(立向)'이라 하여 향(向)을 더 중시하지만, 그 이외의 좌향법에서는 대체로 좌(左)를 중시하여 '좌향(坐向)'이라고 한다.

향관화복(向管禍福)이란 입향(立向)의 시기(時期), 입수(入首), 득파(得破), 오행(五行)의 길흉에 따라 화복(禍福)이 결정된다는 것이다. 즉 풍수지리에서 용혈(龍穴)을 적중(的中)하는 것이 일차적인 요건이지만 좌향(坐向)은 그 명당의 화복(禍福)을 좌우하는 것이다.

♣ 좌향법은 산천의 용혈(龍穴)을 걸작(傑作)으로 만드느냐, 졸작(拙作)으로 못 쓰게 만드느냐를 결정하는 마지막 과정이며 중요한 과정이다.

[좌향법의 종류][83)]

- 현공좌향법(玄空坐向法, 三元法)
- 포태법(胞胎法, 88向法 96向論)
- 입수 좌·우선법(入首 左右旋法)
- 정음정양(淨陰淨陽)
- 통맥법(通脈法)

83) 풍수지리의 좌향론에 대해 좀 더 상세히 참조하려면, 백남대, 『풍수지리 좌향론』, 북랜드, 2009를 참조하기 바람.

- 십오도수 정혈법(十五度數 定穴法)
- 사불통 입향론(四不通 立向論)
- 두사충 용향결(杜思忠 龍向訣)
- 입수좌결(入首坐訣)
- 산지망명좌운(山地亡命坐運)
- 대안입향(對案立向, 案山立向法)
- 기타 방위론(동·서사택 등)

위와 같이 많은 좌향법 중에서 우리는 어느 방법을 취해야 할 것인가? 한마디로 한 가지 방법을 추천하는 것은 쉬운 일이 아니다. 각 방법마다 나름대로의 분명한 이론 체계와 각 이론이 가진 장단점이 있기 때문이다. 따라서 각자가 여러 가지의 방법을 연구해서 자기가 옳다고 생각하는 방법 한 가지를 선택해야 할 것이다. 그러나 만약 한 가지만 추천하라고 한다면 "아무리 좋은 밭과 종자가 있을지라도 알맞은 때에 맞추어 씨를 뿌려야 하듯이" 좌향(坐向)이 시운(時運)과 형국(形局)에 합국(合局)하여야 왕성한 발음(發蔭)을 기대할 수 있는 '현공좌향법(玄空坐向法, 三元法)'을 권하고 싶다는 입장에 서있다. 따라서 여기[좌향법]에서는 현공풍수에 관해 좀 더 논해 보기로 한다.

1. 현공(玄空)의 기본원리

통상 현공풍수(玄空風水)라 불리는 현공학(玄空學)은 『주역(周易)』의 「설괘전(說卦傳)」에 근원을 두었을 뿐 아니라 『주역』의 이론을 더욱 발전시킨 이론이라는 입장에서 「활역경(活易經)」으로 부르기도 한다.

현공학(玄空學)은 공간과 시간상에 있어 만물이 음양(陰陽)의 대립과 통일이라는 이론으로 운용되는 학문이므로 좌향(坐向)에 따라 시운(時運)이 달라지고 길흉(吉凶)도 달라진다. 따라서 동일한 장소에 동일한 환경이라도 방위는 다를 수 있고, 방위가 달라짐에 따라 시운(時運)도 달라지기 때문에 길흉(吉凶)이 달라진다는 이치를 연구하는 학문이다.

어떠한 구조물[陰宅·陽宅 및 나무·돌 등]도 없고 높낮이도 동일한 평지에서는 우주의 기본 원소인 기(氣)가 동일하지만, 구조물을 세우게 되면 기(氣)의 변화가 발생한다. 그리고 또, 기(氣)의 변화는 우주만물이 존재하는 한 영원히 그치지 않는 것이므로 천지사방에 두루 미쳐 우주 만물에 변화와 영향을 준다.

기(氣)의 변화란 눈에 보이지 않지만 거주하는 환경에 영향을 미치게 마련이다. 예를 들어, 통일된 기(氣)가 있는 평지에 건택조장(建宅造葬)을 하게 되면 통일된 기장에 변화가 생겨 중앙에 천심(天心)이 형성되고 방위가 생겨 방위적인 기장으로 변하게 된다. 즉, 천심(天心)을 비롯해서 팔방위의 기운을 구성하여 방향성(坐向)을 갖게 되는 것이다. 또한 시간에 따른 변화, 시운성(時運星)을 갖게 되며, 각 방위의 기(氣)는 음양(陰陽)의 성질에 따른 음양순역(陰陽順逆)을 갖게 된다.

천지(天地)의 기운을 나타낸 낙서구궁(洛書九宮)은 중궁(中宮)을 제외한 팔괘방위를 24방위의 좌향(坐向)으로 나누고, 24방위는 각각 음양(陰陽)으로 나누어진다. 기(氣)의 운행 또한 분명해서 음(陰)은 역행하고 양(陽)은 순행하므로, 이로서 기(氣)의 왕쇠(旺衰) 유무를 판단한다. 즉 중궁(中宮, 天心)에 3원 9운의 당운(當運) 숫자를 넣어 순행하여 운반(運盤)을 만들고 좌(坐)와 향(向)이 결정되면 산향의 숫자를 중궁의 당운위에 넣어 양순음역(陽順陰逆)에 따라 양(陽)은 순비(順飛)하고 음(陰)은 역비(逆飛)하는데, 순비(順飛)하는 것은 우주의 기장이 지구에 작용하는 기운이고 역비(逆飛)하는 것은 지구 자체의 기장이 변화하는 작용을 나타낸 것이다. 좌(坐)를 산(山)이라고도 하므로 좌향(坐向)이나 산향(山向)은 동일하다.

2. 구성운행(九星運行)의 시간구분인 삼원구운(三元九運)

낙서구궁(洛書九宮) 안의 시간적 인소를 삼원구운(三元九運)이라 하는데, 구궁(九宮)이 있으므로 각 궁(宮)을 하나의 운(運)으로, 이 중 세 개의 궁(宮)을 하나의 원(元)으로 삼고 60년을 적용하므로 매 운은 각 20년이 된다. 삼원(三元)은 상원·중원·하원 각 60년, 즉 육십화 갑자년이니 곧 180년이 되고, 구운(九運)은 180년이 지나가는 아홉 번의 운수(運數)란 뜻이다. 「자백결(紫白訣)」에서 "낙서운(洛書運)은 상원(上元)은 일백(一白), 중원(中元)은 사록(四綠, 木星), 하원(下元)은 칠적성(七赤星)이 대표하는데 각각 60년을 관장하므로 대운(大運)이라 하고,

상원(上元)은 1·2·3운(運), 중원(中元)은 4·5·6운(運), 하원(下元)은 7·8·9운(運)인데, 각각 20년을 관장하므로 소운(小運)이라 한다"라고 언표하고 있다. 이를 풀어 보면, 상원(上元) 60년 동안 앞 20년 소운(小運)은 일백(一白)이 관장하고, 중간 20년은 이흑(二黑)이 관장하며, 뒤 20년은 삼벽(三碧)이 관장한다. 중원(中元) 60년 동안 앞 20년 소운(小運)은 사록(四綠)이 관장하고, 중간 20년은 오황(五黃)이 관장하고 뒤 20년은 육백(六白)이 관장한다. 하원 60년 동안 앞 20년 소운(小運)은 7적(七赤)이 관장하고, 중간 20년은 팔백(八白)이 관장하며, 뒤 20년은 구자(九紫)가 관장한다. 상·중·하 삼원(三元)은 모두 180년이다. 구성(九星)은 일백(一白)에서 구자(九紫)까지이니, 한 바퀴 돌아가면 다시 상원(上元) 일백운(一白運)으로 시작한다. 이를 표로 나타내면 다음과 같다.

〈표 12〉 삼원구운(三元九運) 대운·소운표

大運	小運	三元九運 총 년수
上元 60년	1·2·3運 각 20년	180년
中元 60년	4·5·6運 각 20년	
下元 60년	7·8·9運 각 20년	

운(運)이나 원(元) 등의 시기를 나눌 때 기준은 입춘절입(立春節入)을 시점으로 한다. 육십갑자(六十甲子)의 간지기년(干支紀年)의 원년(元年)은 기원전 2697년 갑자년(甲子年)을 황제원년(黃帝元年)으로 삼고 있으므로 지난 1983년까지 78번의 일원갑자(一元甲子)가 지나갔으며, 1984년부터 2043년까지는 79번째의 갑자기년(甲子紀年)에 들어있다. 이를 도표화 하면 아래 표와 같다.

〈표 13〉 하원 79번째 60갑자

小運	下元 79번째 60甲子									
7運	甲子 1984	乙丑 1985	丙寅 1986	丁卯 1987	戊辰 1988	己巳 1989	庚午 1990	辛未 1991	壬申 1992	癸酉 1993
	甲戌 1994	乙亥 1995	丙子 1996	丁丑 1997	戊寅 1998	己卯 1999	庚辰 2000	辛巳 2001	壬午 2002	癸未 2003
8運	甲申 2004	乙酉 2005	丙戌 2006	丁亥 2007	戊子 2008	己丑 2009	庚寅 2010	辛卯 2011	壬辰 2012	癸巳 2013
	甲午 2014	乙未 2015	丙申 2016	丁酉 2017	戊戌 2018	己亥 2019	庚子 2020	辛丑 2021	壬寅 2022	癸卯 2023
9運	甲辰 2024	乙巳 2025	丙午 2026	丁未 2027	戊申 2028	己酉 2029	庚戌 2030	辛亥 2031	壬子 2032	癸丑 2033
	甲寅 2034	乙卯 2035	丙辰 2036	丁巳 2037	戊午 2038	己未 2039	庚申 2040	辛酉 2041	壬戌 2042	癸亥 2043

[Tip] 서기년도의 간지(干支)를 쉽게 찾는 법

〈표 14〉 간지(干支) 배열표

干支	1	2	3	4	5	6	7	8	9	10	11	12
干	甲	乙	丙	丁	戊	己	庚	辛	壬	癸		
支	子	丑	寅	卯	辰	巳	午	未	申	酉	戌	亥

(서기년도 ÷ 10) 한 다음 (나머지 - 3 = 干)

(서기년도 ÷ 12) 한 다음 (나머지 - 3 = 支)

【예1】 서기 676년(신라 삼국통일)의 간지(干支)는?

676 ÷ 10의 나머지는 6이므로, 6 - 3 = 3(丙)

676 ÷ 12의 나머지는 4이므로, 4 - 3 = 1(子)

간지(干支)는 병자(丙子)년이 된다.

【예2】 서기 1392년(조선 개국)의 간지(干支)는?

1392 ÷ 10의 나머지는 2, 2에서 3을 뺄 수 없으므로 간(干)의 수 10을 빌

려 오면 12 - 3 = 9(壬)

1392 ÷ 12의 나머지는 0, 0에서 3을 뺄 수 없으므로 지(支)의 수 12를 빌려 오면 12 - 3 = 9(申)

간지(干支)는 임신(壬申)년이 된다.

【예3】 서기 1962년의 간지(干支)는?

1962 ÷ 10의 나머지는 2, 2에서 3을 뺄 수 없으므로 간(干)의 수 10을 빌려 오면 12 - 3 = 9(壬)

1962 ÷ 12의 나머지는 6이므로, 6 - 3 = 3(寅)

간지(干支)는 임인(壬寅)년이 된다.

【예4】 서기 1958년의 간지(干支)는?

1958 ÷ 10의 나머지는 8이므로, 8 - 3 = 5(戊)

1958 ÷ 12의 나머지는 2, 2에서 3을 뺄 수 없으므로 지(支)의 수 12를 빌려 오면 14 - 3 = 11(戌)

간지(干支)는 무술(戊戌)년이 된다.

〈표 15〉 삼원구운(三元九運) 연한표(年限表)

三元	九運	六十甲子	최근대	근대	전근대
上元	一白水運	甲子-癸未	1864-1883	1684-1703	1504-1523
	二黑土運	甲申-癸卯	1884-1903	1704-1723	1524-1543
	三碧木運	甲辰-癸亥	1904-1923	1724-1743	1544-1563
中元	四綠木運	甲子-癸未	1924-1943	1744-1763	1564-1583
	五黃土運	甲申-癸卯	1944-1963	1764-1783	1584-1603
	六白金運	甲辰-癸亥	1964-1983	1784-1803	1604-1623
下元	七赤金運	甲子-癸未	1984-2003	1804-1823	1624-1643
	八白土運	甲申-癸卯	2004-2023	1824-1843	1644-1663
	九紫火運	甲辰-癸亥	2024-2043	1844-1863	1664-1683

3. 구성운행(九星運行)의 순비(順飛)와 역비(逆飛)

구성(九星)이란 북두칠성과 좌보(左輔)·우필성(右弼星)을 말하는데, 일백(一白: 貪狼·坎·水), 이흑(二黑: 巨門·坤·土), 삼벽(三碧: 祿存·震·木), 사록(四綠: 文曲·巽·木), 오황(五黃: 廉貞·中·土), 육백(六白: 武曲·乾·金), 칠적(七赤: 破軍·兌·金), 팔백(八白: 左輔·艮·土), 구자(九紫: 右弼·離·火)를 말한다.

구성의 운행은 북극성을 기준으로 한다. 북극성은 북진 또는 북신(北辰)이라고도 하는데 지구의 정북(正北)에 있으면서 움직이지 않는 항성(恒星)으로 천상에서 운행되는 모든 행성(行星)의 표준점이 되며, 지구상 모든 방위의 기준점이 되고 있다.

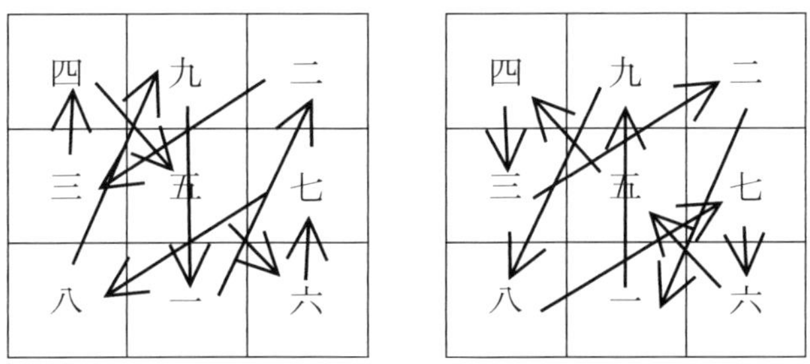

(順飛) (逆飛)

〈그림 27〉 구성운행 궤적도(軌跡圖)

〈그림 27〉 구성운행 궤적도(軌跡圖)에 따라 산향(山向)이 결정되면, 산향(山向) 숫자의 음양에 따라 양수(陽數)는 순비(順飛)하고 음수(陰數)는 역비(逆飛)한다.

[順飛]
5(中)->6(乾)->7(兌)->8(艮)->9(離)->1(坎)->2(坤)->3(震)->4(巽)
[逆飛]
5(中)->4(巽)->3(震)->2(坤)->1(坎)->9(離)->8(艮)->7(兌)->6(乾)

1) 1운 일백수성(一白水星) 입중(入中) 구궁도

九	五	七
八	一	三
四	六	二

(順飛)

九	五	七
八	一	三
四	六	二

(逆飛)

2) 2운 이흑토성(二黑土星) 입중(入中) 구궁도

一	六	八
九	二	四
五	七	三

(順飛)

一	六	八
九	二	四
五	七	三

(逆飛)

3) 3운 삼벽목성(三碧木星) 입중(入中) 구궁도

二	七	九
一	三	五
六	八	四

(順飛)

二	七	九
一	三	五
六	八	四

(逆飛)

4) 4운 사록목성(四綠木星) 입중(入中) 구궁도

三	八	一
二	四	六
七	九	五

(順飛)

三	八	一
二	四	六
七	九	五

(逆飛)

5) 5운 오황토성(五黃土星) 입중(入中) 구궁도

四	九	二
三	五	七
八	一	六

(順飛)

四	九	二
三	五	七
八	一	六

(逆飛)

6) 6운 육백금성(六白金星) 입중(入中) 구궁도

五	一	三
四	六	八
九	二	七

(順飛)

五	一	三
四	六	八
九	二	七

(逆飛)

7) 7운 칠적금성(七赤金星) 입중(入中) 구궁도

六	二	四
五	七	九
一	三	八

(順飛)

六	二	四
五	七	九
一	三	八

(逆飛)

8) 8운 팔백토성(八白土星) 입중(入中) 구궁도

七	三	五
六	八	一
二	四	九

(順飛)

七	三	五
六	八	一
二	四	九

(逆飛)

9) 9운 구자화성(九紫火星) 입중(入中) 구궁도

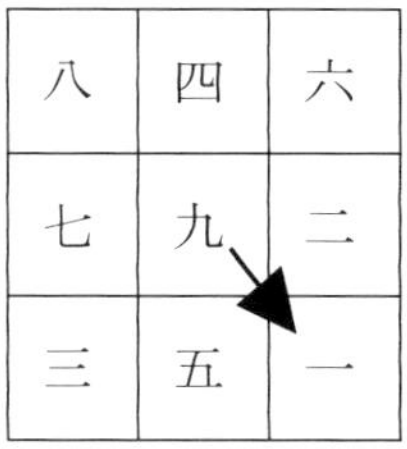

(順飛)

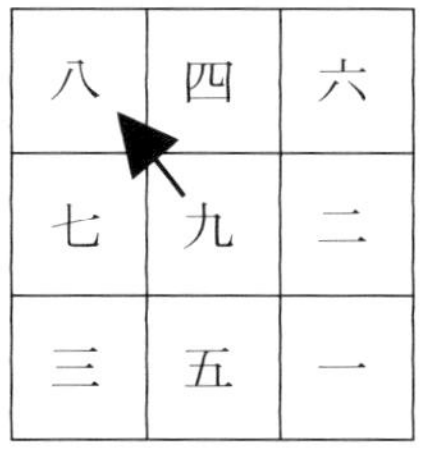

(逆飛)

4. 일괘삼재(一卦三才)와 24산(山)의 음양순역(陰陽順逆)

현공풍수에서는 삼합법(三合法,12胞胎法)처럼 내외반(內外盤)을 나누어 쓰지 않고 『주역』팔괘에서 나온 내반(內盤)인 지반정침(地盤正針)만을 사용하는데, 각 괘[宮]를 천·지·인(天·地·人) 삼재(三才)로 나누어 24산에 분배하고 좌선(左旋, 시계 방향)하여 지원룡(地元龍), 천원룡(天元龍), 인원룡(人元龍)이라 한다.

각 괘[宮]의 범위는 45° (360° /8괘)가 되고 각 산(山)의 범위는 15° (45° /3원룡)가 된다.

24산은 음양의 성질이 다르다. 각 궁에서 「천원룡과 인원룡」은 음양이 같고 「천원룡과 지원룡」, 「지원룡과 인원룡」은 음양이 다르다.

천·지·인(天·地·人) 삼재(三才)를 육친(六親)에 비유하면

天元龍 - 父母卦

地元龍 - 逆子卦

人元龍 - 順子卦

라고 하는데, 순(順)이란 따른다는 뜻으로 인원룡(人元龍)은 음양(陰陽)이 천원룡(天元龍)을 따라 간다는 말이고, 역(逆)이란 음양(陰陽)이 반대라는 뜻으로 지원룡(地元龍)은 천원룡(天元龍)과 음양(陰陽)이 반대이다.

24산(山)을 음양(陰陽)으로 구분하는 이유는 애성도(挨星圖, 宅命盤)를 작성할 때, 中宮[해당운]에 들어간 산성(山星)과 향성(向星)의 음양(陰陽)에 따라 순비(順飛)와 역비(逆飛)를 구분하기 위한 것이다.

〈표 16〉 현공 팔괘24산의 음양과 순역

八卦	24山	三元龍	陰陽	順逆	周天度數 左 ⇐ 中 ⇒ 右
	임(壬)	地元龍	陽(+)	順	337.5 ⇐ 345 ⇒ 352.5
감(坎)	자(子)	天元龍	陰(−)	逆	332.5 ⇐ 360 ⇒ 007.5
	계(癸)	人元龍	陰(−)	逆	007.5 ⇐ 015 ⇒ 022.5
	축(丑)	地元龍	陰(−)	逆	022.5 ⇐ 030 ⇒ 037.5
간(艮)	간(艮)	天元龍	陽(+)	順	037.5 ⇐ 045 ⇒ 052.5
	인(寅)	人元龍	陽(+)	順	052.5 ⇐ 060 ⇒ 067.5
	갑(甲)	地元龍	陽(+)	順	067.5 ⇐ 075 ⇒ 082.5
진(震)	묘(卯)	天元龍	陰(−)	逆	082.5 ⇐ 090 ⇒ 097.5
	을(乙)	人元龍	陰(−)	逆	097.5 ⇐ 105 ⇒ 112.5
	진(辰)	地元龍	陰(−)	逆	112.5 ⇐ 120 ⇒ 127.5
손(巽)	손(巽)	天元龍	陽(+)	順	127.5 ⇐ 135 ⇒ 142.5
	사(巳)	人元龍	陽(+)	順	142.5 ⇐ 150 ⇒ 157.5
	병(丙)	地元龍	陽(+)	順	157.5 ⇐ 165 ⇒ 172.5
리(離)	오(午)	天元龍	陰(−)	逆	172.5 ⇐ 180 ⇒ 187.5
	정(丁)	人元龍	陰(−)	逆	187.5 ⇐ 195 ⇒ 202.5
	미(未)	地元龍	陰(−)	逆	202.5 ⇐ 210 ⇒ 217.5
곤(坤)	곤(坤)	天元龍	陽(+)	順	217.5 ⇐ 225 ⇒ 232.5
	신(申)	人元龍	陽(+)	順	232.5 ⇐ 240 ⇒ 247.5
	경(庚)	地元龍	陽(+)	順	247.5 ⇐ 255 ⇒ 262.5
태(兌)	유(酉)	天元龍	陰(−)	逆	262.5 ⇐ 270 ⇒ 277.5
	신(辛)	人元龍	陰(−)	逆	277.5 ⇐ 285 ⇒ 292.5
	술(戌)	地元龍	陰(−)	逆	292.5 ⇐ 300 ⇒ 307.5
건(乾)	건(乾)	天元龍	陽(+)	順	307.5 ⇐ 315 ⇒ 322.5
	해(亥)	人元龍	陽(+)	順	322.5 ⇐ 330 ⇒ 337.5

각 운(運)별 애성도(挨星圖, 宅命盤)를 작성할 때, 산성(山星)이나 향성(向星)이 5가 되면 음양순역을 알 수 없어 난감할 수 있으나, 5황토성도 운별로 대체산[天元龍·地元龍·人元龍]이 있다.

〈표 17〉 운별 5황토성의 대체산: 戊+(順飛), 己 - (逆飛)

	1운	2운	3운	4운	5운	6운	7운	8운	9운
地元龍	戊+	己−	戊+	己−	戊+	己−	戊+	己−	戊+
天元龍	己−	戊+	己−	戊+	己−	戊+	己−	戊+	己−
人元龍	己−	戊+	己−	戊+	己−	戊+	己−	戊+	己−

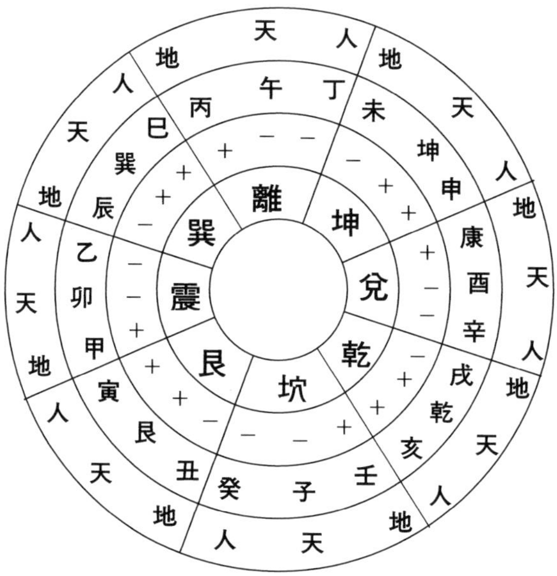

〈그림 28〉 24산(山) 음양도(陰陽圖)

5. 산향(山向)에 따른 애성도(挨星圖) 작성

산(山)과 향(向)이 결정되면 천(天)·지(地)·인원룡(人元龍)의 음양(陰陽)에 따른 애성도(挨星圖, 宅命盤)를 작성하는데, 8운(2004-2023년) 건좌손향(乾坐巽向) 하괘도(下卦圖)의 운반(運盤)을 그려보면 아래 〈그림 29〉 8운(運) 운반(運盤)이 된다.

七	三	五
六	八	一
二	四	九

〈그림 29〉 8운(運) 운반(運盤)

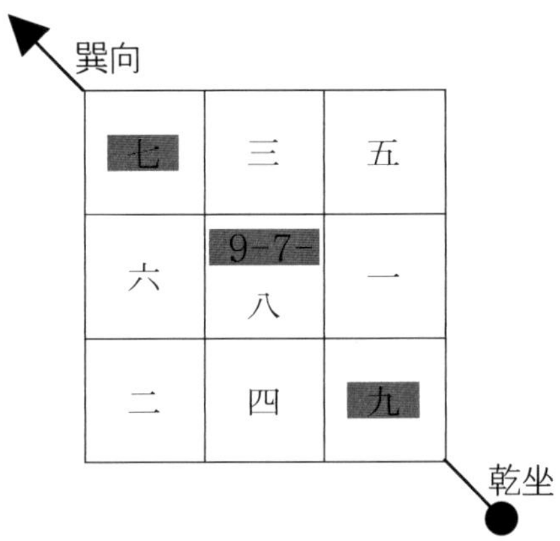

〈그림 30〉 8운(運) 건좌손향(乾坐巽向) 산성(山星)과 향성(向星)

건좌손향(乾坐巽向)이므로 좌궁(坐宮·山宮)에 있는 9를 중궁 상단 왼쪽에 기입하고, 향궁(向宮)에 있는 7을 중궁 상단 오른쪽에 기입한다.

중궁 상단 왼쪽의 9를 「山星」이라 부르고, 오른쪽의 7을 「向星」이라 부른다. 건좌손향은 천원룡인데, 산성9(離宮)의 천원룡은 병(丙)·오(午)·정(丁) 중에서 오(午)가 되며 음(陰)이므로 (9-)가 되고, 향성7[兌宮]의 천원룡은 경(庚)·유(酉)·신(辛) 중에서도 유(酉)가 되며 음(陰)이므로 (7-)이 된다. 앞의 〈그림 30〉 참조.

중궁 산성은 음이므로 역행시키고, 향성도 음이므로 역행시켜 택명반을 완성시키면 아래 〈그림 31〉과 같이 된다.

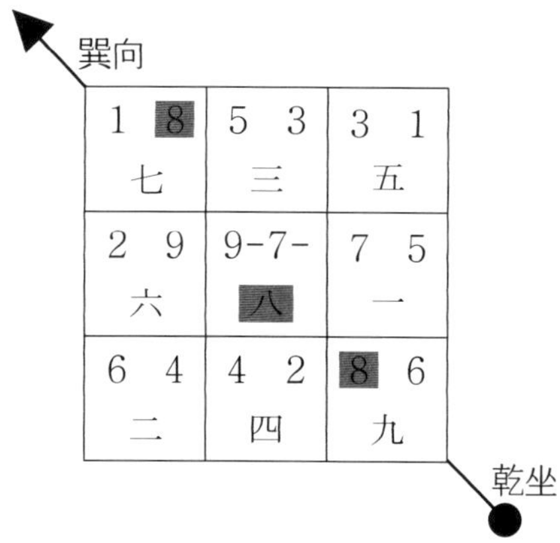

〈그림 31〉

6. 하괘(下卦)와 체괘(替卦)의 구분

현공풍수에서는 24산을 하괘와 체괘로 구분을 한다.

子					4층
壬 子	庚 子	戊 子	丙 子	甲 子	9층
체괘 3°	하괘 9°			체괘 3°	

〈그림 32〉 하괘와 체괘(삼합반 활용도)

하괘는 위의 〈그림 32〉에서 보는 바와 같이 좌산(坐山)의 중간 9° 범위 내의 경우를 말하고 체괘는 중간 9° 외의 경우를 말한다. 즉 체괘영역은 하괘영역을 제외한 좌변 3° 와 우변 3° 이다.

하괘로 입향할 때에는 삼합반(三合盤)으로도 사용 가능하나 체괘로 입향할 때에는 반드시 정밀한 삼원반(三元盤)을 사용하여야 한다. 기존 삼합반의 9층에는 丙子旬과 庚子旬만 표기되어 있고 甲子, 戊子, 壬子旬은 표기되어 있지 않으므로 참고 바란다.

正向 – 음·양택의 좌향을 세울 때 산수의 환경에 장애가 없다면 하괘 영역으로 좌향을 정하는 것을 말하고, 정향으로 그려진 애성반을 〈하괘도〉라

부른다.

兼向 - 음양택의 좌향을 세울 때 산수의 환경, 즉 안산이나 용맥의 불순 등으로 하괘의 정향으로 하지 못하거나 시운이 도래하지 않았지만 불가피하게 사용하여야 할 경우 체괘 중 대·소공망을 피해 좌향을 정하는 것을 말하고, 겸향으로 그려진 애성반을 〈체괘도〉라 부른다.

坎										乾				
子					壬					亥				
壬子	庚子	戊子	丙子	甲子	癸亥	辛亥	己亥	丁亥	乙亥	癸亥	辛亥	己亥	丁亥	乙亥
				1	2 3	4			5					

1·3 : 겸괘(각1.5°)　2 : 소공망(3°)　4 : 하괘(9°)　5 : 대공망(6°)

〈그림 33〉 대공망(大空亡)·소공망도(小空亡圖)

大空亡 - 卦와 卦 사이의 6° 부분으로 음·양택의 좌향을 세우면 丁財兩敗하는 대흉을 말한다.

小空亡 - 山와 山 사이의 3° 부분으로 음·양택의 좌향을 세우면 丁財兩敗하는 대흉을 말한다.

7. 체괘구결(替卦口訣)·체괘겸향(替卦兼向)

체괘겸향은 전문가가 아니면 쉽게 가벼이 쓰기 어려우나 잘 활용하면 정재양패(丁財兩敗)하는 좌향이라도 왕산왕향(旺山旺向) 등의 길국(吉局)으로 이용할 수 있다. 예를 들면, 8운 술좌진향[하괘]으로 건택조장(建宅造葬)하게 되면 상산하수(上山下水)가 되어 일반적인 '배산면수, 전저후고(背山面水, 前低後高)'의 지형에서는 정재양패(丁財兩敗)하나, 체괘로 용사(用事)하면 왕산왕향(旺山旺向)에 연주삼반괘(連珠三盤卦)의 길국이 되어 길흉이 완전히 달라지게 된다.

체괘겸향에 대한 방법은 다음과 같이 양균송(楊筠松)의 『청낭오어(靑囊奧語)』에 나온다.

坤壬乙巨門從頭出
艮丙辛位位是破軍
巽辰亥盡是武曲位
甲癸申貪狼一路行

24산 중 12산만 표기되어 있고 나머지 "子丑寅卯巳午丁未庚酉戌乾" 등 12산은 표기되어 있지 않으며, 구전으로 적전제자(嫡傳弟子)에게만 전했다고 한다. 이는 체괘를 산출하는 방법이 천하의 비중지비(秘中之秘)였기 때문이었다.

명말(明末)청초(淸初)에 이르러 장대홍(蔣大鴻)의 제자 강요(姜垚)가 비전을 전수 받았으나 세상에 밝히지 않았는데, 스승에게 체괘구결을 얻은 후 『청낭오어』의 비밀을 이해하게 되었다고 한다. 강요(姜垚)가 지은 『종사수필(從師隨筆)』에 수록되어 있는 장대홍이 전한 구결은 다음과 같다.

子癸幷甲申 貪狼一路行
壬卯乙未坤 五位爲巨門
乾亥辰巽巳 連戌武曲名
酉辛丑艮丙 天星說破軍
寅午庚丁上 右弼四星臨

위의 구결을 풀이하면
子, 癸, 甲, 申은 貪狼(1)로 대체하고,
壬, 卯, 乙, 未, 坤은 巨門(2)로 대체하고,
乾, 亥, 辰, 巽, 巳, 戌은 武曲(6)으로 대체하고,
酉, 辛, 丑, 艮, 丙은 破軍(7)로 대체하고,
寅, 午, 庚, 丁은 右弼(9)로 대체한다는 글이다.
이때 음양은 바뀌지 않음을 명심하여야 한다.

【예】 8운 술좌진향 하괘정향 -> 체괘겸향

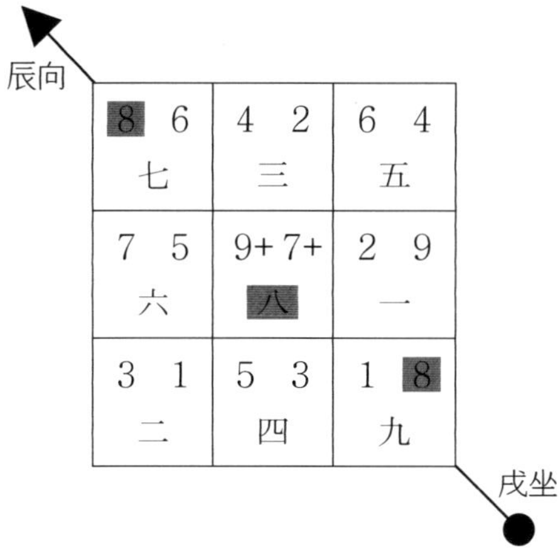

〈그림 34〉 8운(運) 술좌진향(戌坐辰向) 하괘도

〈그림 34〉 8운(運) 술좌진향(戌坐辰向) 하괘도는 산궁의 향성과 향궁의 산성에 당운 8이 되어 산성과 향성이 전도된 상산하수(上山下水)의 국이다. 자연환경이 배산임수의 불합국에서는 가파인망(家破人亡)에 정재양패(丁財兩敗)하는 좌향이므로 체계겸향으로 바꾸어 사용함을 검토하여야 한다.

술좌진향(戌坐辰向)은 지원룡인데, 산성9(離宮)의 지원룡은 丙·午·丁 중에서 丙이고, 향성7(兌宮)의 지원룡은 庚·酉·辛 중에서 庚이 된다. 체괘구결에 따라 중궁의 산성과 향성을 바꾸어 보면 丙은 7로, 庚은 9로 대체하고 양순음역(陽順陰逆)시켜 체괘겸향도를 작성하면 된다. 이때 산성과 향성의 음양은 바뀌지 않는다.

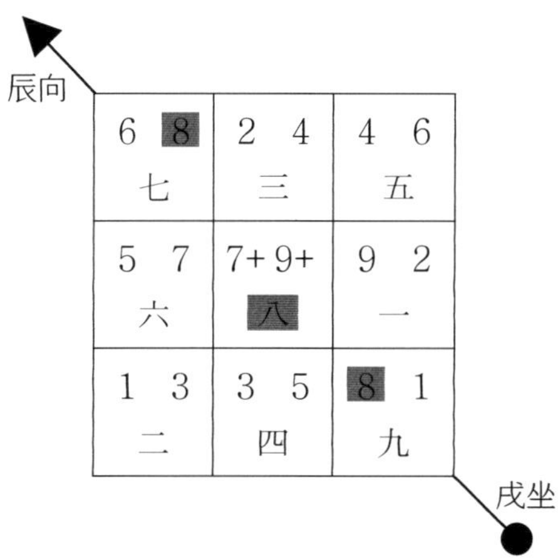

〈그림 35〉 8운(運) 술좌진향(戌坐辰向) 체괘도

체괘구결에 따라 바뀐 위 〈그림 35〉의 택명반(宅命盤)을 보면, 산궁의 산성과 향궁의 향성에 당운 8이 와서 왕산왕향(旺山旺向)으로 바뀌었을 뿐 아니라 구궁 전궁이 연주삼반괘(連珠三盤卦)가 되니 배산임수의 합국에서 정재양왕(丁財兩旺)하는 최상의 길국이 되었다. 거듭 강조하지만 체괘겸향은 전문가가 아닌 초심자가 사용하기에 어려우나, 사용하는 경우는 다음과 같다.

- 산수의 환경, 즉 안산이나 용맥의 불순 등으로 인해 하괘의 정향으로 하지 못할 때.
- 시운(時運)이 도래하지 않았지만 불가피하게 사용하여야 할 경우.
- 상산하수의 형국이 되었지만 체괘겸향으로 하면 좋은 좌향이 될 경우.

괘와 괘가 겹치는 대공망과 산과 산이 겹치는 소공망은 체괘겸향을 할 수 없다.

8. 기본4국(局) 및 음택(陰宅)·양택(陽宅)의 산수(山水) 판단

현공풍수에서는 하괘와 체괘의 애성도(挨星圖, 宅命盤)에 따라 기본4국으로 나눌 수 있는데 왕산왕향(旺山旺向), 쌍성회향(雙星會向), 쌍성회좌(雙星會坐), 상산하수(上山下水)의 국이다.

이 중 쌍성회향, 쌍성회좌는 자의(字意)대로 쌍성[산성과 향성]이 함께 향궁에 모이거나 산궁에 모이는 것을 말하고, 왕산왕향(旺山旺向), 상산하수(上山下水)는 『청낭서(靑囊序)』의 "山上龍神不下水 水裏龍神不上山"(산의 기운이 물에서 작용하거나 물의 기운이 산에서 작용하면 안 된다.)는 글에서 취용한 말이다.

산관인정(山管人丁) 수관재물(水管財物)이므로 당운이 산궁의 산성에 있으면 인정(人丁)에 좋고 향궁(向宮)의 향성(向星)에 있으면 재물에 좋으며, 반대로 전도된[當運이 山宮의 向星, 向宮의 山星에 위치] 형국이면 불리하다.

이 4국은 산수(山水)의 형세가 합국[當運 山星에 山이 있고 向星에 물이 있는 경우]이면 길한 좌향이 되고, 불합국이면 흉한 좌향이 된다.

1) 기본4국(局)

가) 왕산왕향(旺山旺向, 到山到向) - 丁財兩旺

왕산왕향(旺山旺向)과 도산도향(到山到向)은 같은 말로서 당운(當運)의 왕기(旺氣)가 산궁(山宮)의 산성(山星)에 오고, 향궁(向宮)의 향성(向星)에 오는 것을 말한다. 전형적인 배산임수 형국에서는 인정과 재물이 모두 흥왕(興旺)한다. 그러나 불합국[坐空朝滿, 前高後低]이면 정재양패한다.

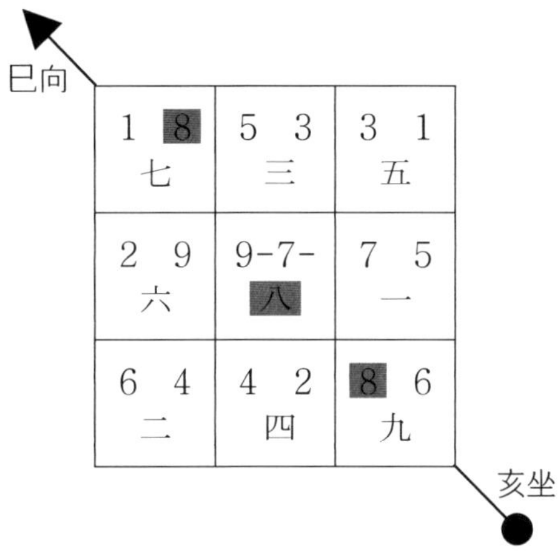

〈그림 36〉 8운(運) 해좌사향(亥坐巳向) 하괘도[旺山旺向]

〈왕산왕향 하괘 48국〉

1, 9運 -	없음
2, 8運 -	乾坐巽向, 亥坐巳向, 巽坐乾向, 巳坐亥向, 丑坐未向, 未坐丑向
3, 7運 -	乙坐辛向, 辰坐戌向, 辛坐乙向, 戌坐辰向, 卯坐酉向, 酉坐卯向
4, 6運 -	艮坐坤向, 寅坐申向, 坤坐艮向, 申坐寅向, 甲坐庚向, 庚坐甲向
5運 -	子坐午向, 午坐子向, 卯坐酉向, 酉坐卯向, 乙坐辛向, 辰坐戌向
	辛坐乙向, 戌坐辰向, 丑坐未向, 未坐丑向, 癸坐丁向, 丁坐癸向

〈그림 36〉 8운(運) 해좌사향(亥坐巳向) 하괘도는 산궁의 산성에 당운 8이 있고 향궁의 향성에 당운 8이 있는 왕산왕향이다. 8운에 해좌사향으로 건방하장(建房下葬)하면 배산임수의 합국에서는 정재흥왕(丁財興旺)하고 불합국[坐空朝滿]이면 정재양패(丁財兩敗) 한다.

나) 쌍성회향(雙星會向, 到向) – 財旺丁有

쌍성회향(雙星會向)이란 당운(當運)의 왕기(旺氣)가 향궁의 산성 및 향성에 이르는 것을 말하는데, 당운(當運)의 왕기(旺氣)가 산궁의 산성에 이르지 않고 향궁의 산성에 잘못 애도(挨到) 되었기 때문에 하수(下水)를 범하였다고 한다.

이 국은 인정은 떨어지지만 향궁의 향성에 당운(當運)의 왕기(旺氣)가 이르렀기 때문에 왕향(旺向, 到向)이 되어 재물은 번창한다. 즉 전면에 물이 있고 그 너머 산이 있다면 정재가 모두 번창하지만 인정보다는 재물이 더 번창한다.

전면에 물이 있고 그 너머 산이 없다면 재물에는 유리하나 인정에는 불리하다.

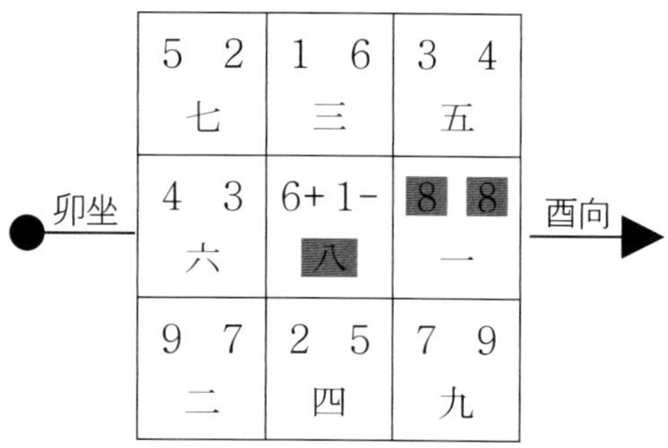

<그림 37> 8운(運) 묘좌유향(卯坐酉向) 하괘도[雙星會向]

<쌍성회향 하괘 60국>

1運 – 子坐午向, 癸坐丁向, 艮坐坤向, 寅坐申向, 乙坐辛向, 辰坐戌向
乾坐巽向, 亥坐巳向, 卯坐酉向, 丑坐未向, 甲坐庚向, 丙坐壬向
2運 – 酉坐卯向, 辛坐乙向, 丁坐癸向, 壬坐丙向, 甲坐庚向, 午坐子向
3運 – 子坐午向, 癸坐丁向, 艮坐坤向, 寅坐申向, 丑坐未向, 丙坐壬向
4運 – 乾坐巽向, 亥坐巳向, 丁坐癸向, 午坐子向, 壬坐丙向, 辰坐戌向
5運 – 없음
6運 – 巽坐乾向, 巳坐亥向, 戌坐辰向, 子坐午向, 癸坐丁向, 丙坐壬向
7運 – 坤坐艮向, 申坐寅向, 丁坐癸向, 午坐子向, 壬坐丙向, 丑坐未向
8運 – 庚坐甲向, 子坐午向, 癸坐丁向, 卯坐酉向, 乙坐辛向, 丙坐壬向
9運 – 巽坐乾向, 巳坐亥向, 丁坐癸向, 午坐子向, 壬坐丙向, 丑坐未向
辛坐乙向, 戌坐辰向, 坤坐艮向, 申坐寅向, 甲坐庚向, 酉坐卯向

다) 쌍성회좌(雙星會坐, 到山) – 丁旺財有

쌍성회좌(雙星會坐)이란 당운(當運)의 왕기(旺氣)가 산궁(山宮)의 산성(山星) 및 향성(向星)에 이르는 것을 말하는데 당운의 왕기가 향궁의 향성에 이르지 않고 산궁의 향성에 잘못 애도(挨到) 되었기 때문에 상산(上山)를 범하였다고 한다. 이 국은 재물은 손해를 보지만 산궁의 산성에 당운의 왕기가 이르렀기 때문에 왕산[到山)] 되어 인정은 번창한다. 즉 후면에 물이 있고 그 너머 산이 있다면 정재(丁財)가 모두 번창하지만, 재물보다는 인정이 더 번창한다. 양택은 뒤편이 낮거나 물이 있을 수도 있지만, 음택에서는 묘 뒤가 물이 있어야 하므로 주의를 요한다.

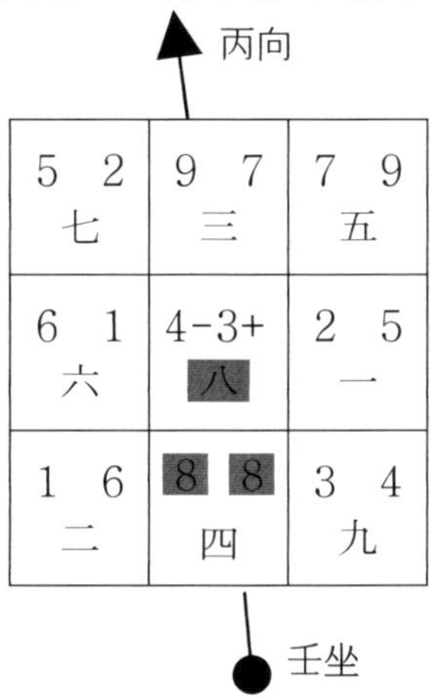

〈그림 38〉 8운(運) 임좌병향(壬坐丙向) 하괘도[雙星會坐)

〈쌍성회좌 하괘 60국〉

1運 –	巽坐乾向, 巳坐亥向, 戌坐辰向, 坤坐艮向, 申坐寅向, 丑坐未向 丁坐癸向, 午坐子向, 壬坐丙向, 甲坐庚向, 酉坐卯向, 辛坐乙向
2運 –	子坐午向, 癸坐丁向, 卯坐酉向, 乙坐辛向, 庚坐甲向, 丙坐壬向
3運 –	坤坐艮向, 申坐寅向, 丁坐癸向, 午坐子向, 壬坐丙向, 丑坐未向
4運 –	巽坐乾向, 巳坐亥向, 戌坐辰向, 子坐午向, 癸坐丁向, 丙坐壬向
5運 –	없음
6運 –	乾坐巽向, 亥坐巳向, 丁坐癸向, 午坐子向, 壬坐丙向, 辰坐戌向
7運 –	子坐午向, 癸坐丁向, 艮坐坤向, 寅坐申向, 丙坐壬向, 未坐丑向
8運 –	丁坐癸向, 午坐子向, 壬坐丙向, 甲坐庚向, 酉坐卯向, 辛坐乙向
9運 –	子坐午向, 癸坐丁向, 艮坐坤向, 寅坐申向, 丙坐壬向, 未坐丑向 卯坐酉向, 乙坐辛向, 乾坐巽向, 亥坐巳向, 庚坐甲向, 辰坐戌向

라) 상산하수(上山下水) - 丁傷財破

상산하수(上山下水)란 산성(山星)의 왕기(旺氣)가 향상(向星)에 이르고 향성(向星)의 왕기(旺氣)가 산성(山星)에 이르는 것을 말한다. 즉 산궁(山宮)의 향성(向星)이 왕기(旺氣)가 되고 향궁의 산성이 왕기가 될 때를 말하는데, 일반적인 배산임수(背山臨水) 형국에서는 인정은 상하고 재물은 파산하는 정재양패의 국이다.

단, 앞에는 산이 있고 뒤에 물이 있는 형국[坐空朝滿, 前高後低]이라면 인정과 재물이 흥왕한다.

상산하수의 국은 통상적인 경우라면 음택은 어렵고 양택은 가능하다.

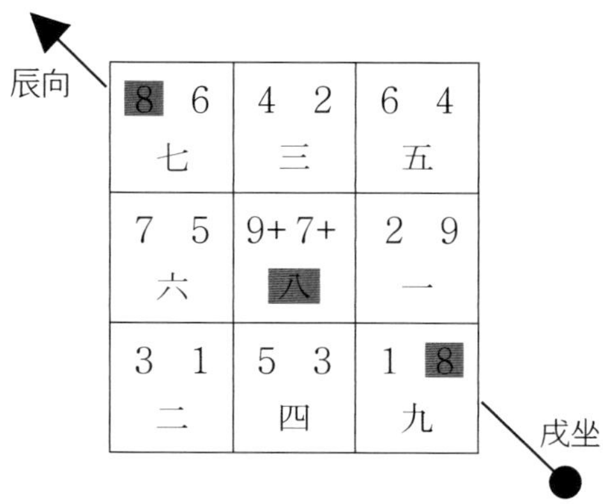

〈그림 39〉 8운(運) 술좌진향(戌坐辰向) 하괘도

상산하수의 양택 합국(背水面山, 坐空朝滿)이 되어 길상이라도 왕산왕향의 합국보다는 비교적 못하다.

〈상산하수 하괘 48국〉

1, 9運 - 없음
2, 8運 - 艮坐坤向, 寅坐申向, 坤坐艮向, 申坐寅向, 辰坐戌向, 戌坐辰向
3, 7運 - 乾坐巽向, 亥坐巳向, 巽坐乾向, 巳坐亥向, 甲坐庚向, 庚坐甲向
4, 6運 - 乙坐辛向, 辛坐乙向, 丑坐未向, 未坐丑向, 卯坐酉向, 酉坐卯向
5運 - 乾坐巽向, 亥坐巳向, 巽坐乾向, 巳坐亥向, 艮坐坤向, 寅坐申向
坤坐艮向, 申坐寅向, 甲坐庚向, 庚坐甲向, 壬坐丙向, 丙坐壬向

2) 기본4국(局) 정리

〈표 18〉 기본4국 합국/불합국 조건표

局名	山星	向星	合局	不合局
旺山旺向	−	−	後面有山, 前面有水	前面有山, 後面有水
雙星會向	+	−	前面有水, 水外又有山	前面有山無水, 或有水無山
雙星會坐	−	+	前面平坦, 後面有水, 水外又有山	前面有水, 後面有山無水
上山下水	+	+	前面有山, 後面有水	前面有水, 後面有山

〈표 19〉 각 운별 24산 하괘 조견표

運 / 坐	1運	2運	3運	4運	5運	6運	7運	8運	9運
壬	雙星會坐	雙星會向	雙星會坐	雙星會向	上山下水	雙星會坐	雙星會向	雙星會坐	雙星會向
子	雙星會向	雙星會坐	雙星會向	雙星會坐	旺山旺向	雙星會向	雙星會坐	雙星會向	雙星會坐
癸	上同	上同	上同	上同	上同	上同	上同	上同	上同
丑	雙星會坐	旺山旺向	雙星會坐	上山下水	旺山旺向	上山下水	雙星會向	旺山旺向	雙星會向
艮	雙星會向	上山下水	雙星會向	旺山旺向	上山下水	旺山旺向	雙星會坐	上山下水	雙星會坐
寅	上同	上同	上同	上同	上同	上同	上同	上同	上同
甲	雙星會坐	雙星會向	上山下水	旺山旺向	上山下水	旺山旺向	上山下水	雙星會坐	雙星會向
卯	雙星會向	雙星會坐	旺山旺向	上山下水	旺山旺向	上山下水	旺山旺向	雙星會向	雙星會坐
乙	上同	上同	上同	上同	上同	上同	上同	上同	上同
辰	雙星會向	上山下水	旺山旺向	雙星會向	旺山旺向	雙星會坐	旺山旺向	上山下水	雙星會坐
巽	雙星會坐	旺山旺向	上山下水	雙星會坐	上山下水	雙星會向	上山下水	旺山旺向	雙星會向
巳	上同	上同	上同	上同	上同	上同	上同	上同	上同
丙	雙星會向	雙星會坐	雙星會向	雙星會坐	上山下水	雙星會向	雙星會坐	雙星會向	雙星會坐
午	雙星會坐	雙星會向	雙星會坐	雙星會向	旺山旺向	雙星會坐	雙星會向	雙星會坐	雙星會向
丁	上同	上同	上同	上同	上同	上同	上同	上同	上同
未	雙星會向	旺山旺向	雙星會向	上山下水	旺山旺向	上山下水	雙星會坐	旺山旺向	雙星會坐
坤	雙星會坐	上山下水	雙星會坐	旺山旺向	上山下水	旺山旺向	雙星會向	上山下水	雙星會向
申	上同	上同	上同	上同	上同	上同	上同	上同	上同
庚	雙星會向	雙星會坐	上山下水	旺山旺向	上山下水	旺山旺向	上山下水	雙星會向	雙星會坐
酉	雙星會坐	雙星會向	旺山旺向	上山下水	旺山旺向	上山下水	旺山旺向	雙星會坐	雙星會向
辛	上同	上同	上同	上同	上同	上同	上同	上同	上同
戌	雙星會坐	上山下水	旺山旺向	雙星會坐	旺山旺向	雙星會向	旺山旺向	上山下水	雙星會向
乾	雙星會向	旺山旺向	上山下水	雙星會向	上山下水	雙星會坐	上山下水	旺山旺向	雙星會坐
亥	上同	上同	上同	上同	上同	上同	上同	上同	上同

3) 음택·양택의 산수 판단

풍수에서는 산관인정(山管人丁) 수관재물(水管財物)이라 한다. 그러므로 산수의 형세가 대단히 중요하기 때문에 산수의 개념을 정확히 알아야 한다. 한 치만 높아도 산이요, 한 치만 낮아도 물이라(高一寸爲山 低一寸爲水) 하지 않는가? 특히 현공풍수에서는 왕산왕향이라도 산수가 합국이 되어야만 인정과 재물이 흥왕하나 불합국이 되면 오히려 정재양패한다. 비록 좌향이 일반적인 배산임수의 형세에서는 가운이 영락하는 상산하수라 하더라도 좌공조만(坐空朝滿)한 배수면산(背水面山)의 형국이라면 인정과 재물 모두가 흥왕하므로 주위의 산천지세를 명확히 알아야 한다.

〈표 20〉 음택·양택의 산수 분류

陰宅		陽宅	
山	水	山	水
산봉우리(山峰) 언덕(岡阜) 흙더미(土墩) 고압전탑 빌딩(高樓) 돌다리(石橋) 큰나무(大樹) 지면에서 3척 (약1m)이상 지대	시내(溪) 하천(河) 바다 도랑 연못(池塘) 깊은 못(潭) 호수(湖) 깊은 골(深谷) 도로(道路) 건천(乾川)	신위(神位) 사당(祠堂) 탁상(卓床) 침대 주방(廚房) 담장 묘우(廟宇) 가산(假山) 큰나무(大樹) 6척(약2m) 이상 높고 큰 기물	대문 내외통로, 복도 샘 창호(窓戶) 통풍구(通風口) 수구(水溝) 도로교차점 왕래처 욕실 화장실 승강기

9. 지운(地運)·입수(入囚)·수부주(囚不住)

현공풍수에서 중요시 하는 것 중 하나가 지운의 연한(年限)이다. 산수의 지세가 합국하여 인정과 재물이 모두 번창한 정재양왕의 좌향이라도 발복은 얼마나 지속될까 궁금할 것이다.

인간을 포함한 모든 우주만물은 영원한 것이 없으며, 모두 '생왕휴수(生旺休囚)'의 변화가 있기 마련이다.

「만대영화지지(萬代榮華之地)」 또는 「삼대장상지지(三代將相之地)」, 「이대천자지지(二代天子之地)」 등 막연하게 이야기하거나 주산(主山)에서 입수(入首)의 절수(節數)로 이야기하는데[入首 1절이면 30년, 入首 2절이면 60년 등], 현공풍수에서는 역리(易理)의 범주를 벗어나지 않는 낙서구궁수의 수리(數理)로 명쾌히 지운(地運)의 연한을 밝혀 놓았다. 또한 지운이 끝나면 더 이상의 지기(地氣)를 받지 못하는 것으로 보기 때문에 발복이 끝나는 것으로 본다.

1) 왕산왕향, 쌍성회좌, 상산하수의 지운

왕산왕향, 쌍성회좌, 상산하수의 지운 계산은 건방하장(建房下葬)의 용사(用事) 시기인 중궁의 운반수(運盤數)에서 시작하여 중궁의 향성수(向星數) 직전까지로 계산하는 법이 동일하다.

중궁의 운반수(運盤數)의 숫자가 순차적으로 변하여 중궁의 향성수(向星數)가 되면 입수(入囚)가 되었다고 하며, 그때 지기(地氣)가 다하여 소멸된 것으로 본다.

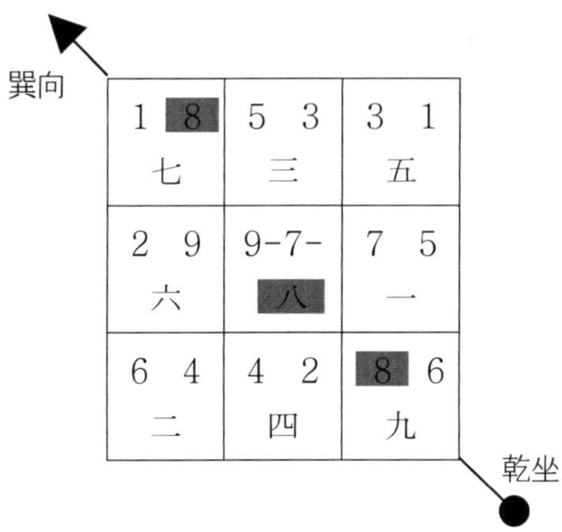

〈그림 40〉 8운(運) 건좌손향(乾坐巽向) 하괘도[旺山旺向]

■ 지운 계산

8 - 9 - 1 - 2 - 3 - 4 - 5 - 6으로 8개운 동안이 지운 기간이 된다.

만일 8운 첫 해(2004년)에 건방하장(建房下葬) 하였다면 지운기간은 160년(8개운×20년)이 된다.

2) 쌍성회향의 지운

쌍성회향은 지운기간 계산을 달리하는데, 향궁의 향성수(向星數)에서 시작하여 좌궁의 향성수(向星數) 직전까지 계산한다.

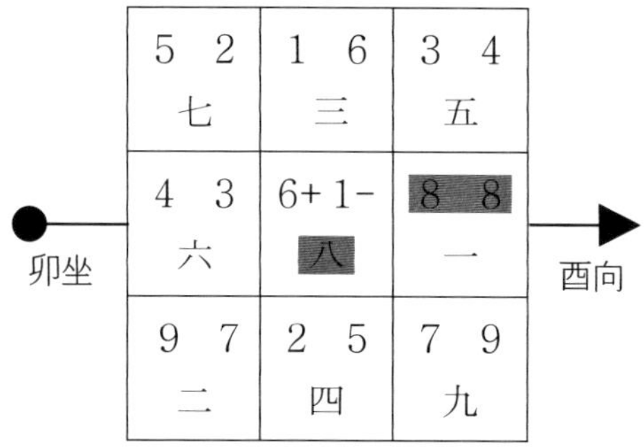

〈그림 41〉 8운(運) 묘좌유향(卯坐酉向) 하괘도[雙星會向]

■ 지운 계산

8 - 9 - 1 - 2으로 4개운 동안이 지운기간이 된다.

만일 8운 첫 해(2004년)에 건방하장(建房下葬) 하였다면 지운기간은 80년(4개운×20년)이 된다.

다음의 〈표 21〉의 각 운별 하괘 216국 지운연한표를 보면, 지운 지속기간은 좌향에 따른 입수(入囚) 시기와 건방하장(建房下葬)의 시기에 따라 짧게는 20년에서 길게는 160년까지가 된다. 그러나 내룡(來龍)이 장원(長遠)하며 대간(大幹)에서 뻗어 나와 산수가 단취(團聚)된 대 명당국에서는 구궁수(九宮數)가 한 번(180년), 세 번(540년), 길게는 여섯 번(1080년)까지 윤회(輪回)할 수 있기 때문에 지운기간이 연장될 수 있다.

3) 각 운별(運別) 좌향에 따른 지운의 연한(年限)

〈표 21〉 각 운별 하괘 216국 지운연한표

坐 \ 運	1運	2運	3運	4運	5運	6運	7運	8運	9運
壬	80	160	80	160	80	80	160	80	160
子	160	80	160	80	80	160	80	160	80
癸	160	80	160	80	80	160	80	160	80
丑	120	120	120	120	120	120	60	120	60
艮	60	120	60	120	120	120	120	120	120
寅	60	120	60	120	120	120	120	120	120
甲	40	80	40	40	40	40	40	40	80
卯	80	40	40	40	40	40	40	80	40
乙	80	40	40	40	40	40	40	80	40
辰	40	20	20	40	20	20	20	20	20
巽	20	20	20	20	20	40	20	20	40
巳	20	20	20	20	20	40	20	20	40
丙	20	100	20	100	100	20	100	20	100
午	100	20	100	20	100	100	20	100	20
丁	100	20	100	20	100	100	20	100	20
未	120	60	120	60	60	60	60	60	60
坤	60	60	60	60	60	60	120	60	120
申	60	60	60	60	60	60	120	60	120
庚	100	140	140	140	140	140	140	100	140
酉	140	100	140	140	140	140	140	140	100
辛	140	100	140	140	140	140	140	140	100
戌	160	160	160	160	160	140	160	160	140
乾	140	160	160	140	160	160	160	160	160
亥	140	160	160	140	160	160	160	160	160

4) 입수(入囚) 및 수부주(囚不住)

입수란 지운이 끝나는 시기, 즉 향성이 중궁으로 들어오게 된다는 말로, 지운의 연한수(年限數)를 향성수(向星數) 직전까지 계산하는 것은 구궁수(九宮數)가 향성에 이르게 되면 입중(入中)되기 때문에 연한수가 제한되어 '입수(入囚)'된다고 한다.

이처럼 향성(向星)이 입수(入囚)되면 음택·양택 모두 인정과 재물이 쇠퇴하고 가운이 영락(零落)한다.

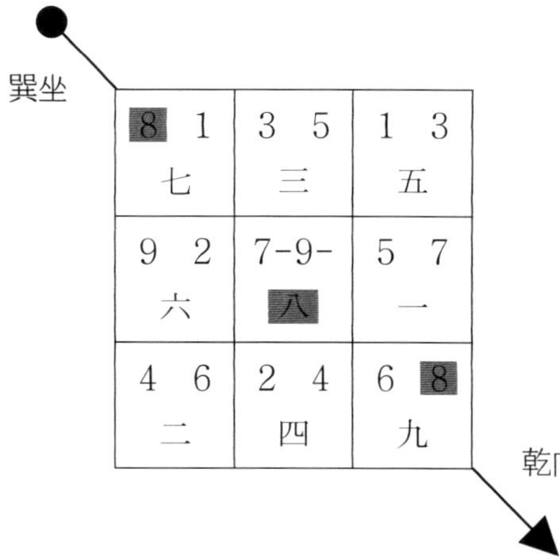

〈그림 42〉 8운(運) 손좌건향(巽坐乾向) 하괘도[旺山旺向]

■ 지운 계산

8운 1개운 동안이 지운기간이 된다.

만일 8운 첫 해(2004년)에 건방하장(建房下葬) 하였다면 지운기간은 20년(1개운×20년)이 된다.

위 〈그림 42〉의 8운 손좌건향(巽坐乾向)은 왕산왕향이라고 할지라도 지운이 20년밖에 되지 않으므로 〈9운에 입수〉 명당대지라도 가치가 없을 것 같으나, 수부주(囚不住)가 되면 길상이 된다.

[수부주(囚不住)]

① 향방(向方)에 있는 큰 연못이나 강하(江河).

② 새로운 도로가 개통.

③ 성문(城門)에 강하(江河)가 굴곡져서 유정하게 흘러드는 물.

수부주(囚不住)가 되면 구궁(九宮)의 연한수를 한 번 더 순환하므로 지운(地運)의 연한은 180년 더 연장된다. 그러므로 가벼이 생각해서는 안 된다.

10. 성문결(城門訣)

현공풍수 비법 중 「성문결(城門訣)」이 있는데, 음택·양택을 막론하고 비보(裨補)를 하든지, 조경을 하는 경우 매우 중요한 요체이다.

건택조장(建宅造葬)함에 있어 산수(山水)의 지형지세에 합국(合局)하는 왕산왕향(旺山旺向)만을 하기는 무리가 있으므로 쇠기(衰氣)를 왕기(旺氣)로 바꾸는 방법으로 성문결(城門訣)을 사용하는 것이 좋은 방책이 될 수 있다. 또한 산수의 지형지세에 합국하는 왕산왕향에다가 성문(城門)의 왕기(旺氣)까지 사용할 수 있으면 금상첨화(錦上添花)라 할 수 있다.

성문(城門)이란 합수처(合水處), 수구(水口), 하천이 굽어지는 곳, 교차로, 굽어 들어가는 길의 입구, 사람들의 출입이 번다한 문로(門路), 호수(湖水), 축수처(畜水處) 등이다.

1) 정성문궁(正城門宮)·부성문궁(副城門宮)

성문궁(城門宮)이란 향궁의 좌편과 우편에 있는 양궁(兩宮)을 뜻하는데, 선천생성수(先天生成數)에 근거를 두고 정(正)·부성문궁(副城門宮)을 찾는다.

리향(離向: 丙午丁)을 세웠을 때 좌우의 양궁(兩宮) 손(巽)·곤(坤) 두 궁은 모두 성문방에 해당되지만 좌측 손궁(4)은 리궁(9)과 4·9 합성이 되니 정성문궁[正馬라고도 함]이 되고, 우측의 곤궁(2)은 생성수[합성]를 이루지 못하니 성문의 편격인 부성문궁[借馬라고도 함]이 된다.

〈표 22〉 팔괘향의 정성문·부성문궁

	坎向	艮向	震向	巽向	離向	坤向	兌向	乾向
正城門宮	乾宮	震宮	艮宮	離宮	巽宮	兌宮	坤宮	坎宮
副城門宮	艮宮	坎宮	巽宮	震宮	坤宮	離宮	乾宮	兌宮

2) 성문결(城門訣)

정(正)·부성문궁(副城門宮)에 해당하더라도 성문결(城門訣)이 되어야만 진정한 정(正)·부성문(副城門)이 된다.

24산향의 성문결에 해당하는 정·부성문을 찾기 위해서는 해당 운반(運盤)에다 정성문궁과 부성문궁의 숫자를 중궁에 입중(入中)시키고 삼재(天地人)의 삼원용을 찾아서 양순음역(陽順陰逆)으로 비행시켜 성문궁에 이르는 숫자가 당운과 동일하면 성문결에 해당하고 숫자가 동일하지 않으면 성문결에 해당하지 않는다.

정성문과 부성문이 모두 성문결에 해당되는 경우도 있고, 둘 중 하나만 해당되는 경우도 있으며, 둘 다 해당되지 않는 경우도 있다.

다음 〈그림 43〉은 위 〈표 22〉의 팔괘향 정성문·부성문궁에 따라 손궁(4) 우측의 리궁(9)이 선천생성수 4·9로 합성이 되므로 정성문궁이 되고, 좌측 진궁(3)은 합성이 되지 않으므로 부성문궁이 된다.

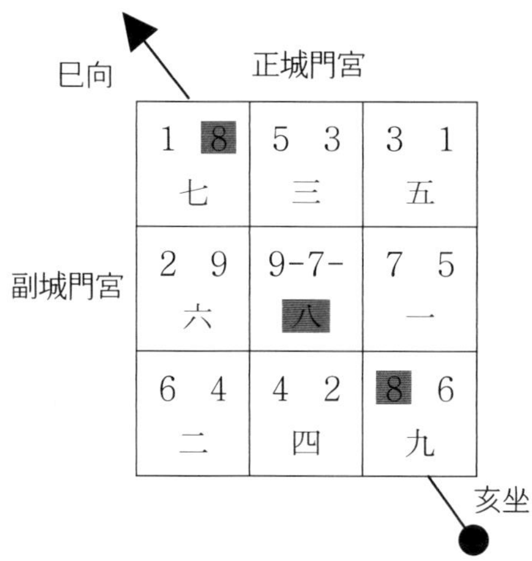

〈그림 43〉 8운(運) 해좌사향(亥坐巳向) 하괘도[旺山旺向]

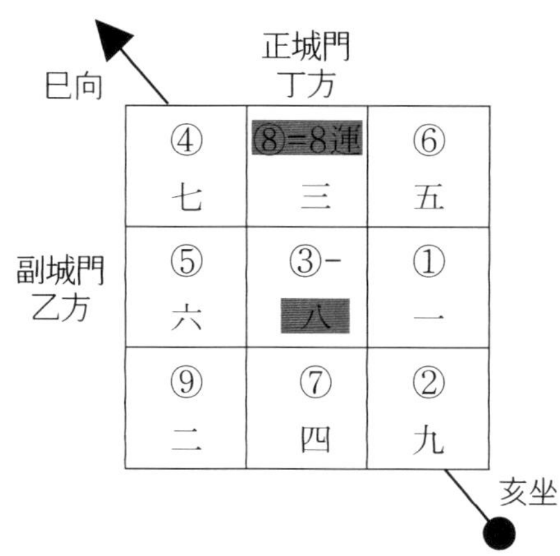

〈그림 44〉 정성문도

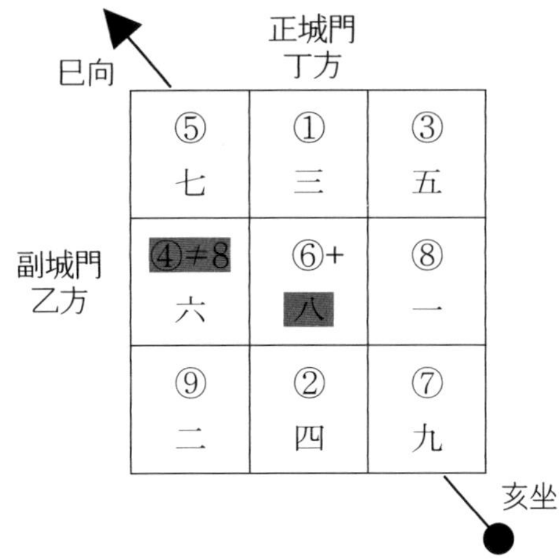

〈그림 45〉 부성문도

좌향이 亥坐巳向으로 인원룡이다. 위 〈그림 44〉의 정성문도를 보면 정성문궁인 리궁 三은 원래 진궁(甲+, 卯-, 乙-)인데 인원룡(乙-)은 음이므로 三을 입중(入中)시키고 역비(逆飛) 시키면 리궁에 ⑧이 이르는데, 당운(8運)과 숫자가 같으므로 성문결에 해당이 된다.

위 〈그림 45〉의 부성문도를 보면 부성문궁인 진궁 六은 원래 건궁(戌-, 乾+, 亥+)인데 인원룡(亥+)은 양이므로 六을 입중(入中)시키고 순비(順飛) 시키면 진궁에 ④가 이르는데, 당운(8運)과 숫자가 같지 않으므로 성문결에 해당되지 않는다. 그러므로 8운에 亥坐巳向은 정성문궁인 리궁(丙+, 午-, 丁-)에서도 인원룡인 丁方만이 성문이 되고, 부성문궁인 진궁(甲+, 卯-, 乙-)에서도 인원룡인 乙方은 성문에 해당되지 않는다.

〈표 23〉 각 運별 24山向의 城門

向 \ 運	1運		2運		3運		4運		5運		6運		7運		8運		9運	
	正	副	正	副	正	副	正	副	正	副	正	副	正	副	正	副	正	副
壬	戌	丑		丑	戌	丑	戌		戌	丑	戌		戌			丑		
子			乾					艮				艮		艮	乾		乾	艮
癸			亥					寅				寅		寅	亥		亥	寅
丑	甲	壬				壬	甲				甲				甲	壬		
艮			卯	子	卯			子	卯	子		子	卯	子			卯	子
寅			乙	癸	乙			癸	乙	癸		癸	乙	癸			乙	癸
甲	丑		丑		丑	辰			丑	辰		辰		辰	丑			辰
卯		巽		巽			艮	巽			艮		艮			巽	艮	
乙		巳		巳			寅	巳			寅		寅			巳	寅	
辰		甲	丙				丙	甲				甲	丙			甲	丙	
巽	午			卯	午	卯			午	卯	午			卯	午			卯
巳	丁			乙	丁	乙			丁	乙	丁			乙	丁			乙
丙				未	辰				辰	未	辰		辰	未		未	辰	未
午	巽	坤	巽			坤	巽	坤				坤			巽			
丁	巳	申	巳			申	巳	申				申			巳			
未			庚	丙	庚		庚	丙			庚			丙			庚	丙
坤	酉	午				午			酉	午		午	酉		酉	午		
申	辛	丁				丁			辛	丁		丁	辛		辛	丁		
庚		戌	未			戌		戌	未	戌		戌	未	戌	未		未	
酉	坤			乾	坤		坤				坤					乾		乾
辛	申			亥	申		申				申					亥		亥
戌	壬			庚	壬			庚				庚			壬			庚
乾		酉	子			酉	子		子	酉	子		子	酉		酉	子	
亥		辛	癸			辛	癸		癸	辛	癸		癸	辛		辛	癸	

11. 부부합십(夫婦合十)

부부합십국은 9궁 전체의 「운반수 + 산성수」 또는 「운반수 + 향성수」가 10이 되는 경우이다.

운반과 산·향성의 상합수(相合數)가 각 궁 전반에서 10수가 되면 곳곳에서 귀인의 도움을 받을 뿐만 아니라 흉을 만나도 길로 변하게[逢凶化吉] 되며 왕산왕향과 같은 작용을 한다. 특히 왕산왕향에 부부합십은 길국에 길을 더하는 금상첨화(錦上添花)의 국이 된다.

그러나 「산성수 + 향성수」가 10이 되는 경우는 부부합십이 아니다.

왕정국(旺丁局) - '운반수 +산성수'의 합십은 人丁이 흥왕 왕재국(旺財局) - '운반수 +향성수'의 합십은 財物이 흥왕

부부합십의 원리는 하도·낙서의 천심오황토에 의해 생성되는 수의 묘리(妙理)에 있다.

낙서는 종횡(縱橫) 및 사유(四維)가 모두 합십이 되어 모든 기가 주류불체(周流不滯)하는데, 이는 후천팔괘 천심십도(天心十道)의 본원(本源)이 되므로 운반수와 산·향성수가 합십이 되는 것은 전국이 5토 천심과 상통(相通)되어 산성이 왕해지면 향성도 왕하게 되니 이것이 부부합십이 되는 이치로, 왕산왕향과 같은 작용을 하는 것이다.

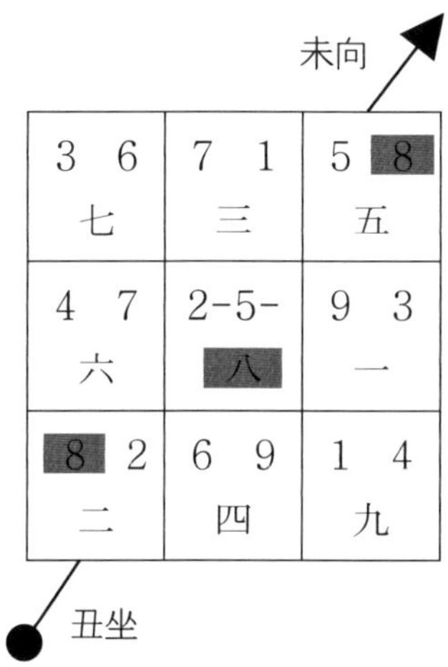

〈그림 46〉 8운(運) 축좌미향(丑坐未向) 하괘도[旺山旺向]

〈그림 46〉 8운 축좌미향 하괘도는, 왕산왕향(旺山旺向)에다가 「운반수 + 산성수」가 부부합십되는 왕정국으로서 길국에 길을 더하는 금상첨화(錦上添花)의 국이 되며, 人丁과 재물이 모두 흥왕하지만 특히 人丁이 더 흥왕한다.

부부합십 하괘 24국을 보면 합십운(1·9운, 2·8운, 3·7운, 4·6운)의 좌향이 동일함을 알 수 있다. 다만 인정이 흥왕하는 「운반수 + 산성수」의 합십이 재물이 흥왕하는 「운반수 + 향성수」 합십으로 되든지, 재물이 흥왕하는 「운반수 + 향성수」의 합십이 인정이 흥왕하는 「운반수 + 산성수」 합십으로 될 뿐이니 오묘하다.

〈부부합십 하괘 24국〉

1運 – 乾坐巽向, 亥坐巳向, 巽坐乾向, 巳坐亥向
2運 – 丑坐未向, 未坐丑向
3運 – 子坐午向, 午坐子向, 癸坐丁向, 丁坐癸向
4運 – 甲坐庚向, 庚坐甲向
5運 – 없음
6運 – 甲坐庚向, 庚坐甲向
7運 – 子坐午向, 午坐子向, 癸坐丁向, 丁坐癸向
8運 – 丑坐未向, 未坐丑向
9運 – 乾坐巽向, 亥坐巳向, 巽坐乾向, 巳坐亥向

〈표 24〉 부부합십 하괘 24국 조견표

坐 \ 運	1運	2運	3運	4運	5運	6運	7運	8運	9運
壬									
子			旺財局				旺丁局		
癸			旺財局				旺丁局		
丑		旺財局						旺丁局	
艮									
寅									
甲				旺財局		旺丁局			
卯									
乙									
辰									
巽	旺丁局								旺財局
巳	旺丁局								旺財局
丙									
午			旺丁局				旺財局		
丁			旺丁局				旺財局		
未		旺丁局						旺財局	
坤									
申									
庚				旺丁局		旺財局			
酉									
辛									
戌									
乾	旺財局								旺丁局
亥	旺財局								旺丁局

12. 삼반괘(三盤卦)

삼반괘란 부부합십 못지않게 상중하 삼원구운의 기가 상통(相通)하여 생기가 살아 움직이게 된다. 즉 삼반괘가 형성되면 음양이 화합하고 생기가 넘쳐 삼원구운의 기운을 관통하여 수시로 잉육(孕育)하므로 상산하수나 반·복음(反·伏吟)을 범하여도 합국(상산하수일 경우 坐空朝滿)이 되면 봉흉화길(逢凶化吉)할 뿐 아니라 대대로 번창한다.

1) 부모삼반괘(父母三盤卦)

부모삼반괘란 운반, 산성, 향성 세 개 숫자의 조합이 전 궁에서 147, 258, 369 등으로 삼반괘를 이루는 것을 말한다.

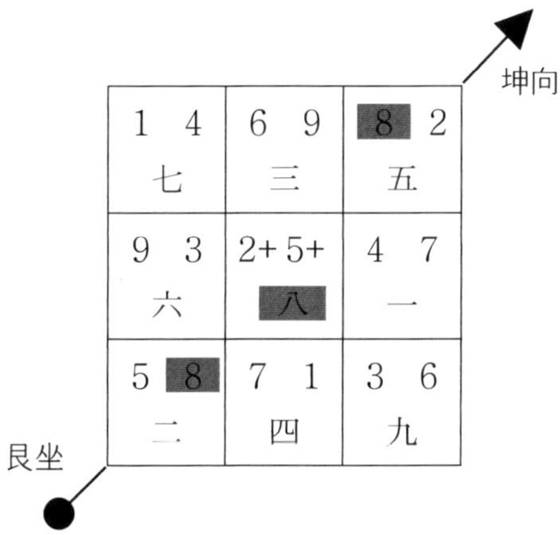

〈그림 47〉 8운(運) 간좌곤향(艮坐) 하괘도[上山下水]

〈부모삼반괘 하괘 16국(상산하수)〉

1運 - 없음
2運 - 艮坐坤向, 寅坐申向, 坤坐艮向, 申坐寅向
3運 - 없음
4運 - 丑坐未向, 未坐丑向
5運 - 艮坐坤向, 寅坐申向, 坤坐艮向, 申坐寅向
6運 - 丑坐未向, 未坐丑向
7運 - 없음
8運 - 艮坐坤向, 寅坐申向, 坤坐艮向, 申坐寅向
9運 - 없음

2) 연주삼반괘(連珠三盤卦)

연주삼반괘란 연수삼반괘(連數三盤卦)라고도 하며, 운반·산성·향성 세 개 숫자의 조합이 전 궁에서 123, 234, 345, 456, 567, 678, 789, 891, 912 등의 아홉 가지 연수(連數)로 삼반괘를 이루는 것을 말한다.

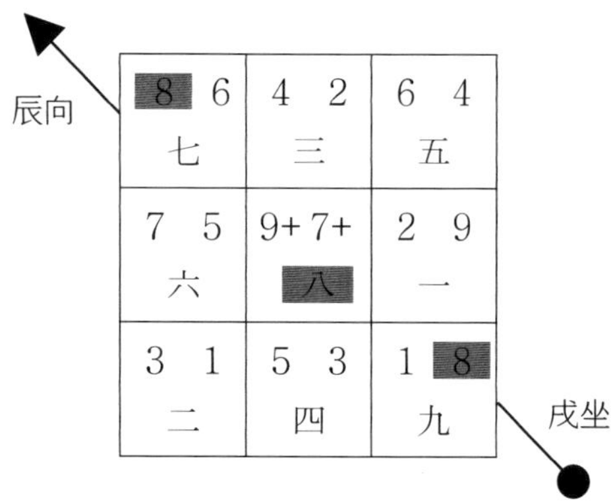

〈그림 48〉 8운(運) 술좌진향(戌坐辰向) 하괘도[上山下水]

〈연주삼반괘 하괘 16국(상산하수)〉

1運 - 없음
2運 - 辰坐戌向, 戌坐辰向
3運 - 乾坐巽向, 亥坐巳向, 巽坐乾向, 巳坐亥向
4運 - 없음
5運 - 乾坐巽向, 亥坐巳向, 巽坐乾向, 巳坐亥向
6運 - 없음
7運 - 乾坐巽向, 亥坐巳向, 巽坐乾向, 巳坐亥向
8運 - 辰坐戌向, 戌坐辰向
9運 - 없음

3) 북두칠성 타겁삼반괘(打劫三盤卦)

북두(北斗)는 시운(時運)에 따라 중궁에 드는 당운의 기를 말한다. 즉 8운에는 8이 북두가 된다. 칠성(七星)이란 현재의 중궁수에서 시작하여 역으로 일곱 번째 숫자를 말하며, 예를 들어 8운이면 8-7-6-5-4-3-②, 2-1-9-8-7-6-⑤,

5-4-3-2-1-9-⑧이 되는데, 이렇게 계산하면 147, 258, 369는 역으로 일곱 번째 숫자와 상호 통기(通氣)가 된다.

타겁(打劫)이란 유행하는 기를 말하는데, 현재의 운으로 미래의 기를 빼앗아 활용하는 것을 말하며 천기(天氣)를 도용(盜用)한다는 뜻에서 타겁(打劫)이라 부른다. 8운의 예를 들면 하원(8운)이 상원(2운)의 기를 빼앗고, 상원(2운)이 중원(5운)의 기를 빼앗아 활용하는 것을 말한다.

북두칠성타겁을 정리하면 다음과 같다.

가) 雙星會向의 국이어야 하고
나) 리중감(離中坎) 삼궁이 生成數나 合十이 되어야 하며
　1운 - 중궁과 감궁이 1·6 생성
　2운 - 중궁과 감궁이 2·7 생성
　3운 - 중궁과 감궁이 3·8 생성
　4운 - 중궁과 감궁이 4·9 생성
　5운 - 리궁과 감궁이 합십
　6운 - 중궁과 리궁이 1·6 생성
　7운 - 중궁과 리궁이 2·7 생성
　8운 - 중궁과 리궁이 3·8 생성
　9운 - 중궁과 리궁이 4·9 생성
다) 리진건(離震乾), 감손태(坎巽兌), 간중곤(艮中坤)
　삼궁이 부모삼반괘를 이루어야 한다.
라) [離宮打劫]
　리진건(離震乾) 삼궁이 부모삼반괘로 된 것이다.
　[坎宮打劫]
　감손태(坎巽兌) 삼궁이 부모삼반괘로 된 것이다.
　[艮宮打劫]
　간중곤(艮中坤) 삼궁이 부모삼반괘로 된 것이다.

리궁타겁이 감궁타겁보다 효능이 크므로 리궁타겁을 진타겁(眞打劫)이라 하고 감궁타겁을 가타겁(假打劫)이라 한다.

타겁은 해당하는 방위에 반드시 통기(通氣)될 수 있는 창호, 도로 등이 있어야 하며, 복음(伏吟)이나 반음(反吟)을 범하면 절대 사용 불가하다.

〈표 25〉 부모삼반괘 하괘 16국[상산하수]

坐＼運	2運			4運			5運			6運			8運		
丑				6 9 三	2 5 八	4 7 一				8 2 五	4 7 一	6 9 三			
				5 8 二	7 1 四	9 3 六				7 1 四	9 3 六	2 5 八			
				1 4 七	3 6 九	8 2 五				3 6 九	5 8 二	1 4 七			
艮寅	4 7 一	9 3 六	2 5 八				7 1 四	3 6 九	5 8 二				1 4 七	6 9 三	8 2 五
	3 6 九	5 8 二	7 1 四				6 9 三	8 2 五	1 4 七				9 3 六	2 5 八	4 7 一
	8 2 五	1 4 七	6 9 三				2 5 八	4 7 一	9 3 六				5 8 二	7 1 四	3 6 九
未				9 6 三	5 2 八	7 4 一				2 8 五	7 4 一	9 6 三			
				8 5 二	1 7 四	3 9 六				1 7 四	3 9 六	5 2 八			
				4 1 七	6 3 九	2 8 五				6 3 九	8 5 二	4 1 七			
坤申	7 4 一	3 9 六	5 2 八				1 7 四	6 3 九	8 5 二				4 1 七	9 6 三	2 8 五
	6 3 九	8 5 二	1 7 四				9 6 三	2 8 五	4 1 七				3 9 六	5 2 八	7 4 一
	2 8 五	4 1 七	9 6 三				5 2 八	7 4 一	3 9 六				8 5 二	1 7 四	6 3 九

〈표 26〉 연주삼반괘 하괘 16국(상산하수)

坐 \ 運	2運			3運			5運			7運			8運		
辰	9 2 一	5 7 六	7 9 八										6 8 七	2 4 三	4 6 五
	8 1 九	1 3 二	3 5 四										5 7 六	7 9 八	9 2 一
	4 6 五	6 8 七	2 4 三										1 3 二	3 5 四	8 1 九
巽巳				1 3 二	6 8 七	8 1 九	3 5 四	8 1 九	1 3 二	5 7 六	1 3 二	3 5 四			
				9 2 一	2 4 三	4 6 五	2 4 三	4 6 五	6 8 七	4 6 五	6 8 七	8 1 九			
				5 7 六	7 9 八	3 5 四	7 9 八	9 2 一	5 7 六	9 2 一	2 4 三	7 9 八			
戌	2 9 一	7 5 六	9 7 八										8 6 七	4 2 三	6 4 五
	1 8 九	3 1 二	5 3 四										7 5 六	9 7 八	2 9 一
	6 4 五	8 6 七	4 2 三										3 1 二	5 3 四	1 8 九
乾亥				3 1 二	8 6 七	1 8 九	5 3 四	1 8 九	3 1 二	7 5 六	3 1 二	5 3 四			
				2 9 一	4 2 三	6 4 五	4 2 三	6 4 五	8 6 七	6 4 五	8 6 七	1 8 九			
				7 5 六	9 7 八	5 3 四	9 7 八	2 9 一	7 5 六	2 9 一	4 2 三	9 7 八			

〈표 27〉 북두칠성 離宮打劫 24국

坐 \ 運	1運	2運	3運	4運
壬		6 7 一 | 2 2 六 | 4 9 八 5 8 九 | 7 6 二 | 9 4 四 1 3 五 | 3 1 七 | 8 5 三		8 9 三 | 4 4 八 | 6 2 一 7 1 二 | 9 8 四 | 2 6 六 3 5 七 | 5 3 九 | 1 7 五
子 癸	5 6 九 | 1 1 五 | 3 8 七 4 7 八 | 6 5 一 | 8 3 三 9 2 四 | 2 9 六 | 7 4 二	←反吟 (向星)	7 8 二 | 3 3 七 | 5 1 九 6 9 一 | 8 7 三 | 1 5 五 2 4 六 | 4 2 八 | 9 6 四	
辰	8 3 九 | 4 7 五 | 6 5 七 7 4 八 | 9 2 一 | 2 9 三 3 8 四 | 5 6 六 | 1 1 二		反吟→ (向星)	2 6 三 | 7 1 八 | 9 8 一 1 7 二 | 3 5 四 | 5 3 六 6 2 七 | 8 9 九 | 4 4 五
巽 巳				
庚	2 9 九 | 7 4 五 | 9 2 七 1 1 八 | 3 8 一 | 5 6 三 6 5 四 | 8 3 六 | 4 7 二			
酉 辛		3 1 一 | 8 5 六 | 1 3 八 2 2 九 | 4 9 二 | 6 7 四 7 6 五 | 9 4 七 | 5 8 三		

坐＼運	6運	7運	8運	9運
壬		2 3 六 / 7 7 二 / 9 5 四 1 4 五 / 3 2 七 / 5 9 九 6 8 一 / 8 6 三 / 4 1 八	伏吟→ (山星)	4 5 八 / 9 9 四 / 2 7 六 3 6 七 / 5 4 九 / 7 2 二 8 1 三 / 1 8 五 / 6 3 一
子 癸	1 2 五 / 6 6 一 / 8 4 三 9 3 四 / 2 1 六 / 4 8 八 5 7 九 / 7 5 二 / 3 9 七		3 4 七 / 8 8 三 / 1 6 五 2 5 六 / 4 3 八 / 6 1 一 7 9 二 / 9 7 四 / 5 2 九	
辰				
巽 巳	4 8 五 / 9 3 一 / 2 1 三 3 9 四 / 5 7 六 / 7 5 八 8 4 九 / 1 2 二 / 6 6 七	→伏吟 (山星)		7 2 八 / 3 6 四 / 5 4 六 6 3 七 / 8 1 九 / 1 8 二 2 7 三 / 4 5 五 / 9 9 一
庚			9 7 七 / 5 2 三 / 7 9 五 8 8 六 / 1 6 八 / 3 4 一 4 3 二 / 6 1 四 / 2 5 九	
酉 辛				1 8 八 / 6 3 四 / 8 1 六 9 9 七 / 2 7 九 / 4 5 二 5 4 三 / 7 2 五 / 3 6 一

〈표 28〉 북두칠성 坎宮打劫 24국

坐＼運	1運	2運	3運	4運
甲		85 一 49 六 67 八 76 九 94 二 22 四 31 五 58 七 13 三		
卯乙	74 九 38 五 56 七 65 八 83 一 11 三 29 四 47 六 92 二			
丙	47 九 92 五 29 七 38 八 56 一 74 三 83 四 11 六 65 二	←伏吟 (山星)	69 二 24 七 42 九 51 一 78 三 96 五 15 六 33 八 87 四	
午丁		58 一 13 六 31 八 49 九 67 二 85 四 94 五 22 七 76 三		71 三 35 八 53 一 62 二 89 四 17 六 26 七 44 九 98 五
戌				
乾亥	11 九 65 五 83 七 92 八 29 一 47 三 56 四 74 六 38 二		伏吟→ (山星)	44 三 98 八 26 一 35 二 53 四 71 六 89 七 17 九 62 五

坐 \ 運	6運	7運	8運	9運
甲				63八 27四 45六 54七 72九 99二 18三 36五 81一
卯 乙			52七 16三 34五 43六 61八 88一 97二 25四 79九	
丙	93五 57一 75三 84四 12六 39八 48九 66二 21七		25七 79三 97五 16六 34八 52一 61二 88四 43九	
午 丁		14六 68二 86四 95五 23七 41九 59一 77三 32八		36八 81四 18六 27七 45九 63二 72三 99五 54一
戌	66五 21一 48三 57四 75六 93八 12九 39二 84七	←反吟 (向星)		99八 54四 72六 81七 18九 36二 45三 63五 27一
乾 亥				

〈표 29〉 북두칠성 艮宮打劫 12국

運/坐	1運			3運			7運			9運		
丑							9 5 六	5 9 二	7 7 四	2 7 八	7 2 四	9 9 六
							8 6 五	1 4 七	3 2 九	1 8 七	3 6 九	5 4 二
							4 1 一	6 8 三	2 3 八	6 3 三	8 1 五	4 5 一
艮寅	3 8 九	8 3 五	1 1 七	5 1 二	1 5 七	3 3 九						
	2 9 八	4 7 一	6 5 三	4 2 一	6 9 三	8 7 五						
	7 4 四	9 2 六	5 6 二	9 6 六	2 4 八	7 8 四						
未	6 5 九	2 9 五	4 7 七	8 7 二	4 2 七	6 9 九						
	5 6 八	7 4 一	9 2 三	7 8 一	9 6 三	2 4 五						
	1 1 四	3 8 六	8 3 二	3 3 六	5 1 八	1 5 四						
坤申							3 2 六	8 6 二	1 4 四	5 4 八	1 8 四	3 6 六
							2 3 五	4 1 七	6 8 九	4 5 七	6 3 九	8 1 二
							7 7 一	9 5 三	5 9 八	9 9 三	2 7 五	7 2 一

북두칠성 打劫三盤卦란

향궁의 산성과 향성이 동일할 때[쌍성회향] 이 숫자와 타궁의 산성과 향성의 숫자 조합으로 삼반괘를 구성 할 때를 기준으로 한다.

13. 복음(伏吟)·반음(反吟)

중궁의 산성이나 향성이 5를 만나게 되면 반드시 복음이나 반음을 범하게 되는데, 중궁의 산성수나 향성수가 5가 되어 순행하면 구궁의 원단반(낙서구궁)과 동일하게 된다.

이를 만반복음(滿盤伏吟)이라 하여 가파인망(家破人亡)하고 정재양패(丁財兩敗)하게 된다.

복음이 되면 원단반(元旦盤)과 같이 변화가 없고 동일하기에 「사국(死局)」이라 한다.

중궁의 산성수나 향성수가 5가 되어 역행하면 반음이라 하는데, 복음보다 더욱 재난이 심하게 된다.

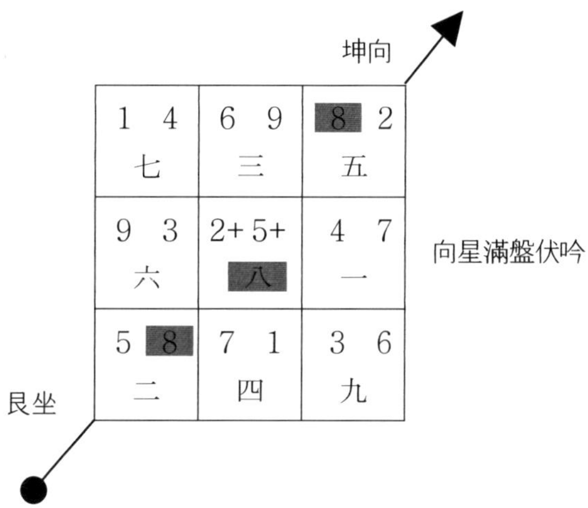

〈그림 49〉 8운 간좌곤향(艮坐坤向) 하괘도[上山下水]

〈표 30〉 각 운별 복음·반음

運 / 坐	1運	2運	3運	4運	6運	7運	8運	9運
壬	伏吟	←向星					山星→	伏吟
子	反吟	←向星					山星→	反吟
癸	反吟	←向星					山星→	反吟
艮		伏吟	←山星				伏吟	←向星
寅		伏吟	←山星				伏吟	←向星
甲			伏吟	←向星		伏吟	←山星	
辰			向星→	反吟	反吟	←山星		
巽			向星→	伏吟	伏吟	←山星		
巳			向星→	伏吟	伏吟	←山星		
丙	伏吟	←山星					向星→	伏吟
午	反吟	←山星					向星→	反吟
丁	反吟	←山星					向星→	反吟
坤		伏吟	←向星			山星→	伏吟	
申		伏吟	←向星			山星→	伏吟	
庚		山星→	伏吟			伏吟	←向星	
戌			山星→	反吟	反吟	←向星		
乾			山星→	伏吟	伏吟	←向星		
亥			山星→	伏吟	伏吟	←向星		

14. 팔순괘(八純卦)

팔순괘(八純卦)란 구궁의 산성·향성 모두가 동일한 숫자로 이루어진 것을 말하며 그 흉함은 이루 말할 수 없어 건방하장(建房下葬) 후 속패(速敗)하여 곧바로 가파인망(家破人亡)한다고 한다. 그러나 팔순괘는 5운의 [겸향/체괘]에서만 나타나는데, 지난 5운은 1944-1963년이며 앞으로 다가올 5운은 2124-2143년이 되므로 크게 걱정하지 않아도 된다.

〈팔순괘 체괘 6국(5운)〉

乾坐巽向,	亥坐巳向,	戌坐辰向
巽坐乾向,	巳坐亥向,	辰坐戌向

坐	替卦圖			坐	替卦圖		
乾 · 亥	5 5 四	1 1 九	3 3 二	戌	7 7 四	2 2 九	9 9 二
	4 4 三	6 6 五	8 8 七		8 8 三	6 6 五	4 4 七
	9 9 八	2 2 一	7 7 六		3 3 八	1 1 一	5 5 六
巽 · 巳	5 5 四	1 1 九	3 3 二	辰	7 7 四	2 2 九	9 9 二
	4 4 三	6 6 五	8 8 七		8 8 三	6 6 五	4 4 七
	9 9 八	2 2 一	7 7 六		3 3 八	1 1 一	5 5 六

〈그림 50〉 팔순괘 체괘도

15. 환천심(換天心)

환천심(換天心)이란 자의(字意)대로 천심을 바꾼다는 말로 흉한 기운을 새로운 천기(天氣)로 받아들여 인정과 재물을 흥왕하게 할 수 있다.

흉한 국으로 건방하장(建房下葬)하는 바람에 정재양패(丁財兩敗)하여 가운(家運)이 영락(零落)하였는데, 좌향이 시운(時運)이 도래하여 왕산왕향 등의 길국으로 변하여도 손정파재(損丁破財)할 때 당운(當運) 왕성의 발음(發蔭)을 받을 수 있는 방법이 환천심(換天心)이다.

〈환천심(換天心) 방법〉

가) 음택
- 흉장이라면 유골을 검사하여 산수합국하고 왕기를 받을 수 있는 곳으로 이장한다.[**檢骨重葬**]
- 길장이라면 봉분을 다시 사초(莎草)하든지 개분(開墳)하여 유골에 태양을 쬐이게 한다.[**天光下臨**]

나) 양택(현실적으로 어렵다)
- 지붕을 새로 고친다.
- 대문, 현관문, 창문, 벽 등을 허물고 다시 한다.

아래 〈그림 51〉은 8운에 집을 지을 때 태궁으로 대문을 만들었으나 9운이 되면 태궁(A)은 퇴기방(退氣方)이 되므로 9운 기간에는 향성이 왕기(旺氣)이 건궁(B)으로 대문을 고쳐내면 왕기를 계속해서 받을 수 있다.

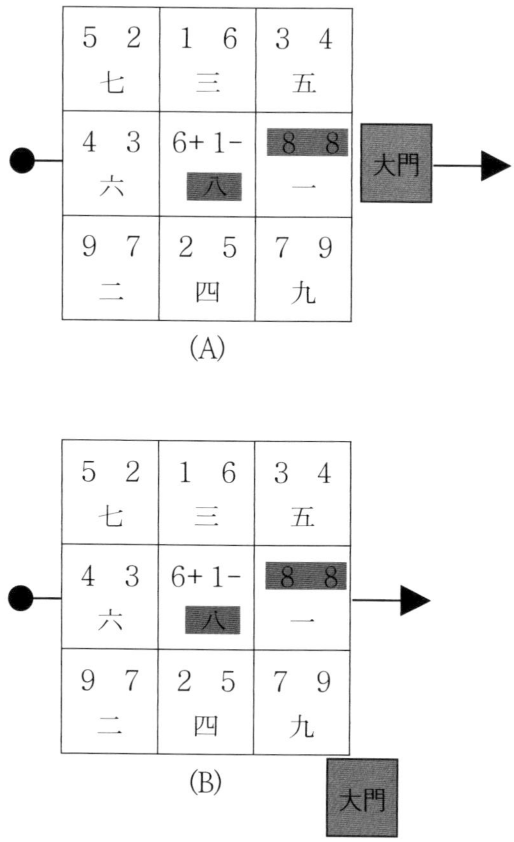

〈그림 51〉 8운(運) 묘좌유향(卯坐酉向) 하괘도[雙星會向]

16. 각 운별(運別) 왕기(旺氣)·생기(生氣)

세상 만물은 변화하지 않는 것은 없으므로 한때 흥왕하였어도 시운이 시나면 쇠퇴하기 마련이다.

각 운에 따른 기운을 살펴보면 다음과 같다.

- 왕기(旺氣): 氣가 가장 왕성한 당운의 기운.
- 생기(生氣): 곧 중궁에 들어 왕기가 될 기운.
- 진기(進氣): 생기 다음으로 왕기에 가까운 기운.
- 퇴기(退氣): 왕기는 상실하였지만 막 중궁을 나온 기운으로 중성적 기운.
- 쇠기(衰氣): 중궁을 떠난 지 조금 지난 기운으로 소흉한 기운.
- 살기(殺氣): 중궁을 떠난 지 많이 지난 기운으로 흉한 기운.
- 사기(死氣): 중궁을 떠난 지 오래 지난 기운으로 대흉한 기운.

대문, 현관문, 창호 등은 향성이 왕기방에 내는 것이 좋고, 여건이 허락하지 않으면 생기방이나 진기방으로 내면 된다.

이는 기구(氣口)와 향성이 밀접한 관계에 있기 때문이다. 특히 대문인 경우 거주자가 모두 그 문을 이용하여야 효험이 배가 된다.

〈표 31〉 각 운별 왕·생기

運 / 氣	1運	2運	3運	4運	5運	6運	7運	8運	9運
旺氣	1	2	3	4	5	6	7	8	9
生氣	2	3	4	5	6	7	8	9	1
進氣	3	4	5	6	7	8	9	1	3
退氣	9	1	2	3	4	5	6	7	8
衰氣	8	9	1	2	3	4	5	6	7
殺氣	7	8	9	1	2	3	4	5	6
殺氣	6	7	8	9	1	2	3	4	5
殺氣	5	6	7	8	9	1	2	3	4
死氣	4	5	6	7	8	9	1	2	3

〈표 32〉 氣에 따른 용도

氣	用 途
旺氣	대문, 현관문, 창호 등을 내면 吉
生氣	旺氣의 차선용
進氣	生氣의 차선용
退氣	산·향성의 숫자 조합에 따라 길흉이 반반
衰氣	小凶
殺氣	凶
死氣	大凶

17. 정신(正神)과 영신(零神)

정신이란 당왕한 운기(運氣)의 방향을 말하며 영신(零神)이란 쇠약한 운기의 방향을 말하는데 양자는 상호 대충(對沖)한다.

용맥은 정신방에서 입수(入首)되는 것이 좋고 물(池湖水, 江河)은 영신방에 있어야 좋은데, 이는 정신방에서 오는 왕기(旺氣)가 장축(藏蓄)되기 때문이다.

정신방에서 용맥이 입수(入首)되거나 큰 건물이 내려오면 이를 정신정위장(正神正位裝)이라 하고, 물[池湖水, 江河]이 영신방에서 빛을 발하면 발수입영당(撥水入零堂)이라 하여 대길로 여기는데, 반대의 경우가 되면 상패(相悖)되어 크게 흉하다.

〈표 33〉 정신과 영신방

運	1運	2運	3運	4運	5運(前)	5運(後)	6運	7運	8運	9運
正神	坎方	坤方	震方	巽方	巽方	乾方	乾方	兌方	艮方	離方
零神	離方	艮方	兌方	乾方	乾方	巽方	巽方	震方	坤方	坎方

18. 구궁자백(九宮紫白)

구궁자백(九宮紫白)이란 천상구성의 자장(磁場)이론을 하도와 낙서의 원리에 배합시켜 발전시킨 것으로 「자백결(紫白訣)」이라고도 한다.

자백(紫白)은 북두칠성과 이에 속해 있는 좌보, 우필 두 개의 별을 지칭하는 말인데, 이는 첫 번째 별을 일백(一白)이라 하고 아홉 번째 별을 구자(九紫)라 칭하는 데서 기인한 것이다. 그러므로 천상구성을 총칭하는 말이라 할 수 있다.

〉〉〉 하도운(河圖運)

자백결에 따르면 "河圖運은 甲丙戊庚壬 5자를 수화목금토 오행에 배합하는 방법인데, 5자에 따라 元을 구분하고 오행으로 운(運)을 정하면 질서정연하여 추산이 문란해지지 않는다"(河圖之運, 以甲丙戊庚壬, 五子配水火木金土, 五行五子分元, 五行定運, 秩然不紊)라 되어 있는데 풀이하면 다음과 같다.

一子運 – 甲子運이라고도 하며 하도에서 1은 水에 속하기 때문에 아래 12년 동안의 流年은 水運에 속한다.

甲子 乙丑 丙寅 丁卯 戊辰 己巳 庚午 辛未 壬申 癸酉 甲戌 乙亥

二子運 – 丙子運이라고도 하며 하도에서 2는 화에 속하기 때문에 아래 12년 동안의 流年은 火運에 속한다.

丙子 丁丑 戊寅 己卯 庚辰 辛巳 壬午 癸未 甲申 乙酉 丙戌 丁亥

三子運 – 戊子運이라고도 하며 하도에서 3은 木에 속하기 때문에 아래 12년 동안의 流年은 木運에 속한다.

戊子 己丑 庚寅 辛卯 壬辰 癸巳 甲午 乙未 丙申 丁酉 戊戌 己亥

四子運 – 庚子運이라고도 하며 하도에서 4는 金에 속하기 때문에 아래 12년 동안의 流年은 金運에 속한다.

庚子 辛丑 壬寅 癸卯 甲辰 乙巳 丙午 丁未 戊申 己酉 庚戌 辛亥

五子運 – 壬子運이라고도 하며 하도에서 5는 土에 속하기 때문에 아래 12년 동안의 流年은 土運에 속한다.

壬子 癸丑 甲寅 乙卯 丙辰 丁巳 戊午 己未 庚申 辛酉 壬戌 癸亥

河圖口訣
一六共宗 爲水居北
二七同道 爲火居南
三八爲朋 爲木居東
四九作友 爲金居西
五十居中 爲土居中

〉〉〉 낙서운(洛書運)

자백결에 따르면 "洛書運은 上元은 一白, 中元은 四綠, 下元은 七赤이 대표하는데, 각 60년을 관장하므로 大運이라 한다. 상원은 1·2·3運, 중원은 4·5·6運, 하원은 7·8·9運인데, 각 20년을 관장하므로 小運이라 한다"(洛書之運, 上元一白, 中元四綠, 下元七赤, 各管六十年, 謂之大運. 上元一二三, 中元四五六, 下元七八九, 各管二十年, 謂之小運.)

1) 구궁자백 流年盤(年紫白)

낙서운의 대운에서 상원(上元)은 일백(一白), 중원(中元)은 사록(四綠), 하원(下元)은 칠적(七赤)이 각 60년을 관장한다.

- 상원 갑자년은 1白坎宮에서 기갑자(起甲子)하여 역행
- 중원 갑자년은 4綠巽宮에서 기갑자(起甲子)하여 역행
- 하원 갑자년은 7赤兌宮에서 기갑자(起甲子)하여 역행

년자백 구궁도를 작성하면 다음과 같다.

庚午 己卯 戊子 丁酉 丙午 乙卯	乙丑 甲戌 癸未 壬辰 辛丑 庚戌 己未	壬申 辛巳 庚寅 己亥 戊申 丁巳
辛未 庚辰 己丑 戊戌 丁未 丙辰	己巳 戊寅 丁亥 丙申 乙巳 甲寅 癸亥	丁卯 丙子 乙酉 甲午 癸卯 壬子 辛酉
丙寅 乙亥 甲申 癸巳 壬寅 辛亥 庚申	甲子 癸酉 壬午 辛卯 庚子 己酉 戊午	戊辰 丁丑 丙戌 乙未 甲辰 癸丑 壬戌

〈그림 52〉 상원 갑자년 구궁도

甲子 癸酉 壬午 辛卯 庚子 己酉 戊午	戊辰 丁丑 丙戌 乙未 甲辰 癸丑 壬戌	丙寅 乙亥 甲申 癸巳 壬寅 辛亥 庚申
乙丑 甲戌 癸未 壬辰 辛丑 庚戌 己未	壬申 辛巳 庚寅 己亥 戊申 丁巳	庚午 己卯 戊子 丁酉 丙午 乙卯
己巳 戊寅 丁亥 丙申 乙巳 甲寅 癸亥	丁卯 丙子 乙酉 甲午 癸卯 壬子 辛酉	辛未 庚辰 己丑 戊戌 丁未 丙辰

〈그림 53〉 중원 갑자년 구궁도

丁卯 丙子 乙酉 甲午 癸卯 壬子 辛酉	辛未 庚辰 己丑 戊戌 丁未 丙辰	己巳 戊寅 丁亥 丙申 乙巳 甲寅 癸亥
戊辰 丁丑 丙戌 乙未 甲辰 癸丑 壬戌	丙寅 乙亥 甲申 癸巳 壬寅 辛亥 庚申	甲子 癸酉 壬午 辛卯 庚子 己酉 戊午
壬申 辛巳 庚寅 己亥 戊申 丁巳	庚午 己卯 戊子 丁酉 丙午 乙卯	乙丑 甲戌 癸未 壬辰 辛丑 庚戌 己未

〈그림 54〉 하원 갑자년 구궁도

【예1】 2010년 庚寅年의 년자백반

2010년은 하원(下元) 갑자(甲子)년에 속한다. 위의 〈그림 54〉을 활용하면 경인(庚寅)년은 8白艮宮에 위치하고 있으므로 년자백반을 찾기 위해서는 8白을 중궁(中宮)에 넣고 순행시키면 된다.

七	三	五
六	八	一
二	四	九

【예2】 2011년 辛卯年의 년자백반

2011년은 하원(下元) 갑자(甲子)년에 속한다. 위의 〈그림 54〉를 활용하면 신묘(辛卯)년은 7赤兌宮에 위치하고 있으므로 년자백반을 찾기 위해서는 7赤을 중궁(中宮)에 넣고 순행시키면 된다.

六	二	四
五	七	九
一	三	八

상·중·하원에 따른 년자백반은 아래 〈표 34〉 년자백 입중(入中) 조견표를 활용하면 쉽게 만들 수 있다.

〈표 34〉 년자백 입중(入中) 조견표

六十甲子(年)							上元	中元	下元
甲子	癸酉	壬午	辛卯	庚子	己酉	戊午	一白	四綠	七赤
乙丑	甲戌	癸未	壬辰	辛丑	庚戌	己未	九紫	三碧	六白
丙寅	乙亥	甲申	癸巳	壬寅	辛亥	庚申	八白	二黑	五黃
丁卯	丙子	乙酉	甲午	癸卯	壬子	辛酉	七赤	一白	四綠
戊辰	丁丑	丙戌	乙未	甲辰	癸丑	壬戌	六白	九紫	三碧
己巳	戊寅	丁亥	丙申	乙巳	甲寅	癸亥	五黃	八白	二黑
庚午	己卯	戊子	丁酉	丙午	乙卯		四綠	七赤	一白
辛未	庚辰	己丑	戊戌	丁未	丙辰		三碧	六白	九紫
壬申	辛巳	庚寅	己亥	戊申	丁巳		二黑	五黃	八白

2) 구궁자백 월건반(月建盤, 月紫白)

해당년도 태세(太歲)의 지지(地支)를 기준하여 삼원(三元)으로 구분하고 상·중·하원에 따라 정월을 시작하는 기점이 정해진다.

五月	九月	七月
六月	四月	二月 十一月
正月 十月	八月	三月 十二月

上元: 子午卯酉 년
8白艮宮에서 정월을
시작하여 역행

〈그림 55〉 상원 월건 구궁도

二月 十一月	六月	四月
三月 十二月	**正月** 十月	八月
七月	五月	九月

中元: 辰戌丑未 년
5黃中宮에서 정월을
시작하여 역행

〈그림 56〉 중원 월건 구궁도

八月	三月 十二月	**正月** 十月
九月	七月	五月
四月	二月 十一月	六月

下元: 寅申巳亥 년
2黑坤宮에서 정월을
시작하여 역행

〈그림 57〉 하원 월건 구궁도

【예1】 2010년 庚寅年 6月의 월자백반

2010년 경인(庚寅)년은 하원(下元)에 속한다. 하원 〈그림 57〉을 활용하면 6월은 6白乾宮에 위치하고 있으므로 월자백반을 찾기 위해서는 6白을 중궁에 넣고 순행시키면 된다.

五	一	三
四	六	八
九	二	七

【예2】 2011년 辛卯年 7月의 월자백반

2011년 신묘(辛卯)년은 상원(上元)에 속한다. 상원 〈그림 55〉을 활용하면 7월은 2黑坤宮에 위치하고 있으므로 월자백반을 찾기 위해서는 2黑을 중궁에 넣고 순행시키면 된다.

一	六	八
九	二	四
五	七	三

상·중·하원에 따른 월사백반은 아래 〈표 35〉 월자백 입중(入中) 조견표를 활용하면 쉽게 만들 수 있다.

〈표 35〉 월자백 입중(入中) 조견표

年 \ 月	正月	2月	3月	4月	5月	6月	7月	8月	9月	10月	11月	12月
(上元) 子午卯酉	八白	七赤	六白	五黃	四綠	三碧	二黑	一白	九紫	八白	七赤	六白
(中元) 辰戌丑未	五黃	四綠	三碧	二黑	一白	九紫	八白	七赤	六白	五黃	四綠	三碧
(下元) 寅申巳亥	二黑	一白	九紫	八白	七赤	六白	五黃	四綠	三碧	二黑	一白	九紫

3) 구궁자백 日辰盤(日紫白)

일년에 24절기 중 동지(冬至)부터 망종(芒種)까지의 12절기는 낮의 길이가 길어지는 양(陽)의 기간이며 이를 양둔(陽遁)이라 하고, 하지(夏至)부터 대설(大雪)까지의 12절기는 밤의 길이가 길어지는 음(陰)의 기간이며 이를 음둔(陰遁)이라 하는데, 양둔(陽遁)과 음둔(陰遁)의 12절기를 각 4절기씩 묶어 상·중·하원으로 분류하여 활용한다.

〈표 36〉 일진 삼원표

陽遁	上元	冬至, 小寒, 大寒, 立春	1白坎宮에서 起甲子하여 順行
	中元	雨水, 驚蟄, 春分, 淸明	7赤兌宮에서 起甲子하여 順行
	下元	穀雨, 立夏, 小滿, 芒種	4綠巽宮에서 起甲子하여 順行
陰遁	上元	夏至, 小暑, 大暑, 立秋	9紫離宮에서 起甲子하여 逆行
	中元	處暑, 白露, 秋分, 寒露	3碧震宮에서 起甲子하여 逆行
	下元	霜降, 立冬, 小雪, 大雪	6白乾宮에서 起甲子하여 逆行

〈표 37〉 양둔 상원 구궁도(日)

丁卯 丙子 乙酉 甲午 癸卯 壬子 辛酉	壬申 辛巳 庚寅 己亥 戊申 丁巳	乙丑 甲戌 癸未 壬辰 辛丑 庚戌 己未
丙寅 乙亥 甲申 癸巳 壬寅 辛亥 庚申	戊辰 丁丑 丙戌 乙未 甲辰 癸丑 壬戌	庚午 己卯 戊子 丁酉 丙午 乙卯
辛未 庚辰 己丑 戊戌 丁未 丙辰	甲子 癸酉 壬午 辛卯 庚子 己酉 戊午	己巳 戊寅 丁亥 丙申 乙巳 甲寅 癸亥

〈표 38〉 양둔 중원 구궁도(日)

庚午 己卯 戊子 丁酉 丙午 乙卯	丙寅 乙亥 甲申 癸巳 壬寅 辛亥 庚申	戊辰 丁丑 丙戌 乙未 甲辰 癸丑 壬戌
己巳 戊寅 丁亥 丙申 乙巳 甲寅 癸亥	辛未 庚辰 己丑 戊戌 丁未 丙辰	甲子 癸酉 壬午 辛卯 庚子 己酉 戊午
乙丑 甲戌 癸未 壬辰 辛丑 庚戌 己未	丁卯 丙子 乙酉 甲午 癸卯 壬子 辛酉	壬申 辛巳 庚寅 己亥 戊申 丁巳

〈표 39〉 양둔 하원 구궁도(日)

甲子 癸酉 壬午 辛卯 庚子 己酉 戊午	己巳 戊寅 丁亥 丙申 乙巳 甲寅 癸亥	辛未 庚辰 己丑 戊戌 丁未 丙辰
壬申 辛巳 庚寅 己亥 戊申 丁巳	乙丑 甲戌 癸未 壬辰 辛丑 庚戌 己未	丁卯 丙子 乙酉 甲午 癸卯 壬子 辛酉
戊辰 丁丑 丙戌 乙未 甲辰 癸丑 壬戌	庚午 己卯 戊子 丁酉 丙午 乙卯	丙寅 乙亥 甲申 癸巳 壬寅 辛亥 庚申

〈표 40〉 음둔 상원 구궁도(日)

己巳 戊寅 丁亥 丙申 乙巳 甲寅 癸亥	甲子 癸酉 壬午 辛卯 庚子 己酉 戊午	辛未 庚辰 己丑 戊戌 丁未 丙辰
庚午 己卯 戊子 丁酉 丙午 乙卯	戊辰 丁丑 丙戌 乙未 甲辰 癸丑 壬戌	丙寅 乙亥 甲申 癸巳 壬寅 辛亥 庚申
乙丑 甲戌 癸未 壬辰 辛丑 庚戌 己未	壬申 辛巳 庚寅 己亥 戊申 丁巳	丁卯 丙子 乙酉 甲午 癸卯 壬子 辛酉

〈표 41〉 음둔 중원 구궁도(日)

壬申 辛巳 庚寅 己亥 戊申 丁巳	丁卯 丙子 乙酉 甲午 癸卯 壬子 辛酉	乙丑 甲戌 癸未 壬辰 辛丑 庚戌 己未
甲子 癸酉 壬午 辛卯 庚子 己酉 戊午	辛未 庚辰 己丑 戊戌 丁未 丙辰	己巳 戊寅 丁亥 丙申 乙巳 甲寅 癸亥
戊辰 丁丑 丙戌 乙未 甲辰 癸丑 壬戌	丙寅 乙亥 甲申 癸巳 壬寅 辛亥 庚申	庚午 己卯 戊子 丁酉 丙午 乙卯

〈표 42〉 음둔 하원 구궁도(日)

丙寅 乙亥 甲申 癸巳 壬寅 辛亥 庚申	庚午 己卯 戊子 丁酉 丙午 乙卯	戊辰 丁丑 丙戌 乙未 甲辰 癸丑 壬戌
丁卯 丙子 乙酉 甲午 癸卯 壬子 辛酉	乙丑 甲戌 癸未 壬辰 辛丑 庚戌 己未	壬申 辛巳 庚寅 己亥 戊申 丁巳
辛未 庚辰 己丑 戊戌 丁未 丙辰	己巳 戊寅 丁亥 丙申 乙巳 甲寅 癸亥	甲子 癸酉 壬午 辛卯 庚子 己酉 戊午

【예1】 2010년 4월19일(陰 3월6일) 己亥日 자백반

청명절기에 속하는데 일진 삼원표를 보면 양둔 중원이므로 7赤兌宮에서 起甲子하여 순행하면 양둔 중원 구궁도와 같으며, 기해일은 6白乾宮에 위치하고 있으므로 일자백반을 찾기 위해서는 6白을 중궁에 넣고 순행시키면 된다.

五	一	三
四	六	八
九	二	七

【예2】 2011년 11월12일(陰 10월17일) 辛未日 자백반

입동절기에 속하는데 일진 삼원표를 보면 음둔 하원이므로 6白乾宮에서 起甲子하여 역행하면 음둔 하원 구궁도와 같으며, 신미일은 8白艮宮에 위치하고 있으므로 일자백반을 찾기 위해서는 8白을 중궁에 넣고 순행시키면 된다.

七	三	五
六	八	一
二	四	九

〈표 43〉 일자백 입중(入中) 조견표

節氣 / 日辰	冬至~立春	雨水~清明	穀雨~芒種	夏至~立秋	處暑~寒露	霜降~大雪
甲子	1白	7赤	4綠	9紫	3碧	6白
乙丑	2黑	8白	5黃	8白	2黑	5黃
丙寅	3碧	9紫	6白	7赤	1白	4綠
丁卯	4綠	1白	7赤	6白	9紫	3碧
戊辰	5黃	2黑	8白	5黃	8白	2黑
己巳	6白	3碧	9紫	4綠	7赤	1白
庚午	7赤	4綠	1白	3碧	6白	9紫
辛未	8白	5黃	2黑	2黑	5黃	8白
壬申	9紫	6白	3碧	1白	4綠	7赤
癸酉	1白	7赤	4綠	9紫	3碧	6白
甲戌	2黑	8白	5黃	8白	2黑	5黃
乙亥	3碧	9紫	6白	7赤	1白	4綠
丙子	4綠	1白	7赤	6白	9紫	3碧
丁丑	5黃	2黑	8白	5黃	8白	2黑
戊寅	6白	3碧	9紫	4綠	7赤	1白
己卯	7赤	4綠	1白	3碧	6白	9紫
庚辰	8白	5黃	2黑	2黑	5黃	8白
辛巳	9紫	6白	3碧	1白	4綠	7赤
壬午	1白	7赤	4綠	9紫	3碧	6白
癸未	2黑	8白	5黃	8白	2黑	5黃
甲申	3碧	9紫	6白	7赤	1白	4綠
乙酉	4綠	1白	7赤	6白	9紫	3碧
丙戌	5黃	2黑	8白	5黃	8白	2黑
丁亥	6白	3碧	9紫	4綠	7赤	1白
戊子	7赤	4綠	1白	3碧	6白	9紫
己丑	8白	5黃	2黑	2黑	5黃	8白
庚寅	9紫	6白	3碧	1白	4綠	7赤
辛卯	1白	7赤	4綠	9紫	3碧	6白
壬辰	2黑	8白	5黃	8白	2黑	5黃
癸巳	3碧	9紫	6白	7赤	1白	4綠

日辰 \ 節氣	冬至~立春	雨水~清明	穀雨~芒種	夏至~立秋	處暑~寒露	霜降~大雪
甲午	4綠	1白	7赤	6白	9紫	3碧
乙未	5黃	2黑	8白	5黃	8白	2黑
丙申	6白	3碧	9紫	4綠	7赤	1白
丁酉	7赤	4綠	1白	3碧	6白	9紫
戊戌	8白	5黃	2黑	2黑	5黃	8白
己亥	9紫	6白	3碧	1白	4綠	7赤
庚子	1白	7赤	4綠	9紫	3碧	6白
辛丑	2黑	8白	5黃	8白	2黑	5黃
壬寅	3碧	9紫	6白	7赤	1白	4綠
癸卯	4綠	1白	7赤	6白	9紫	3碧
甲辰	5黃	2黑	8白	5黃	8白	2黑
乙巳	6白	3碧	9紫	4綠	7赤	1白
丙午	7赤	4綠	1白	3碧	6白	9紫
丁未	8白	5黃	2黑	2黑	5黃	8白
戊申	9紫	6白	3碧	1白	4綠	7赤
己酉	1白	7赤	4綠	9紫	3碧	6白
庚戌	2黑	8白	5黃	8白	2黑	5黃
辛亥	3碧	9紫	6白	7赤	1白	4綠
壬子	4綠	1白	7赤	6白	9紫	3碧
癸丑	5黃	2黑	8白	5黃	8白	2黑
甲寅	6白	3碧	9紫	4綠	7赤	1白
乙卯	7赤	4綠	1白	3碧	6白	9紫
丙辰	8白	5黃	2黑	2黑	5黃	8白
丁巳	9紫	6白	3碧	1白	4綠	7赤
戊午	1白	7赤	4綠	9紫	3碧	6白
己未	2黑	8白	5黃	8白	2黑	5黃
庚申	3碧	9紫	6白	7赤	1白	4綠
辛酉	4綠	1白	7赤	6白	9紫	3碧
壬戌	5黃	2黑	8白	5黃	8白	2黑
癸亥	6白	3碧	9紫	4綠	7赤	1白

4) 구궁자백 時辰盤(時紫白)

아래 〈표 44〉 육십갑자 삼원표에서 보듯이 5일씩 나누어 일진(日辰) 지지(地支)를 기준하여 子午卯酉로 시작하는 日은 상원이 되고, 寅申巳亥로 시작되는 日은 중원이 되며, 辰戌丑未로 시작되는 日은 하원이 된다.

양둔(陽遁) 및 음둔(陰遁)은 일자백과 동일하게 적용된다.

〈표 44〉 육십갑자 삼원표(日辰)

上 元	中 元	下 元
甲子 乙丑 丙寅 丁卯 戊辰	己巳 庚午 辛未 壬申 癸酉	甲戌 乙亥 丙子 丁丑 戊寅
己卯 庚辰 辛巳 壬午 癸未	甲申 乙酉 丙戌 丁亥 戊子	己丑 庚寅 辛卯 壬辰 癸巳
甲午 乙未 丙申 丁酉 戊戌	己亥 庚子 辛丑 壬寅 癸卯	甲辰 乙巳 丙午 丁未 戊申
己酉 庚戌 辛亥 壬子 癸丑	甲寅 乙卯 丙辰 丁巳 戊午	己未 庚申 辛酉 壬戌 癸亥

【예1】 2009년 4월 15일(陰 3월 13일) 庚子日 午時 자백반

庚子日 午時는 〈표 45〉 시두법(時頭法)에서 壬午時가 되며, 청명절기이므로 양둔이고, 〈표 44〉 육십갑자 삼원표(日辰)에서 경자일은 중원이 된다. 〈표 36〉 일진 삼원표를 보면 양둔 중원은 7赤兌宮에서 기갑자(起甲子)하여 순행하는데 〈표 38〉 양둔 중원 구궁도와 같이 되며, 壬午時는 7赤兌宮에 위치하고 있으므로 시자백반을 찾기 위해서는 7赤을 중궁에 넣고 순행시키면 된다.

六	二	四
五	七	九
一	三	八

2010년 4월 15일
庚子日 午時 자백반

〈표 45〉 시두법(時頭法)

日＼時	子時	丑時	寅時	卯時	辰時	巳時	午時	未時	申時	酉時	戌時	亥時
甲己 日 甲子 頭	甲子	乙丑	丙寅	丁卯	戊辰	己巳	庚午	辛未	壬申	癸酉	甲戌	乙亥
乙庚 日 丙子 頭	丙子	丁丑	戊寅	己卯	庚辰	辛巳	壬午	癸未	甲申	乙酉	丙戌	丁亥
丙辛 日 戊子 頭	戊子	己丑	庚寅	辛卯	壬辰	癸巳	甲午	乙未	丙申	丁酉	戊戌	己亥
丁壬 日 庚子 頭	庚子	辛丑	壬寅	癸卯	甲辰	乙巳	丙午	丁未	戊申	己酉	庚戌	辛亥
戊癸 日 壬子 頭	壬子	癸丑	甲寅	乙卯	丙辰	丁巳	戊午	己未	庚申	辛酉	壬戌	癸亥

日辰이 甲日이나 己日이라면 子時는 甲子時가 된다. 이하 다른 日辰도 동일하다. 시두법(時頭法)과 둔시법(遁時法)은 동일한 말이다.

〈표 46〉 시자백 입중(入中) 조견표

日	節氣	時											
		子	丑	寅	卯	辰	巳	午	未	申	酉	戌	亥
子午卯酉	冬至 後	1白	2黑	3碧	4綠	5黃	6白	7赤	8白	9紫	1白	2黑	3碧
	夏至 後	9紫	8白	7赤	6白	5黃	4綠	3碧	2黑	1白	9紫	8白	7赤
寅申巳亥	冬至 後	7赤	8白	9紫	1白	2黑	3碧	4綠	5黃	6白	7赤	8白	9紫
	夏至 後	3碧	2黑	1白	9紫	8白	7赤	6白	5黃	4綠	3碧	2黑	1白
辰戌丑未	冬至 後	4綠	5黃	6白	7赤	8白	9紫	1白	2黑	3碧	4綠	5黃	6白
	夏至 後	6白	5黃	4綠	3碧	2黑	1白	9紫	8白	7赤	6白	5黃	4綠

19. 구성(九星) 수리조합(數理組合)

구성 수리조합(數理組合)은 각 운별 애성도(挨星圖, 宅命盤)가 완성되고 나면 운반(運盤) 및 산성(山星)·향성(向星)의 수리조합을 가지고 길흉해석을 판단한다. 운반과 산성(山星)·향성(向星)과의 관계를 말하면 운반이 주(主)가 되고 산·향성이 종(從)이 된다.

구궁(九宮) 중에 좌[山]궁 및 향궁, 그리고 중궁의 산성(山星)·향성(向星)과 나머지 여섯 궁의 산·향성 관계를 말하면 좌[山]궁 및 향궁, 그리고 중궁의 산·향성이 주(主)가 되고 나머지 여섯 궁의 산·향성은 종(從)이 된다.

좌[山]궁의 산성(山星)·향성(向星)과 향궁의 산·향성과의 관계는 향궁의 산·향성이 주(主)가 되고 좌[山]궁의 산·향성 종(從)이 된다.

길흉해석을 판단할 때 반드시 수리조합보다 지형지세의 합국·불합국이 우선함을 명심하여야 한다.

[81조(組) 동궁비성(同宮飛星) 길흉 해석][84]

■ 一白水星

일백수성(一白水星)은 일명 탐랑성(貪狼星)이며 문창성(文昌星)이다. 관성(官星)이며, 자성(子星)이며 길성이니 만약 당왕(當旺)한 운(運)에 향(向) 바깥쪽에 수광반조(水光返照)가 있으면 소년에 급제하여 명성이 널리 퍼져 나가는, 총명하고 지혜 있는 아들을 낳게 된다. 단 쇠사(衰死)에 해당하는 운이라면 형처(刑妻)하거나, 요절하거나, 방탕해지거나, 출혈이 있거나, 신장(腎臟)이 훼손을 받거나, 술꾼이나 도적이 생길 수 있다. 1백수성과 다른 별이 동궁했을 때 길흉은 다음과 같다.

1·1 水水로 比和 (앞의 숫자는 산성, 뒤의 숫자는 향성)

당왕(當旺)한 운(運)을 만나면 문재(文才)에 유리하고 문직(文職)에도 이롭다.

84) 조술래, 『玄空紫白訣譯解』, 전통문화사, 2004. 207-234쪽에서 인용.

그러나 만약 쇠사지기(衰死之氣)에 해당하면 혈증의 위험이 있거나 주색에 의한 재앙이 있을 수 있다.

1·2 土克水로 克入

당왕(當旺)한 운(運)을 만나면 집안의 노모에게 위장병이 생길 수 있다. 그러나 만약 쇠사지기(衰死之氣)에 해당한다면 남편이 아내에게 치욕을 당하거나 여자가 집안의 주도권을 장악하며 가족 중에 신장이 허약해지는 사람이 생길 수 있다.

1·3 水生木으로 生出

당왕(當旺)한 운(運)을 만나면 장자가 귀한 자리를 얻거나 삼목명(三木命)에 해당하는 사람에게 유리하며 정재(丁財)가 크게 발전한다. 그러나 만약 쇠사지기(衰死之氣)에 해당하면 장자가 실패하거나, 관사문제로 감옥에 가거나, 가출하여 도적이 되거나, 간(肝) 또는 발에 병이 있거나, 거처를 옮기도록 압력을 받는 수가 있다.

1·4 水生木으로 生出

당왕(當旺)한 운(運)을 만나면 과거급제로 이름을 날리며 청운의 꿈을 펼 수 있고 훌륭한 문필력을 가질 수 있으니 등방제명(燈榜題名)을 얻을 수 있다. 그러나 만약 쇠사지기(衰死之氣)라면 등과는 할 수 있지만 귀(貴)를 얻을 뿐, 부(富)는 누리지 못하거나 또는 귀(貴)로 인해 음탕해지기 쉽다. 만약 바깥에 토형(土形)물체가 있다면 부인이 자식을 두지 못하거나, 혹 어린아이가 요절할 수도 있다.

1·5 土克水로 克入

당왕(當旺)한 운(運)을 만나면 재물과 귀(貴)를 얻을 수 있다. 그러나 만약 쇠사지기(衰死之氣)일 경우, 가벼우면 종기가 나는 정도이지만 중하면 신장과 허리 등에 심각한 증상이 있거나, 음식물 중독으로 고생하거나, 중자(中子)가 일찍 죽을 수도 있다.

1·6 金生水로 生入

당왕(當旺)한 운(運)일 때 1과 6은 선천생성수(先天生成數)를 이루어 큰 부귀를 누릴 수 있고 8대 문장가가 날 수 있다. 만약 건산(乾山)에 물을 얻으면 곧 이러한 응험이 있다. 그러나 만약 쇠사지기(衰死之氣)라면 금수(金水)가 한랭한 상태에 있는 것과 같으니 머리와 골격에 병이 있거나 금속류에 다칠 수도 있다.

1·7 金生水로 生入

당왕(當旺)한 운(運)이라면 도화운(桃花運)이 있어 재물과 귀를 쉽게 얻을 수 있다. 그러나 만약 쇠사지기(衰死之氣)라면 금수(金水)가 다정하므로 주색을 밝히거나, 주색으로 인해 감옥에 가거나, 구설시비로 인해 남과 원수가 지거나, 칼 등에 상해를 입을 수 있고 음란함으로 성병을 얻을 수 있다.

1·8 土克水로 克入

당왕(當旺)한 운(運)을 만나면 어린아이에게 익사의 위험이 있지만 가정적으로는 文才로 유리함을 얻을 수 있다. 그러나 만약 쇠사지기(衰死之氣)에 해당하면 부인이 자식을 기르지 못하거나 귓병, 빈혈 등으로 고생할 수 있다.

혹 아들이 있을 경우 일찍 죽을 수 있다.

1·9 水克火로 克出

당왕(當旺)한 운(運)을 만나면 수화기제(水火旣濟)격이니 재물에 크게 이롭고 아들을 많이 둘 수 있지만, 만약 쇠사지기(衰死之氣)를 만나면 풍습관련 질병에 쉽게 걸리고 부부는 반목하며, 형제자매 사이에 화목치 못할 수 있다.

■ 二黑土星

이흑토성(二黑土星)은 거문성(巨文星)으로 일명 병부성(病符星)이라고도 부른다. 당왕(當旺)한 운(運)이면 전답, 부동산 등의 부(富)를 누릴 수 있으며 인정(人丁)의 흥왕(興旺)과 무인으로서 귀(貴)를 누릴 수 있다. 그러나 만약 쇠사지기(衰死之氣)에 해낭하면 아내가 남편의 권한을 빼앗거나, 성격이 음험하고 인색하거나, 난산이나 복부질병 등이 있을 수 있고 소인의 모함이나 가족들에게 질병이 생길 수 있다.

2·1 土克水로 克出

당왕(當旺)한 운(運)을 만나면 지산(地産)이 풍부하고 식구들이 건강하며 노모가 장수한다. 그러나 만약 쇠사지기(衰死之氣)에 해당하면 부인이 남편을 극하거나, 중남(中男)이 일찍 죽거나, 과부가 살림을 주도하게 되며 위, 장, 신장 등에 병이 많다. 또 부부 사이에 정이 없거나 잘 싸우게 된다.

2·2 土土로 比和

당왕(當旺)한 운(運)을 만나면 토지와 재물이 많으며 무관직에 유리하다. 그러나 만약 쇠사지기(衰死之氣)에 해당하면 음신(陰神)이 가득한 것과 같아 여색과 음탕함에 빠져 단전(丹田)이 약해지거나, 노모에게 병이 많거나, 못난 사람이 많이 난다. 외기(外氣)가 이럴 때는 소인배들의 모함이 많을 것이다.

2·3 木克土로 克入

당왕(當旺)한 운(運)을 만나면 노부(老婦)가 권리를 장악하고 집안에 재물을 사사로이 축적하며 長子는 불초(不肖)한 인물이다. 쇠사지기(衰死之氣)에 해당하면 남자는 음탕하여 집안을 망치고, 부인은 음식이 체하여 병을 얻게 된다.

2와 3은 '투우살(鬪牛煞)'로 상징되니 부부 사이에 불화하거나 부인이 남편에게 속임을 당할 수 있다. 집안 식구들이 도박과 술을 좋아하여 전답이 황폐해지거나 좀도둑의 무리가 날 수도 있다.

2·4 木克土로 克入

당왕(當旺)한 운(運)이면 집안의 형수가 살림을 장악하되 집안이나 식구들 모두 좋다. 그러나 만약 쇠사지기(衰死之氣)에 해당하면, 포악한 며느리가 시어머니를 속이고 남자는 호색하여 바깥에 정부(情婦)를 두게 된다. 노모는 고독을 못 이겨 혹 출가하여 승려가 될 수 있고, 식구들은 소화기 계통 또는 다리 등에 병을 얻기 쉽다. 집안이 음침하면 항상 귀기(鬼氣)가 드리우며, 바깥에 있으면 관재가 몸을 감거나 풍한병(風寒病)을 얻을 수 있다.

2·5 土土로 比和

당왕(當旺)한 운(運)이면 사업을 하기가 용이하며 재운도 좋은 편인데, 특히 지산(地産)과 관계된 일이라면 흥왕(興旺)할 수 있다. 그러나 만약 쇠사지기(衰死之氣)에 해당하면, 온갖 병이 생기거나 노부(老婦)의 병이 중하여 홀아비가 되기 쉽다. 특히 만성 위장병으로 고생하거나 심할 경우 위암으로 죽음에 이를 수 있다.

2·6 土生金으로 生出

당왕(當旺)한 운(運)을 만나면 건곤교태(乾坤交泰)로 자녀들이 온순하고 가업이 흥성하며 의사가 되어 세상을 구제하는 집안이 되거나 무관직으로 크게 성공할 수 있다. 그러나 만약 쇠사지기(衰死之氣)에 해당하면 노부(老父)에게 병이 많거나, 집을 떠나 승려가 되거나, 부자간에 불화가 있거나, 주객이 다투거나, 관재에 휘말리거나, 집안사람들에게 항상 두통이 있거나, 정서 불안 등이 있을 수 있다.

2·7 土生金으로 生出

당왕(當旺)한 운(運)을 만나면 횡재로 거부(巨富)가 될 수 있고 자녀도 많이 둔다. 그러나 만약 쇠사지기(衰死之氣)에 해당하면 모녀간에 다툼이 많고 여자들끼리 갈등이 있다. 2와 7은 선천(先天) 화(火)를 뜻하는 수(數)이니 화재 또는 출혈 등 흉사가 쉽게 생길 수 있으며, 가족들에게 설사나 이질병이 있고 사내아이는 항상 이성문제로 고민하거나 구설 시비 등으로 몸을 다칠 수도 있다.

2·8 土土로 比和

당왕(當旺)한 운(運)이면 전답을 많이 소유하고 소출도 많다. 그러나 쇠사지기(衰死之氣)에 해당하면 항상 어린아이들에게 병이 있다. 또 부인이 출가하여 승려가 되는 일이 있을 수 있다.

2·9 火生土로 生入

당왕(當旺)한 운(運)이면 문필이 빛을 발하거나 전재(田財)를 많이 모을 수 있다. 그러나 만약 쇠사지기(衰死之氣)에 해당하면 음신(陰神)이 집안으로 들어와 남녀 모두 음탕해지거나 재산을 없애거나 우매한 사람이 날 것이다. 특히 2·9는 화염토조(火炎土燥)하니 혈광(血光)의 재앙이 생기기 쉽다. 음기가 지나치게 많으니 과부가 날 수 있다. 또 토(土)에 눈동자를 다쳐 맹인이 날 수도 있다.

■ 三碧木星

삼벽목성(三碧木星)은 일명 녹존성(祿存星)인데, 성질이 난폭하고 싸우기를 좋아하기 때문에 치우성(蚩尤星)이라고도 부른다. 당왕(當旺)한 운(運)일 때는 재록(財祿)이 풍부하고 사업으로 집안을 일으키며 벼슬로 명성을 얻는다. 특히 장자가 가장 좋다. 그러나 만약 쇠사지기(衰死之氣)에 해당하면 정신이상 또는 천식이 오거나, 다리를 다치거나, 형처(刑妻)하거나, 구설시비(口舌是非)나 관재(官災) 등이 있거나, 도적이 될 수도 있다.

3·1 水生木으로 生入

당왕(當旺)한 운(運)이면 장자가 귀한 인물이 되고 모두 크게 발전하며 과거시험에 합격할 수 있다. 그러나 만약 쇠사지기(衰死之氣)에 해당하면 장자(長子)가 크게 실패하여 성질이 난폭해지거나 싸움으로 인해 관재를 야기시킬 수 있다. 혹 이웃과 불화하여 멀리 떠나야 하는 일도 생길 수 있다. 운세가 막혀 앞이 안 보이거나 사지(四肢)에 손상을 입을 수도 있다.

3·2 木克土로 克出

당왕(當旺)한 운(運)이면 전답에서 소출이 많고 장자(長子)에게는 정재(丁財) 모두가 크게 유리하다. 그러나 만약 쇠사지기(衰死之氣)에 해당하면 투우살(鬪牛煞)이 야기되어 가정불화 또는 부부간 불목 등이 있고 또 항상 윗사람과 충돌하여 관재를 일으킬 수 있다. 혹 위를 다쳐 음식을 못 먹거나 싸우다가 다리를 다칠 수도 있다. 결론적으로 고생이 많고 하는 일마다 막히거나 실패하기 쉽다.

3·3 木木으로 比和

당왕(當旺)한 운(運)이면 기세가 왕성하여 남을 학대할 수 있지만 명성은 혁혁하여 사업을 일으켜 가운을 흥왕케 할 수 있고 재운도 좋다. 그러나 만약 쇠사지기(衰死之氣)에 해당하면 가출하여 도적이 되거나, 도적에게 겁탈을 당하거나, 항상 수족을 다칠 수 있고 다른 사람과 다투다가 관재(官災)를 만날 수 있다.

3·4 木木으로 比和

당왕(當旺)한 운(運)이면 3과 4는 정배(正配)이나 귀자를 낳을 수 있고 사업과 재운 역시 정상적으로 발전할 수 있다. 그러나 만약 쇠사지기(衰死之氣)에 해당하면 가출하여 도적이 되거나 걸인이 되기 쉽고 하는 일마다 어긋나며 몸에는 풍진이 있거나 다리 등을 다칠 수 있다. 혹 간·담 등에 병이 있을 수도 있다. 만약 태세살(太歲煞)을 만나면 여색으로 어려움을 겪거나 뱀에게 물릴 수 있다.

3·5 木克土로 克出

당왕(當旺)한 운(運)이면 재물과 귀(貴)가 많거나 관운(官運)이 있을 수 있다. 그러나 만약 쇠사지기(衰死之氣)에 해당하면 몸에 풍진오독(風疹五毒)이 생기거나, 정서적으로 반역심이 생기거나, 간병 또는 다리를 다칠 수 있다.

3·6 金克木으로 克入

당왕(當旺)한 운(運)이면 관장(官場)이 분주하며 사업을 이를 수 있고 윗사람의 도움을 받을 수 있다. 그러나 만약 쇠사지기(衰死之氣)에 해당하면 관재(官災)를 당하거나, 병기(兵器)의 화를 당하거나, 넘어져 다치거나, 칼에 수족(手足)을 다칠 수 있다. 혹 때에 따라 귀가 울리거나 간병이 있을 수 있다. 가족들 사이에 다툼이 많다.

3·7 金克木으로 克入

당왕(當旺)한 운(運)이면 재원(財源)이 광진(廣進)하며 문무겸전(文武兼全)의 귀(貴)를 누릴 수 있다. 그러나 만약 쇠사지기(衰死之氣)에 해당하면 '천심살(穿心煞)'로 작용하여 수족 및 간담(肝膽)등에 병이 있고 병후에는 관재까지 만날 수 있나. 향방(向方)에 파손처가 있으면 폐가 손상되어 토혈이 올 수 있다. 가족 중에 주색을 밝히는 무리가 있거나, 좀도둑이 있거나, 가문을 욕되게 하거나, 가족 사이에 불목(不睦)하게 되며, 항상 장자(長子)가 재앙을 만나게 된다.

3·8 木克土로 克出

당왕(當旺)한 운(運)이면 문재(文才)로 으뜸이 될 수 있고 또 정재(丁財)도 크게 발전할 수 있다. 그러나 만약 쇠사지기(衰死之氣)에 해당하면 어린 아들에게 재앙이 많고 신체를 다치기 쉬운데, 혹 개에게 물릴 수도 있다. 가족 중에 형제들이 불화하거나 또는 재산 문제로 다투다 관사(官司)를 야기시킬 수도 있다.

3·9 木生火로 生出

당왕(當旺)한 운(運)이면 우뢰가 심해져 火가 더욱 밝아지듯 집안에 새로운 분위기가 감돌고 여자 아이들이 총명하며 문재(文才)가 뛰어난 인물이 있으면 오랫동안 부귀를 누릴 수 있다. 그러나 만약 쇠사지기(衰死之氣)에 해당하면 관재가 쉬지 않고, 항상 눈이나 머리에 병이 있으며, 화재 위험성도 쉽게 생길 수 있다.

■ **四綠木星**

사록목성(四綠木星)은 일명 문곡성(文曲星)이다. 당왕(當旺)한 운(運)이면 문장이 뛰어나고 각종 시험에 모두 합격하며, 여자는 용모가 단정하고 아름다워 귀한 집안과 혼인하게 된다. 그러나 만약 쇠사지기(衰死之氣)에 해당하면 정신이상, 기침, 혈액병이 있을 수 있고 여자라면 음란, 남자라면 주색으로 집안을 망치거나 떠돌이로 살다가 절멸(絶滅)할 수도 있다.

4·1 水生木으로 生入

당왕(當旺)한 운(運)이면 대궐을 드나드는 귀한 신분이 되며 문장과 학문에 대단히 유리하여 각종시험에 연달아 합격한다. 자녀들은 총명하여 좋은 성적을 올리고 형(兄)도 과거에 합격하며 모든 업무가 순조롭고 재운(財運)도 크게 형통한다. 그러나 만약 쇠사지기(衰死之氣)에 해당하면 정신질환을 앓을 가능성이 높거나, 떠돌이로 음탕한 삶을 살거나, 주색에 곪거나, 부끄러운 일이 집밖으로 나갈 수 있다. 혹 부녀자가 자식을 낳지 못하거나 기르다가 일찍 죽는 일이 생길 수도 있다.

4·2 木克土로 克出

당왕(當旺)한 운(運)이면 재귀(財貴)가 있고 부인이 살림을 장악하며 자녀를 많이 낳을 수 있다. 그러나 만약 쇠사지기(衰死之氣)에 해당하면 표독한 며느리가 어머니를 극(克)하거나 시어머니를 기만하는 일이 생긴다. 특히 집안에 음험(陰險)한 기운이 가득 차 정신이상이나 소화기 질환에 걸릴 수 있고 시어머니와 며느리들 사이가 화목치 못하며 노모(老母)가 재앙을 만날 수 있다. 사업의 쇠퇴와 가풍(家風)에 추한 소문이 나거나 출가하여 승려가 되거나 또한 광견에게 물릴 수도 있다.

4·3 木木으로 比和

당왕(當旺)한 운(運)이면 음양정배격(陰陽正配格)이니 집안이 화목하고 자녀들이 순종하며 재귀(財貴)를 얻어 사업도 순조롭다. 그러나 만약 쇠사지기(衰死之氣)에 해당하면 부부간에 반목하고 승려가 될 생각을 가지며 불초한 자식이 날 수 있다. 건강상으로는 풍진(風疹) 및 사지(四肢)에 질병이 있을 수 있다.

4·4 木木으로 比和

당왕(當旺)한 운(運)이면 4·4 즉 문곡쌍성(文曲雙星)이 나란히 임한 것이므로 자녀들의 성적이 특별히 좋고, 어려운 시험에 합격하는 기쁨을 만날 수 있다. 문관직이나 문장력에 매우 유리한 운이 작용하니 명망을 얻을 수 있다. 그러나 만약 쇠사지기(衰死之氣)에 해당하면 이리저리 떠돌아다니거나 승려가 되거나 풍질(風疾)이 끊이지 않거나 과부가 집안을 떠맡게 된다. 사내아이는 집을 나가 익사의 위험에 처할 수도 있다.

4·5 木克土로 克出

당왕(當旺)한 운(運)이면 문재(文才)가 있고 재물도 풍족하며 사업도 순조로울 것이다. 그러나 만약 쇠사지기(衰死之氣)에 해당하면 피부병에 시달리거나 도박과 술을 좋아하여 농토가 황폐되고 집안에 음침한 기운이 감돌아 헛것이 보이며, 주부는 병에서 벗어나지 못하여 항상 승려가 되기를 원하게 된다. 특히 자녀를 온전히 기르기 어렵고 결국은 집안의 패락이 올 수 있다.

4·6 金克木으로 克入

당왕(當旺)한 운(運)이면 병군(兵軍)이 침입하지 못하며 관운도 열리고 가정이 화목하며 재록(財祿)도 넉넉할 것이다. 그러나 만약 쇠사지기(衰死之氣)에 해당하면 아비가 처와 며느리를 학대하여 두려움을 느낀 나머지 목숨을 끊는 일이 생길 수 있다. 가정 내에 다툼이 심하고 식구들 중에 간·담·다리 등에 병이 생길 수 있다. 또 4·6은 풍질(風疾)과 역마(驛馬)를 상징하므로, 식구들이 먼 곳으로 이사하거나 노역의 고통을 받을 수도 있다.

4·7 金克木으로 克入

당왕(當旺)한 운(運)이면 부인이 가사를 주관하며, 지나치게 성질이 사납지만 재산은 많이 모을 것이다. 그러나 만약 쇠사지기(衰死之氣)에 해당하면 음기가 집안에 가득하여 남녀 모두 탐음(貪淫)하거나 자녀가 있다면 공부가 시원치 않으며 또 병으로 일찍 죽을 수도 있다. 집 밖에 있어도 구설이 많고 시어머니가 장사를 하게 된다. 집안에 이성문제가 생기기 쉽다.

4·8 木克土로 克出

당왕(當旺)한 운(運)이면 어진 어머니가 자식을 잘 가르치게 되고 산림에 관계된 재물을 많이 모을 수 있다. 그러나 만약 쇠사지기(衰死之氣)에 해당하면 식구 중에 산석(山石)에 대한 광적인 취미를 가진 사람이 있거나, 산속으로 들어가 은자(隱者)가 되거나, 절로 들어가 승려가 되는 사람이 있을 수 있다. 자녀들은 병이 잦고 공부도 시원치 않으며 비염에 걸리기 쉽다. 또 풍질(風疾)에 쉽게 걸리거나 뱀, 개 따위에 물리는 수도 있다.

4·9 木生火로 生出

당왕(當旺)한 운(運)이면 선천 金에 부합하는 수이니 재물과 귀를 모두 얻을 수 있고 총명한 인물이 나며 문장이 뛰어나 크게 명성을 얻을 수 있다. 그러나 만약 쇠사지기(衰死之氣)를 만나면 형수와 권세를 다투어 가정이 편치 못하며 이성문제도 생기기 쉽고, 항상 안질이나 화재의 위험도 있다 남자라면 혹 여자문제로 파재(破財)가 올 수도 있다.

■ 五黃土星

오황토성(五黃土星)은 염정성(廉貞星)이며 무기대살(戊己大殺)이다. 당왕(當旺)한 운(運)이면 정재(丁財) 모두 크게 발전하지만 쇠사지기(衰死之氣)에 해당하면 생(生)을 받든 극(克)을 받든 모두 대흉하므로 동(動)하면 나쁘다. 만약 태세(太歲)가 가해지면 흉성이 크게 작용하여 정재(丁財)에 커다란 손실이 오는데, 가볍게는 질병 정도이겠지만 중하면 다섯 사람이 사망할 수도 있으니 절대로 범해선 안 된다.

5·1 土克水로 克出

당왕(當旺)한 운(運)이라면 정재(丁財)가 크게 발전하지만, 단 중자(中子)는 그것을 받지 못한다. 쇠사지기(衰死之氣)에 해당하면 중자(中子)가 재앙을 만나거나 큰 병에 걸릴 수 있다. 특히 비뇨기계통 질병인데 여자라면 부인과 질병이다. 식구들도 이런저런 병이 떠나지 않는다. 이 외에도 귓병, 피부병, 종기 따위로 고생할 수 있다.

5·2 土土로 比和

당왕(當旺)한 운(運)이면 정재(丁財)가 크게 발하고, 어머니가 가권을 쥐게 된다. 그러나 쇠사지기(衰死之氣)를 만나면 온갖 병이 생긴다. 특히 부모의 병환이 중한데, 장 또는 위병일 것이다. 여기에 태세(太歲)까지 가해지면 아버지가 병사(病死)할 수 있다.

5·3 木克土로 克入

당왕(當旺)한 운(運)이면 정재(丁財)가 크게 발하되 장남에게 특히 좋다. 그러나 만약 쇠사지기(衰死之氣)를 만나면 간(肝), 비(脾) 등에 병을 얻거나 사지(四肢)에 창독(瘡毒)이나 피부병이 생길 수 있다. 남자는 반역지심(叛逆之心)을 품거나 식구들 중에 다리를 다치는 일이 있어 집안이 편안치 못할 것이다.

5·4 木克土로 克入

당왕(當旺)한 운(運)이면 학문과 재주와 재물이 풍부하여 사업도 순조로울 것이다. 그러나 만약 쇠사지기(衰死之氣)를 만나면 아들은 도박과 술을 좋아하여 전답이 황폐해지고, 여자는 유방에 독창이 생기며, 남자는 풍진이 생길 수 있다. 또한 집안에 음침한 기운이 돌아 항상 헛것이 보이며 집안의 형수는 생각이 승려가 되는데 있는 등 가세가 기울어질 것이다.

5·5 土土로 比和

당왕(當旺)한 운(運)이면 정재(丁財) 모두 왕성하며 가업도 번창할 것이다. 그러나 만약 쇠사지기(衰死之氣)에 해당하면 흉살이 횡행하여 감당할 수 없으니 반드시 혈광지재(血光之災)가 있을 것이다. 가벼우면 창독(瘡毒)에 의한 농혈을 보는 정도이겠지만 중하면 여러 사람이 사망할 수도 있다.

5·6 土生金으로 生出

당왕(當旺)한 운(運)이면 재물이 많고 자녀가 효성스럽지만, 단 가주(家主)는 그것을 받지 못한다. 만약 쇠사지기(衰死之氣)에 해당한다면 가주가 병에 나는데, 가벼우면 두통이나 골절통(骨節痛) 정도이지만 심하면 생명의 위험도 있다. 밖으로 나가면 반드시 쇠살(衰煞)을 만나게 된다. 관리가 되어도 어려운 문제들이 많다. 심지어는 신체적 참상을 당할 수도 있다.

5·7 土生金으로 生出

당왕(當旺)한 운(運)이면 재물이 많고 가업이 흥왕할 것이다. 그러나 만약 쇠사지기(衰死之氣)에 해당하면 시비구설, 끊임없는 관재 또는 음탕함 때문에 파재하거나 여색으로 인해 관재를 야기시킬 수 있다. 소녀는 병이 많고 식구들은 입 안에 병이 있거나 연장 등에 다치기 쉽다.

5·8 土土로 比和

당왕(當旺)한 운(運)이면 전답에서의 생산이 많고 자녀들도 온순하다. 그러나 만약 쇠사지기(衰死之氣)에 해당하면 소남(少男)에게 병이 많고 어른은 근골에 통증이 있거나 운기(運氣)가 막힐 수 있다.

5·9 火生土로 生入

당왕(當旺)한 운(運)이면 자녀가 총명하며 재운도 매우 좋다. 그러나 만약 쇠사지기(衰死之氣)에 해당하면 우둔한 자식을 낳고 식구들에게는 눈병이 많으며 혹 정신적 고통과 두통 등이 있을 수 있다. 만약 태세살(太歲煞)까지 만나면 혈광지재(血光之災)가 있을 것이다.

■ 六白金星

육백금성(六白金星)은 일명 무곡성(武曲星)이며 길성(吉星)이니 당왕(當旺)한 운(運)이면 권위가 세상을 진동하며 무장으로서 공훈을 세워 귀(貴)를 누리고 거부(巨富)이면서 자손도 많이 둘 수 있다. 그러나 만약 쇠사지기(衰死之氣)에 해당하면 형처(刑妻)하여 고독하고 도병(刀兵)의 화를 당할 수 있으며, 남자라면 홀아비로 쓸쓸히 지내거나 여자라면 과부로 집을 지키게 된다.

6·1 金生水로 生出

당왕(當旺)한 운(運)이면 6과 1은 선천생성수를 얻었으니 관운이 형통하고 재물이 풍성하며 자녀들은 시험에 합격할 수 있다. 그러나 만약 쇠사지기(衰死之氣)에 해당하면 관록운(官祿運)은 퇴하지 않지만 가족들이 머리, 목, 뼈 등에 병이 생기거나 물로 인한 근심이 있을 수 있다.

6·2 土生金으로 生入

당왕(當旺)한 운(運)이면 전재(田財)가 크게 발하여 보화를 많이 축적할 것이며, 건곤교태격(乾坤交泰格)이니 의업(醫業)으로 세상을 구제할 것이다. 그러나 만약 쇠사지기(衰死之氣)에 해당하면 탐심 때문에 좋은 일이 없고 구두쇠 노릇을 하거나 혹 출가하여 승려가 되거나 또는 부부가 서로 반목하여 헤어지기 쉽다. 가족들에게도 여러 가지 병이 많을 것이다.

6·3 金克木으로 克出

당왕(當旺)한 운(運)이면 재운, 관운이 모두 좋고 권위를 크게 드러내게 된다. 그러나 만약 쇠사지기(衰死之氣)에 해당하면 칼(刀)로 인해 고통을 받거나, 머리 또는 발에 문제가 오거나, 부자간에 불화하거나, 혹 상복을 입을 일이 생길 수도 있다.

6·4 金克木으로 克出

당왕(當旺)한 운(運)이면 시장에서 무역으로 큰 돈을 벌 것이며, 먼 곳의 재물을 다룰 것이다. 무관으로 파병될 수도 있다. 그러나 만약 쇠사지기(衰死之氣)에 해당하면 처를 극하는 난폭성이 있거나 노역의 고통이 따르거나 부인이라면 집안의 학대를 견디지 못해 목을 매는 일이 생길 수 있다. 가족 중에는 다리나 두통 등으로 고생하는 사람이 있을 수 있다.

6·5 土生金으로 生入

당왕(當旺)한 운(運)이면 재운, 관운이 모두 좋지만 단 소인배의 흉계가 있을 수 있다. 그러나 만약 쇠사지기(衰死之氣)에 해당한다면 소인 때문에 어려움이 생겨 관직을 잃고 농락을 받아 마치 머리가 타서 문드러지는 듯한 정신적 고통을 받을 수 있다. 가주(家主)는 병과 재액이 많고 특히 두통이 심하며, 심지어는 정신이상으로 음독자살을 기도할 수도 있다.

6·6 金金으로 比和

당왕(當旺)한 운(運)이면 관운이 형통하여 권세가 극품(極品)에 오를 수 있다. 그러나 만약 쇠사지기(衰死之氣)에 해당하면 관사(官事)가 몸을 감아 벗어나기 어려워 먼 곳으로 피신해 가거나, 중상모략 때문에 거처를 옮기게 되거나, 악한들에게 몸을 다치거나, 파재(破財)로 몸을 상하거나, 뜻밖의 교통사고로 골절상이 있을 수 있다.

6·7 金金으로 比和

당왕(當旺)한 운(運)이면 문무를 겸전하여 대권을 쥘 수 있고 재운도 좋다. 그러나 만약 쇠사지기(衰死之氣)에 해당하면 교검살(交劍煞)이 작용하여 싸움이 잦거나 이전투구하기 쉽다. 집안에는 도둑이 들어 재물을 겁탈당하거나 구설로 관재가 생기거나 식구들이 불안하며 두통이나 인후병(咽喉病)으로 고생할 수도 있다.

6·8 土生金으로 生入

당왕(當旺)한 운(運)이면 문관(文官)으로 무권(武權)을 잡게 되며 공명과 이록(利祿)이 함께 올 것이니 가업이 흥성하고 자손 또한 그 음덕(蔭德)을 받게 된다. 그러나 만약 쇠사지기(衰死之氣)에 해당하면 비록 관록은 줄어들지 않는다 해도 머리 또는 골격에 병이 생길 수 있다.

6·9 火克金으로 克入

당왕(當旺)한 운(運)이면 마치 화(火)가 천문(天門)을 비추는 것과 같으므로 정재(丁財) 모두 왕성하고 가주(家主)는 귀(貴)와 수(壽)를 누리며 또 총명한 무장(武將)이 날 것이다. 그러나 만약 쇠사지기(衰死之氣)에 해당하면 화(火)가 천문(天門)을 향하니 귀신(鬼神)의 지책(持責)이 있어 집안을 거역하는 자식이 나기 쉽고, 화가 왕성하면 반드시 재앙도 있을 것이다.

■ 七赤金星

칠적금성(七赤金星)은 일명 파군성(破軍星)이며 적성(賊星)이라고도 부르는데, 당왕(當旺)한 운(運)이면 무권(武權)이 발하며 정재(丁財) 모두 흥왕하고, 특히 작은아들이 발복한다. 그러나 만약 쇠사지기(衰死之氣)에 해당하면 집안에 도적이 나거나, 군에서 전사하거나, 감옥에 갇히거나, 구설이 있거나, 화재로 식구를 잃거나, 주색을 밝히는 무리가 나기 쉽다.

7적금성은 흉성이니 동(動)하지 않아야 한다. 동하면 흉상이 크게 드러나 도로 입구 또는 삼차로에 있을 때 위해(危害)가 극렬할 수 있다. 단 7적금성이 만약 외부환경과 상응한다면 다음과 같이 몇 가지 특징이 나타난다.

- 바깥에 호로병 모양의 사(砂)가 있으면 집안에 의복(醫卜)하는 사람이 난다.
- 바깥에 도잔(刀盞)모양의 사(砂)가 있으면 집안에 푸줏간 하는 사람이 난다.
- 바깥에 집게 모양의 사(砂)가 있으면 집안에 기계 기술자가 난다.
- 바깥에 깃발, 북 모양의 사(砂)가 있고 또 도잔(刀盞) 모양의 사(砂)가 있으면 집안에 반역자나 도둑의 무리가 난다.
- 바깥에 탐두(探頭) 모양의 사(砂)가 있으면 집안에 여우형상을 한 귀영(鬼影)

이 나타난다.

• 바깥에 충사(沖射)하는 물체가 있고 또 1·6이 그 방위에 임하면 음독하거나 토혈하는 사람이 나기 쉽다.

7·1 金生水로 生出

당왕(當旺)한 운(運)이면 무관으로 승진할 것이나, 단 자녀들은 도화운(桃花運)이 작용하여 방탕한 생활을 할 것이다. 쇠사지기(衰死之氣)에 해당하면 금수(金水)가 한랭(寒冷)하니 자녀들이 주색을 탐하며 돈을 낭비하면서 떠돌아다니거나 의리를 배반하고 은혜를 망각하기 쉽다. 만약 당년 태세(太歲)까지 만나는 때에는 끊임없이 시비를 초래하거나, 남의 재물을 겁탈하거나, 하복부에 질병이 있거나, 폐병으로 토혈하거나 금속류에 몸을 다치거나 떠돌이로 좌패(挫敗)하기 쉽다.

7·2 土生金으로 生入

당왕(當旺)한 운(運)이면 땅과 재물이 많으며 관직에 있으면 승진하고 부인은 귀인(貴人)이라 불리 운다. 2·7 선천수를 얻어 마치 집안에 휘황찬란한 등불을 단 것과 같으니 집안이 북적대고 흥왕(興旺)한다. 그러나 만약 쇠사지기(衰死之氣)에 해당하면 화재가 있거나 음탕함이 지나치거나 음험한 기운이 가득 차 여자들끼리 불화하기 쉽다. 홀어머니가 살림을 쥐고 작은며느리를 학대하여 음독자살하기 쉽다. 혹 음식중독으로 입병이나 이질을 앓을 수도 있다.

7·3 金克木으로 克出

당왕(當旺)한 운(運)이면 문관으로 무관의 권기(權貴)를 누리며 병법과 전술이 뛰어난 인물이 된다. 많은 사람들이 따르게 되며 자녀 역시 훌륭할 것이다. 그러나 만약 쇠사지기(衰死之氣)에 해당하면 뭇 사람들에게 난폭하게 굴고 자녀는 샛길로 빠지며 도적 따위가 되기 쉬운데 천심살(穿心煞)이 작용하며 칼 따위에 참상을 당하는 경우를 만날 수도 있다. 또 집안에 도적이 나거나 또는 도적에게 겁탈을 당하는 일이 생길 수 있다. 구설시비로 엉뚱하게 관재(官災)가 생기거나 가정불화, 자녀와 헤어지는 일도 있다. 무절제한 음식과 생활로 토혈, 부상이 올 수 있으며 병후에 관재가 생기기 쉽다.

7·4 金克木으로 克出

당왕(當旺)한 운(運)이면 부인이 귀한 신분이 되고 관록(官祿) 모두 흥왕한데 도화운(桃花運)도 있다. 그러나 만약 쇠사지기(衰死之氣)에 해당하면 음기(陰氣)가 집에 가득한 격이니 부인네가 가사를 주관하고 남녀는 탐음(貪淫)으로 도화지겁(桃花之劫)이 있을 것이다. 집안의 여자들은 화목치 못하고 구설이 많으며 늙은 시어머니가 장사를 하게 되거나 병도(兵刀)에 의한 재앙도 있기 쉽다. 토혈로 요절하는 형상이다.

7·5 土生金으로 生入

당왕(當旺)한 운(運)이면 전재(田財)로 부를 누릴 수 있다. 그러나 만약 쇠사지기(衰死之氣)에 해당하면 입병, 종기 따위가 있고 구설시비가 끊이지 않으며 그 때문에 관재(官災)를 당할 수 있고 또 도화지겁(桃花之劫)도 있을 것이다.

7·6 金金으로 比和

당왕(當旺)한 운(運)이면 문무를 막론하고 관록운이 모두 좋다. 그러나 만약 쇠사지기(衰死之氣)에 해당하면 교검살(交劍煞)이 작용하여 관청에서 다투거나 가정불화가 있으며, 도검(刀劍) 따위에 몸을 다치거나 교통사고를 당할 수도 있다. 입병, 두통 또는 농혈(膿血) 따위로 고통을 받기 쉽다.

7·7 金金으로 比和

당왕(當旺)한 운(運)이면 재물과 권세를 돕는 기운이 있어 뜻하지 않게 큰 횡재를 만날 수 있다. 그러나 만약 쇠사지기(衰死之氣)에 해당하면 도적이 집에 들거나 화재의 위험이 있다. 구설시비가 있거나 남녀음욕 따위가 도화지겁(桃花之劫)을 초래하거나 여색으로 관재(官災)를 만날 수도 있다.

7·8 土生金으로 生入

당왕(當旺)한 운(運)이면 연속적으로 승진하고 재산도 크게 늘어나며 거금이 몸에서 떠나지 않는다. 가정도 화목하고 가족들도 건강하다. 그러나 만약 쇠사지기(衰死之氣)에 해당하면 돈이 흩어지기 쉽고 입 안에 병증이 생기며 어린 자녀들은 병이 많을 것이다.

7·9 火克金으로 克入

당왕(當旺)한 운(運)이면 마치 대청에 불을 밝힌 것처럼 집안이 흥왕할 수 있다. 그러나 만약 쇠사지기(衰死之氣)에 해당하면 화재를 당하기 쉽다. 7·9가 향방(向方)에 있을 때 동(動)하면 화(火)가 일어난다. 7·9가 산방(山方)에 있을 때 2흑토성을 만나면 동(動)하지 않아도 화(火)가 일어난다. 외부에 붉은색 묘당(廟堂)이 있거나 화형(火形)이 있으면 급성열병을 면키 어렵다. 5황토성을 만나면 혈병(血病)도 앓게 된다.

■ 八白土星

팔백토성(八白土星)은 일명 좌보성(左輔星)이라 부르는데 길성(吉星)이다. 당왕(當旺)한 운(運)이면 충효가 투철하고 의협심이 강하며 오랫동안 부귀를 누릴 수 있다. 특히 작은아들에게 큰 복이 있다. 그러나 만약 쇠사지기(衰死之氣)에 해당하면 소구(小口)가 손상을 당하거나 전염병의 창궐이 있을 수 있다.

8·1 土克水로 克出

당왕(當旺)한 운(運)이면 문재(文才) 및 학업에 매우 유리하며 문관이라면 승진, 영전할 수 있다. 특히 땅과 관련된 업무에 유리하다. 그러나 만약 쇠사지기(衰死之氣)에 해당한다면 빈혈 또는 귓병을 앓기 쉽고 형제간에 불화하며 동업자나 아랫사람이 배역(背逆)하는 일이 있다. 혹 부인이 자식을 기르지 못하거나 어린아이가 물에 빠지는 불행이 생길 수도 있다.

8·2 土土로 比和

당왕(當旺)한 운(運)이면 땅에서 생기는 재물이 많아 부를 누릴 수 있다. 그러나 만약 쇠사지기(衰死之氣)에 해당하면 소화기 계통의 병이 있고, 소구(小口)의 손상이 있거나 개 따위에 물려 다치는 경우가 있다. 바깥에 배반(背反)하는 모양의 사(砂)가 있으면 고향을 등지고 떠나거나, 출가하여 승려가 되거나, 타향에서 객사할 수 있다.

8·3 木克土로 克入

당왕(當旺)한 운(運)이면 땅으로 인해 재물이 생기고 권력도 증강된다. 8·3은 목(木)의 선천생성수이니 합작하면 매우 좋다. 그러나 만약 쇠사지기(衰死之氣)에 해당하면 재(財), 관(官)이 모두 깨어지니 공직에서 물러나 권세까지도 잃게 된다. 소구(小口)는 사지(四肢)가 손상을 받거나 간, 위 등에 병고가 있을 수 있다.

8·4 木克土로 克入

당왕(當旺)한 운(運)이면 주부가 모든 것을 장악하고 전답에서의 소출로 부를 누릴 수 있다. 그러나 만약 쇠사지기(衰死之氣)에 해당하면 소구(小口)의 손상이 있고 부인이 남편의 권세를 빼앗으며 부부간에 불화가 생긴다. 밖에 있으면 교통사고, 선박사고 등이 생길 수도 있다. 혹 산속에 은거하는 도인이라는 소리를 들을 수도 있다.

8·5 土土로 比和

당왕(當旺)한 운(運)이면 재(財), 록(祿)이 크게 발하며 전반적으로 운세가 좋다. 그러나 만약 쇠사지기(衰死之氣)에 해당하면 파재(破財)하거나 근육의 손상이 올 수 있고 소구(小口)에게 병이 있으며 운세도 매우 나빠진다. 소화기 계통의 질병으로 고생하거나 음식중독이 올 수도 있다.

8·6 土生金으로 生出

당왕(當旺)한 운(運)이면 문관으로 입신출세하여 최고의 존영(尊榮)과 부귀복덕(富貴福德)을 누린다. 그러나 만약 쇠사지기(衰死之氣)에 해당하면 비록 8·6 두 길성(吉星)이 있다 해도 부자간에 불화하고 두통, 골격 등에 병이 있을 수 있다.

8·7 土生金으로 生出

당왕(當旺)한 운(運)이면 문관으로 무관의 권력을 쥐게 되고 재록(財祿)을 모두 얻을 수 있으며, 부부 사이에 화목하고 자녀들도 건강하다. 그러나 만약 쇠사지기(衰死之氣)에 해당하면 재산도 흩어지기 쉽고 부부 사이가 나빠지며 사내아이에게 손상이 있을 것이다.

8·8 土土로 比和

당왕(當旺)한 운(運)이면 문재(文才)가 있어 학업에 매우 유리하고 땅에서 소출도 많아 크게 부(富)가 발할 수 있다. 또한 두 개의 길성(吉星)이 함께 문향에 임하니 사업도 흥왕할 것이다. 그러나 만약 쇠사지기(衰死之氣)에 해당하면 사업이 퇴보하여 파재(破財)가 오고, 항상 어깨가 아파 고생할 수 있다.

8·9 火生土로 生入

당왕(當旺)한 운(運)이면 기쁜 일이 겹쳐 오고, 재산은 나라에 버금갈 만하며, 지위는 조정의 반열에 오를 수 있다. 그러나 만약 쇠사지기(衰死之氣)에 해당하면 화염토조(火炎土燥)하니 코, 눈 등에 병이 많고 염증성 복(腹)병, 변혈(便血)이 올 수 있으며 화재의 위험도 있다.

■ **九紫火星**

구자화성(九紫火星)은 일명 우필성(右弼星)이라고도 부른다. 당왕(當旺)한 운(運)이면 뛰어난 문장력으로 과거에 급제하여 영화(榮華)가 한꺼번에 올 것이다. 그러나 만약 쇠사지기(衰死之氣)에 해당한다면 화재나 관재(官災), 토혈증, 정신이상, 눈병, 난산 등이 올 수 있다.

9·1 水克火로 克入

당왕(當旺)한 운(運)이면 집안에 경사가 많고 음양정배(陰陽正配)이며 수화기제(水火既濟)에 해당하니 여자는 아들을 많이 낳을 수 있으며 부귀(富貴)도 크게 누리게 된다. 그러나 만약 쇠사지기(衰死之氣)에 해당하면 중남(中男)이 패락하고 눈, 귀 등에 병이 올 수 있다. 만약 7적금성이 가해지면 화재가 날 수도 있다.

9·2 火生土로 生出

당왕(當旺)한 운(運)이면 전답의 소득이 많은데 어머니가 가업을 관장하게 된다. 그러나 만약 쇠사지기(衰死之氣)에 해당하면 우매한 자식을 낳거나 화재 위험, 열성위장병, 변혈, 눈병, 소화기 쪽에 병이 생길 수도 있다.

9·3 木生火로 生入

당왕(當旺)한 운(運)이면 대청에 등불을 밝힌 것과 같아 권세가 높은 지위에 올라 위세를 널리 떨칠 수 있고, 자녀도 총명하여 뜻을 얻는다. 그러나 만약 쇠사지기(衰死之氣)에 해당하면 음란지겁(淫亂之劫)이 있거나 화재가 있을 수 있다. 남자 아이는 성질이 난폭하여 명예가 실추될 것이다. 식구들 모두 눈병을 앓거나 다리를 다치는 일이 생기기 쉽다.

9·4 木生火로 生入

당왕(當旺)한 운(運)이면 대청에 불을 밝힌 것과 같으니 부영처귀(夫榮妻貴)하고 자녀는 총명하며 특히 문재(文才)가 뛰어나니 재물이 크게 늘고 기쁜 일이 자주 생긴다. 그러나 만약 쇠사지기(衰死之氣)에 해당하면 남녀모두 음란하여 몸도 명예도 모두 폐하고, 사업은 실패하며, 항상 눈병과 허리병 등을 앓게 된다. 자녀는 행실이 음탕하여 집으로 돌아오지 않는다.

9·5 火生土로 生出

당왕(當旺)한 운(運)이면 땅으로 부를 누릴 수 있다. 그러나 만약 쇠사지기(衰死之氣)에 해당하면 우둔한 자식을 낳게 된다. 특히 음기(陰氣)가 집안에 가득 차니 눈을 상한 자식을 낳을 수도 있다. 바깥에 파손된 봉우리가 있으면 자녀들의 이름이 땅에 떨어지며, 집안에는 눈병으로 동자가 상한 사람이 있거나 색으로 인해 성병을 앓는 사람이 있을 수 있다.

9·6 火克金으로 克出

당왕(當旺)한 운(運)이면 문장으로 현달할 수 있는데, 7·8·9가 상호 이어져 있으면 8대 문장이 날 수 있다. 가주(家主)는 건강장수하고 무고(武庫)의 재물도 있을 것이다. 그러나 만약 쇠사지기(衰死之氣)에 해당하면 화소천문(火燒天門)에 해당하니 귀신의 지책(指責)이 있고 특히 집안에 아비를 욕하는 패역자가 나거나 부모를 등지고 출가하여 승려가 되는 자식이 나기 쉽다. 화(火)는 금(金)인 폐(肺)를 극하니 토혈증과 폐결핵을 앓을 수 있다.

9·7 火克金으로 克出

당왕(當旺)한 운(運)이면 남녀 모두 총명 영리하며 뜻밖의 재물이 손에 들어올 수 있다. 그러나 만약 쇠사지기(衰死之氣)에 해당하면 남녀 모두 주색에 탐닉하며 집안은 화재의 위험도 있다. 재산은 모두 흩어지고 폐병을 앓을 수도 있다. 9·7은 선·후천 화(火)를 대표하는 수(數)이니 종래는 화재를 만나거나 관재(官災)를 만나게 된다.

9·8 火生土로 生出

당왕(當旺)한 운(運)이면 전답의 소득이 많고 문관은 승진할 수 있으며, 집안에는 좋은 일이 자주 생긴다. 그러나 만약 쇠사지기(衰死之氣)에 해당하면 화염토조(火炎土燥)하니 우둔한 자식을 낳게 된다. 가족 중에 안질(眼疾)환자가 있거나 위장병으로 고생하는 사람이 있을 수 있다.

9·9 火火로 比火

당왕(當旺)한 운(運)이면 문장이 현달하고 명성이 널리 전해지며, 마치 대청이 휘황찬란한 것과 같으니 정재(丁財)가 함께 크게 발할 것이다. 그러나 만약 쇠사지기(衰死之氣)에 해당하면 딸을 많이 낳고, 남녀 모두 호색(好色)하며, 기둥서방 또는 기생어미가 되기 쉽다. 가족 중에 안질(眼疾)로 실명하는 사람이 생긴다. 이 집에 사는 사람은 혈광지재(血光之災)가 있기 쉽다.

20. 24산(山) 삼원구운(三元九運) 하괘도

▶ 壬坐丙向

7 4 九	2 9 五	9 2 七
8 3 八	6-5+ 一	4 7 三
3 8 四	1 1 六	5 6 二

雙星會坐

6 7 一	2 2 六	4 9 八
5 8 九	7+6- 二	9 4 四
1 3 五	3 1 七	8 5 三

雙星會向

9 6 二	4 2 七	2 4 九
1 5 一	8-7+ 三	6 9 五
5 1 六	3 3 八	7 8 四

雙星會坐

8 9 三	4 4 八	6 2 一
7 1 二	9+8- 四	2 6 六
3 5 七	5 3 九	1 7 五

雙星會向

9 8 四	5 4 九	7 6 二
8 7 三	1+9+ 五	3 2 七
4 3 八	6 5 一	2 1 六

上山下水

3 9 五	7 5 一	5 7 三
4 8 四	2-1+ 六	9 3 八
8 4 九	6 6 二	1 2 七

雙星會坐

2 3 六	7 7 二	9 5 四
1 4 五	3+2- 七	5 9 九
6 8 一	8 6 三	4 1 八

雙星會向

5 2 七	9 7 三	7 9 五
6 1 六	4-3+ 八	2 5 一
1 6 二	8 8 四	3 4 九

雙星會坐

4 5 八	9 9 四	2 7 六
3 6 七	5+4- 九	7 2 二
8 1 三	1 8 五	6 3 一

雙星會向

▶ 子坐午向 / 癸坐丁向

5 6 九	1 1 五	3 8 七
4 7 八	6+5- 一	8 3 三
9 2 四	2 9 六	7 4 二

雙星會向

8 5 一	3 1 六	1 3 八
9 4 九	7-6+ 二	5 8 四
4 9 五	2 2 七	6 7 三

雙星會坐

7 8 二	3 3 七	5 1 九
8 9 一	8+7- 三	1 5 五
2 4 六	4 2 八	9 6 四

雙星會向

1 7 三	5 3 八	3 5 一
2 6 二	9-8+ 四	7 1 六
6 2 七	4 4 九	8 9 五

雙星會坐

2 1 四	6 5 九	4 3 二
3 2 三	1-9- 五	8 7 七
7 6 八	5 4 一	9 8 六

旺山旺向

1 2 五	6 6 一	8 4 三
9 3 四	2+1- 六	4 8 八
5 7 九	7 5 二	3 9 七

雙星會向

4 1 六	8 6 二	6 8 四
5 9 五	3-2+ 七	1 4 九
9 5 一	7 7 三	2 3 八

雙星會坐

3 4 七	8 8 三	1 6 五
2 5 六	4+3- 八	6 1 一
7 9 二	9 7 四	5 2 九

雙星會向

6 3 八	1 8 四	8 1 六
7 2 七	5-4+ 九	3 6 二
2 7 三	9 9 五	4 5 一

雙星會坐

▶ 丑坐未向

5 6 九	9 2 五	7 4 七
6 5 八	4-7+ 一	2 9 三
1 1 四	8 3 六	3 8 二

雙星會坐

6 9 一	1 4 六	8 2 八
7 1 九	5-8- 二	3 6 四
2 5 五	9 3 七	4 7 三

旺山旺向

7 8 二	2 4 七	9 6 九
8 7 一	6-9+ 三	4 2 五
3 3 六	1 5 八	5 1 四

雙星會坐

6 9 三	2 5 八	4 7 一
5 8 二	7+1+ 四	9 3 六
1 4 七	3 6 九	8 2 五

上山下水

9 3 四	4 7 九	2 5 二
1 4 三	8-2- 五	6 9 七
5 8 八	3 6 一	7 1 六

旺山旺向

8 2 五	4 7 一	6 9 三
7 1 四	9+3+ 六	2 5 八
3 6 九	5 8 二	1 4 七

上山下水

9 5 六	5 9 二	7 7 四
8 6 五	1+4- 七	3 2 九
4 1 一	6 8 三	2 3 八

雙星會向

3 6 七	7 1 三	5 8 五
4 7 六	2-5- 八	9 3 一
8 2 二	6 9 四	1 4 九

旺山旺向

2 7 八	7 2 四	9 9 六
1 8 七	3+6- 九	5 4 二
6 3 三	8 1 五	4 5 一

雙星會向

▶ 艮坐坤向 / 寅坐申向

3 8 九	8 3 五	1 1 七
2 9 八	4+7- 一	6 5 三
7 4 四	9 2 六	5 6 二

雙星會向

4 7 一	9 3 六	2 5 八
3 6 九	5+8+ 二	7 1 四
8 2 五	1 4 七	6 9 三

上山下水

5 1 二	1 5 七	3 3 九
4 2 一	6+9- 三	8 7 五
9 6 六	2 4 八	7 8 四

雙星會向

8 2 三	3 6 八	1 4 一
9 3 二	7-1- 四	5 8 六
4 7 七	2 5 九	6 9 五

旺山旺向

7 1 四	3 6 九	5 8 二
6 9 三	8+2+ 五	1 4 七
2 5 八	4 7 一	9 3 六

上山下水

1 4 五	5 8 一	3 6 三
2 5 四	9-3- 六	7 1 八
6 9 九	4 7 二	8 2 七

旺山旺向

2 3 六	6 8 二	4 1 四
3 2 五	1-4+ 七	8 6 九
7 7 一	5 9 三	9 5 八

雙星會坐

1 4 七	6 9 三	8 2 五
9 3 六	2+5+ 八	4 7 一
5 8 二	7 1 四	3 6 九

上山下水

4 5 八	8 1 四	6 3 六
5 4 七	3-6+ 九	1 8 二
9 9 三	7 2 五	2 7 一

雙星會坐

▶ 甲坐庚向

9 2 九	4 7 五	2 9 七
1 1 八	8−3+ 一	6 5 三
5 6 四	3 8 六	7 4 二

雙星會坐

8 5 一	4 9 六	6 7 八
7 6 九	9+4− 二	2 2 四
3 1 五	5 8 七	1 3 三

雙星會向

9 4 二	5 9 七	7 2 九
8 3 一	1+5+ 三	3 7 五
4 8 六	6 1 八	2 6 四

上山下水

3 7 三	7 2 八	5 9 一
4 8 二	2−6− 四	9 4 六
8 3 七	6 1 九	1 5 五

旺山旺向

2 6 四	7 2 九	9 4 二
1 5 三	3+7+ 五	5 9 七
6 1 八	8 3 一	4 8 六

上山下水

5 9 五	9 4 一	7 2 三
6 1 四	4−8− 六	2 6 八
1 5 九	8 3 二	3 7 七

旺山旺向

4 8 六	9 4 二	2 6 四
3 7 五	5+9+ 七	7 2 九
8 3 一	1 5 三	6 1 八

上山下水

7 9 七	2 5 三	9 7 五
8 8 六	6−1+ 八	4 3 一
3 4 二	1 6 四	5 2 九

雙星會坐

6 3 八	2 7 四	4 5 六
5 4 七	7+2− 九	9 9 二
1 8 三	3 6 五	8 1 一

雙星會向

▶ 卯坐酉向 / 乙坐辛向

7 4 九	3 8 五	5 6 七
6 5 八	8+3- 一	1 1 三
2 9 四	4 7 六	9 2 二

雙星會向

1 3 一	5 8 六	3 1 八
2 2 九	9-4+ 二	7 6 四
6 7 五	4 9 七	8 5 三

雙星會坐

2 6 二	6 1 七	4 8 九
3 7 一	1-5- 三	8 3 五
7 2 六	5 9 八	9 4 四

旺山旺向

1 5 三	6 1 八	8 3 一
9 4 二	2+6+ 四	4 8 六
5 9 七	7 2 九	3 7 五

上山下水

4 8 四	8 3 九	6 1 二
5 9 三	3-7- 五	1 5 七
9 4 八	7 2 一	2 6 六

旺山旺向

3 7 五	8 3 一	1 5 三
2 6 四	4+8+ 六	6 1 八
7 2 九	9 4 二	5 9 七

上山下水

6 1 六	1 5 二	8 3 四
7 2 五	5-9- 七	3 7 九
2 6 一	9 4 三	4 8 八

旺山旺向

5 2 七	1 6 三	3 4 五
4 3 六	6+1- 八	8 8 一
9 7 二	2 5 四	7 9 九

雙星會向

8 1 八	3 6 四	1 8 六
9 9 七	7-2+ 九	5 4 二
4 5 三	2 7 五	6 3 一

雙星會坐

▶ 辰坐戌向

8 3 九	4 7 五	6 5 七
7 4 八	9+2- 一	2 9 三
3 8 四	5 6 六	1 1 二

雙星會向

9 2 一	5 7 六	7 9 八
8 1 九	1+3+ 二	3 5 四
4 6 五	6 8 七	2 4 三

上山下水

3 5 二	7 9 七	5 7 九
4 6 一	2-4- 三	9 2 五
8 1 六	6 8 八	1 3 四

旺山旺向

2 6 三	7 1 八	9 8 一
1 7 二	3+5- 四	5 3 六
6 2 七	8 9 九	4 4 五

雙星會向

5 7 四	9 2 九	7 9 二
6 8 三	4-6- 五	2 4 七
1 3 八	8 1 一	3 5 六

旺山旺向

6 6 五	1 2 一	8 4 三
7 5 四	5-7+ 六	3 9 八
2 1 九	9 3 二	4 8 七

雙星會坐

7 9 六	2 4 二	9 2 四
8 1 五	6-8- 七	4 6 九
3 5 一	1 3 三	5 7 八

旺山旺向

6 8 七	2 4 三	4 6 五
5 7 六	7+9+ 八	9 2 一
1 3 二	3 5 四	8 1 九

上山下水

9 9 八	4 5 四	2 7 六
1 8 七	8-1+ 九	6 3 二
5 4 三	3 6 五	7 2 一

雙星會坐

▶ 巽坐乾向 / 巳坐亥向

1 1 九	5 6 五	3 8 七
2 9 八	9−2+ 一	7 4 三
6 5 四	4 7 六	8 3 二

雙星會坐

2 4 一	6 8 六	4 6 八
3 5 九	1−3− 二	8 1 四
7 9 五	5 7 七	9 2 三

旺山旺向

1 3 二	6 8 七	8 1 九
9 2 一	2+4+ 三	4 6 五
5 7 六	7 9 八	3 5 四

上山下水

4 4 三	8 9 八	6 2 一
5 3 二	3−5+ 四	1 7 六
9 8 七	7 1 九	2 6 五

雙星會坐

3 5 四	8 1 九	1 3 二
2 4 三	4+6+ 五	6 8 七
7 9 八	9 2 一	5 7 六

上山下水

4 8 五	9 3 一	2 1 三
3 9 四	5+7− 六	7 5 八
8 4 九	1 2 二	6 6 七

雙星會向

5 7 六	1 3 二	3 5 四
4 6 五	6+8+ 七	8 1 九
9 2 一	2 4 三	7 9 八

上山下水

8 1 七	3 5 三	1 3 五
9 2 六	7−9− 八	5 7 一
4 6 二	2 4 四	6 8 九

旺山旺向

7 2 八	3 6 四	5 4 六
6 3 七	8+1− 九	1 8 二
2 7 三	4 5 五	9 9 一

雙星會向

▶ 丙坐壬向

4 7 九	9 2 五	2 9 七
3 8 八	5+6- 一	7 4 三
8 3 四	1 1 六	6 5 二

雙星會向

7 6 一	2 2 六	9 4 八
8 5 九	6-7+ 二	4 9 四
3 1 五	1 3 七	5 8 三

雙星會坐

6 9 二	2 4 七	4 2 九
5 1 一	7+8- 三	9 6 五
1 5 六	3 3 八	8 7 四

雙星會向

9 8 三	4 4 八	2 6 一
1 7 二	8-9+ 四	6 2 六
5 3 七	3 5 九	7 1 五

雙星會坐

8 9 四	4 5 九	6 7 二
7 8 三	9+1+ 五	2 3 七
3 4 八	5 6 一	1 2 六

上山下水

9 3 五	5 7 一	7 5 三
8 4 四	1+2- 六	3 9 八
4 8 九	6 6 二	2 1 七

雙星會向

3 2 六	7 7 二	5 9 四
4 1 五	2-3+ 七	9 5 九
8 6 一	6 8 三	1 4 八

雙星會坐

2 5 七	7 9 三	9 7 五
1 6 六	3+4- 八	5 2 一
6 1 二	8 8 四	4 3 九

雙星會向

5 4 八	9 9 四	7 2 六
6 3 七	4-5+ 九	2 7 二
1 8 三	8 1 五	3 6 一

雙星會坐

▶ 午坐子向 / 丁坐癸向

6 5 九	1 1 五	8 3 七
7 4 八	5-6+ 一	3 8 三
2 9 四	9 2 六	4 7 二

雙星會坐

5 8 一	1 3 六	3 1 八
4 9 九	6+7- 二	8 5 四
9 4 五	2 2 七	7 6 三

雙星會向

8 7 二	3 3 七	1 5 九
9 6 一	7-8+ 三	5 1 五
4 2 六	2 4 八	6 9 四

雙星會坐

7 1 三	3 5 八	5 3 一
6 2 二	8+9- 四	1 7 六
2 6 七	4 4 九	9 8 五

雙星會向

1 2 四	5 6 九	3 4 二
2 3 三	9-1- 五	7 8 七
6 7 八	4 5 一	8 9 六

旺山旺向

2 1 五	6 6 一	4 8 三
3 9 四	1-2+ 六	8 4 八
7 5 九	5 7 二	9 3 七

雙星會坐

1 4 六	6 8 二	8 6 四
9 5 五	2+3- 七	4 1 九
5 9 一	7 7 三	3 2 八

雙星會向

4 3 七	8 8 三	6 1 五
5 2 六	3-4+ 八	1 6 一
9 7 二	7 9 四	2 5 九

雙星會坐

3 6 八	8 1 四	1 8 六
2 7 七	4+5- 九	6 3 二
7 2 三	9 9 五	5 4 一

雙星會向

▶ 未坐丑向

6 5 九	2 9 五	4 7 七
5 6 八	7+4- 一	9 2 三
1 1 四	3 8 六	8 3 二

雙星會向

9 6 一	4 1 六	2 8 八
1 7 九	8-5- 二	6 3 四
5 2 五	3 9 七	7 4 三

旺山旺向

8 5 二	4 2 七	6 9 九
7 8 一	9+6- 三	2 4 五
3 3 六	5 1 八	1 5 四

雙星會向

9 6 三	5 2 八	7 4 一
8 5 二	1+7+ 四	3 9 六
4 1 七	6 3 九	2 8 五

上山下水

3 9 四	7 4 九	5 2 二
4 1 三	2-8- 五	9 6 七
8 5 八	6 3 一	1 7 六

旺山旺向

2 8 五	7 4 一	9 6 三
1 7 四	3+9+ 六	5 2 八
6 3 九	8 5 二	4 1 七

上山下水

5 9 六	9 5 二	7 7 四
6 8 五	4-1+ 七	2 3 九
1 4 一	8 6 三	3 2 八

雙星會坐

6 3 七	1 7 三	8 5 五
7 4 六	5-2- 八	3 9 一
2 8 二	9 6 四	4 1 九

旺山旺向

7 2 八	2 7 四	9 9 六
8 1 七	6-3+ 九	4 5 二
3 6 三	1 8 五	5 4 一

雙星會坐

▶ 坤坐艮向 / 申坐寅向

8 3 九	3 8 五	1 1 七
9 2 八	7-4+ 一	5 6 三
4 7 四	2 9 六	6 5 二

雙星會坐

7 4 一	3 9 六	5 2 八
6 3 九	8+5+ 二	1 7 四
2 8 五	4 1 七	9 6 三

上山下水

1 5 二	5 1 七	3 3 九
2 4 一	9-6+ 三	7 8 五
6 9 六	4 2 八	8 7 四

雙星會坐

2 8 三	6 3 八	4 1 一
3 9 二	1-7- 四	8 5 六
7 4 七	5 2 九	9 6 五

旺山旺向

1 7 四	6 3 九	8 5 二
9 6 三	2+8+ 五	4 1 七
5 2 八	7 4 一	3 9 六

上山下水

4 1 五	8 5 一	6 3 三
5 2 四	3-9- 六	1 7 八
9 6 九	7 4 二	2 8 七

旺山旺向

3 2 六	8 6 二	1 4 四
2 3 五	4+1- 七	6 8 九
7 7 一	9 5 三	5 9 八

雙星會向

4 1 七	9 6 三	2 8 五
3 9 六	5+2+ 八	7 4 一
8 5 二	1 7 四	6 3 九

上山下水

5 4 八	1 8 四	3 6 六
4 5 七	6+3- 九	8 1 二
9 9 三	2 7 五	7 2 一

雙星會向

▶ 庚坐甲向

2 9 九	7 4 五	9 2 七
1 1 八	3+8- **一**	5 6 三
6 5 四	8 3 六	4 7 二

雙星會向

5 8 一	9 4 六	7 6 八
6 7 九	4-9+ **二**	**2 2** 四
1 3 五	8 5 七	3 1 三

雙星會坐

4 9 二	9 5 七	2 7 九
3 8 一	5+1+ **三**	7 **3** 五
8 4 六	1 6 八	6 2 四

上山下水

7 3 三	2 7 八	9 5 一
8 **4** 二	6-2- **四**	**4** 9 六
3 8 七	1 6 九	5 1 五

旺山旺向

6 2 四	2 7 九	4 9 二
5 1 三	7+3+ **五**	9 **5** 七
1 6 八	3 8 一	8 4 六

上山下水

9 5 五	4 9 一	2 7 三
1 **6** 四	8-4- **六**	**6** 2 八
5 1 九	3 8 二	7 3 七

旺山旺向

8 4 六	4 9 二	6 2 四
7 3 五	9+5+ **七**	2 **7** 九
3 8 一	5 1 三	1 6 八

上山下水

9 7 七	5 2 三	7 9 五
8 8 六	1+6- **八**	3 4 一
4 3 二	6 1 四	2 5 九

雙星會向

3 6 八	7 2 四	5 4 六
4 5 七	2-7+ **九**	**9 9** 二
8 1 三	6 3 五	1 8 一

雙星會坐

▶ 酉坐卯向 / 辛坐乙向

4 7 九	8 3 五	6 5 七	3 1 一	8 5 六	1 3 八	6 2 二	1 6 七	8 4 九
5 6 八	3-8+ 一	1 1 三	2 2 九	4+9- 二	6 7 四	7 3 一	5-1- 三	3 8 五
9 2 四	7 4 六	2 9 二	7 6 五	9 4 七	5 8 三	2 7 六	9 5 八	4 9 四
	雙星會坐			雙星會向			旺山旺向	

5 1 三	1 6 八	3 8 一	8 4 四	3 8 九	1 6 二	7 3 五	3 8 一	5 1 三
4 9 二	6+2+ 四	8 4 六	9 5 三	7-3- 五	5 1 七	6 2 四	8+4+ 六	1 6 八
9 5 七	2 7 九	7 3 五	4 9 八	2 7 一	6 2 六	2 7 九	4 9 二	9 5 七
	上山下水			旺山旺向			上山下水	

1 6 六	5 1 二	3 8 四	2 5 七	6 1 三	4 3 五	1 8 八	6 3 四	8 1 六
2 7 五	9-5- 七	7 3 九	3 4 六	1-6+ 八	8 8 一	9 9 七	2+7- 九	4 5 二
6 2 一	4 9 三	8 4 八	7 9 二	5 2 四	9 7 九	5 4 三	7 2 五	3 6 一
	旺山旺向			雙星會坐			雙星會向	

▶ 戌坐辰向

3 8 九	7 4 五	5 6 七
4 7 八	2-9+ 一	9 2 三
8 3 四	6 5 六	1 1 二

雙星會坐

2 9 一	7 5 六	9 7 八
1 8 九	3+1+ 二	5 3 四
6 4 五	8 6 七	4 2 三

上山下水

5 3 二	9 7 七	7 5 九
6 4 一	4-2- 三	2 9 五
1 8 六	8 6 八	3 1 四

旺山旺向

6 2 三	1 7 八	8 9 一
7 1 二	5-3+ 四	3 5 六
2 6 七	9 8 九	4 4 五

雙星會坐

7 5 四	2 9 九	9 7 二
8 6 三	6-4- 五	4 2 七
3 1 八	1 8 一	5 3 六

旺山旺向

6 6 五	2 1 一	4 8 三
5 7 四	7+5- 六	9 3 八
1 2 九	3 9 二	8 4 七

雙星會향

9 7 六	4 2 二	2 9 四
1 8 五	8-6- 七	6 4 九
5 3 一	3 1 三	7 5 八

旺山旺向

8 6 七	4 2 三	6 4 五
7 5 六	9+7+ 八	2 9 一
3 1 二	5 3 四	1 8 九

上山下水

9 9 八	5 4 四	7 2 六
8 1 七	1+8- 九	3 6 二
4 5 三	6 3 五	2 7 一

雙星會향

▶ 乾坐巽向 / 亥坐巳向

1 1 九	6 5 五	8 3 七	4 2 一	8 6 六	6 4 八	3 1 二	8 6 七	1 8 九
9 2 八	2+9- 一	4 7 三	5 3 九	3-1- 二	1 8 四	2 9 一	4+2+ 三	6 4 五
5 6 四	7 4 六	3 8 二	9 7 五	7 5 七	2 9 三	7 5 六	9 7 八	5 3 四
雙星會向			旺山旺向			上山下水		

4 4 三	9 8 八	2 6 一	5 3 四	1 8 九	3 1 二	8 4 五	3 9 一	1 2 三
3 5 二	5+3- 四	7 1 六	4 2 三	6+4+ 五	8 6 七	9 3 四	7-5+ 六	5 7 八
8 9 七	1 7 九	6 2 五	9 7 八	2 9 一	7 5 六	4 8 九	2 1 二	6 6 七
雙星會向			上山下水			雙星會坐		

7 5 六	3 1 二	5 3 四	1 8 七	5 3 三	3 1 五	2 7 八	6 3 四	4 5 六
6 4 五	8+6+ 七	1 8 九	2 9 六	9-7- 八	7 5 一	3 6 七	1-8+ 九	8 1 二
2 9 一	4 2 三	9 7 八	6 4 二	4 2 四	8 6 九	7 2 三	5 4 五	9 9 一
上山下水			旺山旺向			雙星會坐		

21. 24산(山) 삼원구운(三元九運) 요약 일람

▶ 下卦 壬坐

運	基本格局	城門訣		合十	三盤卦	伏吟 / 反吟	地運(年)	七星打劫
		正	副					
一	雙星會坐					向星滿盤伏吟	80	
二	雙星會向		未				160	七星打劫
三	雙星會坐	辰					80	
四	雙星會向						160	七星打劫
五	上山下水	辰	未				80	
六	雙星會坐	辰					80	
七	雙星會向	辰	未				160	七星打劫
八	雙星會坐		未				80	
九	雙星會向	辰	未			山星滿盤伏吟	160	七星打劫

▶ 替卦 壬坐

運	基本格局	城門訣		合十	三盤卦	伏吟 / 反吟	地運(年)	七星打劫
		正	副					
一	雙星會坐					向星滿盤伏吟	80	
二	財星旺向 丁星兌		未				80	
三	財星艮 丁星下水	辰					120	
四	財星艮 丁星坤						60	
五	財星震 丁星艮	辰	未				40	
六	旺山旺向	辰					100	
七	財星旺向 丁星坤	辰	未				80	
八	財星震 丁星震		未				40	
九	財星坤 丁星下水	辰	未			山星滿盤伏吟	160	

▶ 下卦 子坐

九運	基本格局	城門訣		合十	三盤卦	伏吟 / 反吟	地運(年)	七星打劫
		正	副					
一	雙星會向	巽	坤			向星滿盤反吟	160	七星打劫
二	雙星會坐	巽					80	
三	雙星會向		坤	旺財局			80	七星打劫
四	雙星會坐	巽	坤				80	
五	旺山旺向						80	
六	雙星會向		坤				160	七星打劫
七	雙星會坐			旺丁局			80	
八	雙星會向	巽					160	七星打劫
九	雙星會坐					山星滿盤反吟	80	

▶ 替卦 子坐

九運	基本格局	城門訣		合十	三盤卦	伏吟 / 反吟	地運(年)	七星打劫
		正	副					
一	雙星會向	巽	坤			向星滿盤反吟	160	七星打劫
二	雙星會坐	巽					80	
三	旺山旺向		坤				80	
四	財星坤 丁星旺山	巽	坤				60	
五	旺山旺向						80	
六	雙星會向		坤				160	七星打劫
七	上山下水						80	
八	財星艮 丁星兌	巽		旺財局			60	
九	財星艮 丁星旺山						120	

▶ 下卦 癸坐

九運	基本格局	城門訣		合十	三盤卦	伏吟 / 反吟	地運(年)	七星打劫
		正	副					
一	雙星會向	巳	申			向星滿盤反吟	160	七星打劫
二	雙星會坐	巳					80	
三	雙星會向		申	旺財局			80	七星打劫
四	雙星會坐	巳	申				80	
五	旺山旺向						80	
六	雙星會向		申				160	七星打劫
七	雙星會坐			旺丁局			80	
八	雙星會向	巳					160	七星打劫
九	雙星會坐					山星滿盤反吟	80	

▶ 替卦 癸坐

九運	基本格局	城門訣		合十	三盤卦	伏吟 / 反吟	地運(年)	七星打劫
		正	副					
一	雙星會向	巳	申			向星滿盤反吟	160	七星打劫
二	雙星會坐	巳					80	
三	財星旺向 丁星艮		申				80	
四	旺山旺向	巳	申				100	
五	旺山旺向						80	
六	旺山旺向		申				80	
七	財星坤 丁星下水						60	
八	財星艮 丁星兌	巳		旺財局			60	
九	財星艮 丁星旺山						120	

▶ 下卦 丑坐

九運	基本格局	城門訣		合十	三盤卦	伏吟 / 反吟	地運(年)	七星打劫
		正	副					
一	雙星會坐						120	
二	旺山旺向	庚	丙	旺財局			120	
三	雙星會坐	庚					120	
四	上山下水	庚	丙		父母		120	
五	旺山旺向						120	
六	上山下水	庚			父母		120	
七	雙星會向		丙				60	七星打劫
八	旺山旺向			旺丁局		向星滿盤反吟	120	
九	雙星會向	庚	丙				60	七星打劫

▶ 替卦 丑坐

九運	基本格局	城門訣		合十	三盤卦	伏吟 / 反吟	地運(年)	七星打劫
		正	副					
一	財星乾 丁星坎						160	
二	財星坎 丁星旺山	庚	丙				100	
三	財星坎 丁星旺山	庚					80	
四	財星兌 丁星離	庚	丙				140	
五	財星旺向 丁星兌						120	
六	財星坎 丁星巽	庚					80	
七	財星巽 丁星坎		丙				160	
八	旺山旺向						120	
九	財星旺向 丁星巽	庚	丙				120	

▶ 下卦 艮坐

九運	基本格局	城門訣		合十	三盤卦	伏吟 / 反吟	地運(年)	七星打劫
		正	副					
一	雙星會向	酉	午				120	七星打劫
二	上山下水				父母	山星滿盤伏吟	120	
三	雙星會向		午				60	七星打劫
四	旺山旺向						120	
五	上山下水	酉	午		父母		120	
六	旺山旺向		午				120	
七	雙星會坐	酉					120	
八	上山下水	酉	午		父母	向星滿盤伏吟	120	
九	雙星會坐						120	

▶ 替卦 艮坐

九運	基本格局	城門訣		合十	三盤卦	伏吟 / 反吟	地運(年)	七星打劫
		正	副					
一	財星旺向 丁星離	酉	午				120	
二	財星離 丁星下水						100	
三	雙星會向		午				60	七星打劫
四	旺山旺向						120	
五	財星上山 丁星震	酉	午				120	
六	財星坎 丁星王山		午				160	
七	財星乾 丁星旺山	酉					160	
八	上山下水	酉	午		父母	向星滿盤伏吟	120	
九	財星上山 丁星兌						120	

▶ 下卦 寅坐

九運	基本格局	城門訣		合十	三盤卦	伏吟 / 反吟	地運(年)	七星打劫
		正	副					
一	雙星會向	辛	丁				120	七星打劫
二	上山下水				父母	山星滿盤伏吟	120	
三	雙星會向		丁				60	七星打劫
四	旺山旺向						120	
五	上山下水	辛	丁		父母		120	
六	旺山旺向		丁				120	
七	雙星會坐	辛					120	
八	上山下水	辛	丁		父母	向星滿盤伏吟	120	
九	雙星會坐						120	

▶ 替卦 寅坐

九運	基本格局	城門訣		合十	三盤卦	伏吟 / 反吟	地運(年)	七星打劫
		正	副					
一	財星旺向 丁星離	辛	丁				120	
二	財星兌 丁星下水						140	
三	雙星會向		丁				60	七星打劫
四	旺山旺向						120	
五	財星離 丁星坎	辛	丁				100	
六	財星坎 丁星旺山		丁				100	
七	財星乾 丁星旺山	辛					160	
八	財星上山 丁星震	辛	丁				120	
九	財星上山 丁星兌						120	

▶ 下卦 甲坐

九運	基本格局	城門訣		合十	三盤卦	伏吟 / 反吟	地運(年)	七星打劫
		正	副					
一	雙星會坐		戌				40	
二	雙星會向	未					80	七星打劫
三	上山下水		戌			向星滿盤伏吟	40	
四	旺山旺向		戌	旺財局			40	
五	上山下水	未	戌				40	
六	旺山旺向		戌	旺丁局			40	
七	上山下水	未	戌			山星滿盤伏吟	40	
八	雙星會坐	未					40	
九	雙星會向	未					80	七星打劫

▶ 替卦 甲坐

九運	基本格局	城門訣		合十	三盤卦	伏吟 / 反吟	地運(年)	七星打劫
		正	副					
一	財星入囚 丁星坤		戌				0	
二	財星離 丁星離	未					80	
三	財星上山 丁星乾		戌				40	
四	旺山旺向		戌	旺財局			40	
五	財星坎 丁星離	未	戌				80	
六	財星乾 丁星入囚		戌				20	
七	財星入囚 丁星下水	未	戌				0	
八	財星坤 丁星旺山	未					60	
九	財星旺向 丁星入囚	未					40	

▶ 下卦 卯坐

九運	基本格局	城門訣		合十	三盤卦	伏吟 / 反吟	地運(年)	七星打劫
		正	副					
一	雙星會向	坤					80	七星打劫
二	雙星會坐		乾				40	
三	旺山旺向	坤					40	
四	上山下水	坤					40	
五	旺山旺向						40	
六	上山下水	坤					40	
七	旺山旺向						40	
八	雙星會向		乾				80	七星打劫
九	雙星會坐		乾				40	

▶ 替卦 卯坐

九運	基本格局	城門訣		合十	三盤卦	伏吟 / 反吟	地運(年)	七星打劫
		正	副					
一	財星乾 丁星艮	坤					20	
二	財星坎 丁星旺山		乾				80	
三	旺山旺向	坤					40	
四	上山下水	坤					40	
五	財星旺向 丁星坤						40	
六	財星巽 丁星入囚	坤					20	
七	旺山旺向						40	
八	雙星會向		乾				80	七星打劫
九	雙星會坐		乾				40	

▶ 下卦 乙坐

九運	基本格局	城門訣		合十	三盤卦	伏吟 / 反吟	地運(年)	七星打劫
		正	副					
一	雙星會向	申					80	七星打劫
二	雙星會坐		亥				40	
三	旺山旺向	申					40	
四	上山下水	申					40	
五	旺山旺向						40	
六	上山下水	申					40	
七	旺山旺向						40	
八	雙星會向		亥				80	七星打劫
九	雙星會坐		亥				40	

▶ 替卦 乙坐

九運	基本格局	城門訣		合十	三盤卦	伏吟 / 反吟	地運(年)	七星打劫
		正	副					
一	財星乾 丁星乾	申					20	
二	財星坎 丁星旺山		亥				80	
三	旺山旺向	申					40	
四	財星上山 丁星艮	申					40	
五	財星旺向 丁星坤						40	
六	財星坤 丁星入囚	申					60	
七	旺山旺向						40	
八	雙星會向		亥				80	
九	財星巽 丁星王山		亥				20	

▶ 下卦 辰坐

九運	基本格局	城門訣		合十	三盤卦	伏吟 / 反吟	地運(年)	七星打劫
		正	副					
一	雙星會向	壬					40	七星打劫
二	上山下水		庚		連珠		20	
三	旺山旺向	壬					20	
四	雙星會向		庚			向星滿盤反吟	40	七星打劫
五	旺山旺向						20	
六	雙星會坐		庚			山星滿盤反吟	20	
七	旺山旺向						20	
八	上山下水	壬			連珠		20	
九	雙星會坐		庚				20	

▶ 替卦 辰坐

九運	基本格局	城門訣		合十	三盤卦	伏吟 / 反吟	地運(年)	七星打劫
		正	副					
一	財星旺向 丁星震	壬					20	
二	財星旺向 丁星入囚		庚				160	
三	財星艮 丁星旺山	壬					60	
四	財星旺向 丁星艮		庚				20	
五	雙星會向					八純卦	40	七星打劫
六	財星坤 丁星旺山		庚				60	
七	財星入囚 丁星旺山						0	
八	旺山旺向	壬			連珠		160	
九	財星震 丁星震		庚				40	

▶ 下卦 巽坐

九運	基本格局	城門訣		合十	三盤卦	伏吟 / 反吟	地運(年)	七星打劫
		正	副					
一	雙星會坐		酉	旺丁局			20	
二	旺山旺向	子					20	
三	上山下水		酉		連珠		20	
四	雙星會坐	子				向星滿盤伏吟	20	
五	上山下水	子	酉		連珠		20	
六	雙星會向	子				山星滿盤伏吟	40	七星打劫
七	上山下水	子	酉		連珠		20	
八	旺山旺向		酉				20	
九	雙星會向	子		旺財局			40	七星打劫

▶ 替卦 巽坐

九運	基本格局	城門訣		合十	三盤卦	伏吟 / 反吟	地運(年)	七星打劫
		正	副					
一	雙星會坐		酉				20	
二	財星入囚 丁星旺山	子					0	
三	財星坤 丁星乾		酉				60	
四	財星上山 丁星震	子				向星滿盤伏吟	20	
五	雙星會坐	子	酉			八純卦	20	
六	雙星會向	子					40	七星打劫
七	財星入囚 丁星乾	子	酉				0	
八	旺山旺向		酉				20	
九	財星旺向 丁星兌	子					20	

▶ 下卦 巳坐

九運	基本格局	城門訣		合十	三盤卦	伏吟 / 反吟	地運(年)	七星打劫
		正	副					
一	雙星會坐		辛	旺丁局			20	
二	旺山旺向	癸					20	
三	上山下水		辛		連珠		20	
四	雙星會坐	癸				向星滿盤伏吟	20	
五	上山下水	癸	辛		連珠		20	
六	雙星會向	癸				山星滿盤伏吟	40	七星打劫
七	上山下水	癸	辛		連珠		20	
八	旺山旺向		辛				20	
九	雙星會向	癸		旺財局			40	七星打劫

▶ 替卦 巳坐

九運	基本格局	城門訣		合十	三盤卦	伏吟 / 反吟	地運(年)	七星打劫
		正	副					
一	財星入囚 丁星旺山		辛				0	
二	財星入囚 丁星旺山	癸					0	
三	財星坤 丁星兌		辛				60	
四	財星上山 丁星震	癸				向星滿盤伏吟	20	
五	財丁震	癸	辛			八純卦	20	
六	雙星會向	癸					40	七星打劫
七	財星震 丁星下水	癸	辛				40	
八	旺山旺向		辛				20	
九	財星旺向 丁星入囚	癸					20	

▶ 下卦 丙坐

九運	基本格局	城門訣		合十	三盤卦	伏吟 / 反吟	地運(年)	七星打劫
		正	副					
一	雙星會向	戌	丑			山星滿盤伏吟	20	七星打劫
二	雙星會坐		丑				100	
三	雙星會向	戌	丑				20	七星打劫
四	雙星會坐	戌					100	
五	上山下水	戌	丑				100	
六	雙星會向	戌					20	七星打劫
七	雙星會坐	戌					100	
八	雙星會向		丑				20	七星打劫
九	雙星會坐					向星滿盤伏吟	100	

▶ 替卦 丙坐

九運	基本格局	城門訣		合十	三盤卦	伏吟 / 反吟	地運(年)	七星打劫
		正	副					
一	雙星會向	戌	丑			山星滿盤伏吟	20	七星打劫
二	財星兌 丁星旺山		丑				80	
三	財星上山 丁星艮	戌	丑	旺財局			80	
四	財星坤 丁星艮	戌					100	
五	財星艮 丁星震	戌	丑				120	
六	旺山旺向	戌					100	
七	財星坤 丁星旺山	戌					60	
八	財星震 丁星震		丑				140	
九	財星上山 丁星坤					向星滿盤伏吟	100	

▶ 下卦 午坐

九運	基本格局	城門訣		合十	三盤卦	伏吟 / 反吟	地運(年)	七星打劫
		正	副					
一	雙星會坐					山星滿盤反吟	100	
二	雙星會向	乾					20	七星打劫
三	雙星會坐			旺丁局			100	
四	雙星會向		艮				20	七星打劫
五	旺山旺向						100	
六	雙星會坐		艮				100	
七	雙星會向		艮	旺財局			20	七星打劫
八	雙星會坐	乾					100	
九	雙星會向	乾	艮			向星滿盤反吟	20	七星打劫

▶ 替卦 午坐

九運	基本格局	城門訣		合十	三盤卦	伏吟 / 反吟	地運(年)	七星打劫
		正	副					
一	雙星會坐					山星滿盤反吟	100	
二	雙星會向	乾					20	七星打劫
三	旺山旺向						80	
四	財星旺向 丁星坤		艮				100	
五	旺山旺向						100	
六	雙星會坐		艮				100	
七	上山下水		艮				80	
八	財星兌 丁星艮	乾		旺丁局			140	
九	財星旺向 丁星艮	乾	艮			向星滿盤反吟	20	

▶ 下卦 丁坐

九運	基本格局	城門訣		合十	三盤卦	伏吟 / 反吟	地運(年)	七星打劫
		正	副					
一	雙星會坐					山星滿盤反吟	100	
二	雙星會向	亥					20	七星打劫
三	雙星會坐			旺丁局			100	
四	雙星會向		寅				20	七星打劫
五	旺山旺向						100	
六	雙星會坐		寅				100	
七	雙星會向		寅	旺財局			20	七星打劫
八	雙星會坐	亥					100	
九	雙星會向	亥	寅			向星滿盤反吟	20	七星打劫

▶ 替卦 丁坐

九運	基本格局	城門訣		合十	三盤卦	伏吟 / 反吟	地運(年)	七星打劫
		正	副					
一	雙星會坐					山星滿盤反吟	100	
二	雙星會向	亥					20	七星打劫
三	財星艮 丁星旺山						120	
四	旺山旺向		寅				100	
五	旺山旺向						100	
六	旺山旺向		寅				80	
七	財星上山 丁星坤		寅				80	
八	財星兌 丁星艮	亥		旺丁局			140	
九	財星旺向 丁星艮	亥	寅			向星滿盤反吟	100	

▶ 下卦 未坐

九運	基本格局	城門訣		合十	三盤卦	伏吟 / 反吟	地運(年)	七星打劫
		正	副					
一	雙星會向	甲	壬				120	七星打劫
二	旺山旺向			旺丁局			60	
三	雙星會向		壬				120	七星打劫
四	上山下水	甲			父母		60	
五	旺山旺向						60	
六	上山下水	甲			父母		60	
七	雙星會坐						60	
八	旺山旺向	甲	壬	旺財局			60	
九	雙星會坐						60	

▶ 替卦 未坐

九運	基本格局	城門訣		合十	三盤卦	伏吟 / 反吟	地運(年)	七星打劫
		正	副					
一	財星坎 丁星乾	甲	壬				100	
二	財星旺向 丁星坎						60	
三	財星旺向 丁星坎		壬				60	
四	財星離 丁星兌	甲					100	
五	財星兌 丁星旺山						40	
六	財星巽 丁星坎	甲					20	
七	財星坎 丁星巽						80	
八	旺山旺向	甲	壬	旺財局			60	
九	財星巽 丁星旺山						20	

▶ 下卦 坤坐

九運	基本格局	城門訣		合十	三盤卦	伏吟 / 反吟	地運(年)	七星打劫
		正	副					
一	雙星會坐						60	
二	上山下水	卯	子		父母	向星滿盤伏吟	60	
三	雙星會坐	卯					60	
四	旺山旺向		子				60	
五	上山下水	卯	子		父母		60	
六	旺山旺向		子				60	
七	雙星會向	卯	子				120	七星打劫
八	上山下水				父母	山星滿盤伏吟	60	
九	雙星會向	卯	子				120	七星打劫

▶ 替卦 坤坐

九運	基本格局	城門訣		合十	三盤卦	伏吟 / 反吟	地運(年)	七星打劫
		正	副					
一	財星離 丁星旺山						100	
二	財星上山 丁星離	卯	子			向星滿盤伏吟	60	
三	雙星會坐	卯					60	
四	旺山旺向		子				60	
五	財星震 丁星下水	卯	子				40	
六	財星旺向 丁星坎		子				60	
七	財星旺向 丁星乾	卯	子				60	
八	上山下水					山星滿盤伏吟	60	
九	財星兌 丁星下水	卯	子				40	

▶ 下卦 申坐

九運	基本格局	城門訣		合十	三盤卦	伏吟 / 反吟	地運(年)	七星打劫
		正	副					
一	雙星會坐						60	
二	上山下水	乙	癸		父母	向星滿盤伏吟	60	
三	雙星會坐	乙					60	
四	旺山旺向		癸				60	
五	上山下水	乙	癸		父母		60	
六	旺山旺向		癸				60	
七	雙星會向	乙	癸				120	七星打劫
八	上山下水				父母	山星滿盤伏吟	60	
九	雙星會向	乙	癸				120	七星打劫

▶ 替卦 申坐

九運	基本格局	城門訣		合十	三盤卦	伏吟 / 反吟	地運(年)	七星打劫
		正	副					
一	財星離 丁星旺山						100	
二	財星上山 丁星兌	乙	癸			向星滿盤伏吟	60	
三	雙星會坐	乙					60	
四	旺山旺向		癸				60	
五	財星坎 丁星離	乙	癸				80	
六	財星震 丁星坎		癸				60	
七	財星旺向 丁星乾	乙	癸				60	
八	財星震 丁星下水					山星滿盤伏吟	40	
九	財星兌 丁星下水	乙	癸				40	

▶ 下卦 庚坐

九運	基本格局	城門訣		合十	三盤卦	伏吟 / 反吟	地運(年)	七星打劫
		正	副					
一	雙星會向	丑					100	七星打劫
二	雙星會坐	丑					140	
三	上山下水	丑	辰			山星滿盤伏吟	140	
四	旺山旺向			旺丁局			140	
五	上山下水	丑	辰				140	
六	旺山旺向		辰	旺財局			140	
七	上山下水		辰			向星滿盤伏吟	140	
八	雙星會向	丑					100	七星打劫
九	雙星會坐		辰				140	

▶ 替卦 庚坐

九運	基本格局	城門訣		合十	三盤卦	伏吟 / 反吟	地運(年)	七星打劫
		正	副					
一	財星坤 丁星入囚	丑					120	
二	財星離 丁星離	丑					100	
三	財星乾 丁星下水	丑	辰			山星滿盤伏吟	140	
四	旺山旺向						140	
五	財星離 丁星坎	丑	辰				100	
六	財星入囚 丁星乾		辰				0	
七	財星上山 丁星入囚		辰			向星滿盤伏吟	140	
八	財星旺向 丁星坤	丑					140	
九	財星入囚 丁星旺山		辰				0	

▶ 下卦 酉坐

九運	基本格局	城門訣		合十	三盤卦	伏吟 / 反吟	地運(年)	七星打劫
		正	副					
一	雙星會坐		巽				140	
二	雙星會向		巽				100	七星打劫
三	旺山旺向						140	
四	上山下水	艮	巽				140	
五	旺山旺向						140	
六	上山下水	艮					140	
七	旺山旺向	艮					140	
八	雙星會坐		巽				140	
九	雙星會向	艮					100	七星打劫

▶ 替卦 酉坐

九運	基本格局	城門訣		合十	三盤卦	伏吟 / 反吟	地運(年)	七星打劫
		正	副					
一	財星艮 丁星乾		巽				120	
二	財星旺向 丁星坎		巽				140	
三	旺山旺向						140	
四	上山下水	艮	巽				140	
五	財星坤 丁星旺山						120	
六	財星入囚 丁星巽	艮					0	
七	旺山旺向	艮					140	
八	雙星會坐		巽				140	
九	雙星會向	艮					100	七星打劫

▶ 下卦 辛坐

九運	基本格局	城門訣		合十	三盤卦	伏吟 / 反吟	地運(年)	七星打劫
		正	副					
一	雙星會坐		巳				140	
二	雙星會向		巳				100	七星打劫
三	旺山旺向						140	
四	上山下水	寅	巳				140	
五	旺山旺向						140	
六	上山下水	寅					140	
七	旺山旺向	寅					140	
八	雙星會坐		巳				140	
九	雙星會向	寅					100	七星打劫

▶ 替卦 辛坐

九運	基本格局	城門訣		合十	三盤卦	伏吟 / 反吟	地運(年)	七星打劫
		正	副					
一	財星乾 丁星乾		巳				160	
二	財星旺向 丁星坎		巳				140	
三	旺山旺向						140	
四	財星艮 丁星下水	寅	巳				120	
五	財星坤 丁星旺山						120	
六	財星入囚 丁星坤	寅					0	
七	旺山旺向	寅					140	
八	雙星會坐		巳				140	
九	財星旺向 丁星巽	寅					140	

▶ 下卦 戌坐

九運	基本格局	城門訣		合十	三盤卦	伏吟 / 反吟	地運(年)	七星打劫
		正	副					
一	雙星會坐		甲				160	
二	上山下水	丙			連珠		160	
三	旺山旺向						160	
四	雙星會坐	丙	甲			山星滿盤反吟	160	
五	旺山旺向						160	
六	雙星會向		甲				140	七星打劫
七	旺山旺向	丙					160	
八	上山下水		甲		連珠		160	
九	雙星會向	丙					140	七星打劫

▶ 替卦 戌坐

九運	基本格局	城門訣		合十	三盤卦	伏吟 / 反吟	地運(年)	七星打劫
		正	副					
一	財星艮 丁星旺山		甲				120	
二	財星入囚 丁星旺山	丙					0	
三	財星旺向 丁星艮						160	
四	財星艮 丁星旺山	丙	甲				120	
五	雙星會坐					八純卦	20	
六	財星旺向 丁星坤		甲				160	
七	財星旺向 丁星入囚	丙					160	
八	旺山旺向		甲				20	
九	財星震 丁星震	丙					160	

▶ 下卦 乾坐

九運	基本格局	城門訣		合十	三盤卦	伏吟 / 反吟	地運(年)	七星打劫
		正	副					
一	雙星會向	午		旺財局			140	七星打劫
二	旺山旺向		卯				160	
三	上山下水	午	卯		連珠		160	
四	雙星會向					山星滿盤伏吟	140	七星打劫
五	上山下水	午			連珠		160	
六	雙星會坐	午				向星滿盤伏吟	160	
七	上山下水		卯		連珠		160	
八	旺山旺向	午					160	
九	雙星會坐		卯	旺丁局			160	

▶ 替卦 乾坐

九運	基本格局	城門訣		合十	三盤卦	伏吟 / 反吟	地運(年)	七星打劫
		正	副					
一	雙星會向	午		旺財局			160	七星打劫
二	財星旺向 丁星入囚		卯				160	
三	財星上山 丁星坤	午	卯				160	
四	財星震 丁星下水						160	
五	雙星會向	午	卯			八純卦	160	
六	雙星會坐	午				向星滿盤伏吟	160	
七	財星上山 丁星入囚		卯				160	
八	旺山旺向	午					160	
九	財星兌 丁星旺山		卯				160	

▶ 下卦 亥坐

九運	基本格局	城門訣		合十	三盤卦	伏吟 / 反吟	地運(年)	七星打劫
		正	副					
一	雙星會向	丁		旺財局			140	七星打劫
二	旺山旺向		乙				160	
三	上山下水	丁	乙		連珠		160	
四	雙星會向					山星滿盤伏吟	140	七星打劫
五	上山下水	丁	乙		連珠		160	
六	雙星會坐	丁				向星滿盤伏吟	160	
七	上山下水		乙		連珠		160	
八	旺山旺向	丁					160	
九	雙星會坐		乙	旺丁局			160	

▶ 替卦 亥坐

九運	基本格局	城門訣		合十	三盤卦	伏吟 / 反吟	地運(年)	七星打劫
		正	副					
一	財星旺向 丁星入囚	丁					160	
二	財星旺向 丁星入囚		乙				160	
三	財星兌 丁星坤	丁	乙				160	
四	財星震 丁星下水						160	
五	雙星會向	丁	乙			八純卦	160	
六	雙星會坐	丁				向星滿盤伏吟	160	
七	財星上山 丁星震		乙				160	
八	旺山旺向	丁					160	
九	財星入囚 丁星旺山		乙				160	

참고문헌

[국내도서]

강중탁, 『한국문학과 풍수설』, 백문사, 1988

국립민속박물관 편, 『한국의 풍수지리』, 국립민속박물관, 1992

김광언, 『풍수지리』, 대원사, 1993

김교현, 『부자 되는 현공풍수 이야기』, 한솜미디어, 2006

김기선, 『풍수실무편람』, 형설출판사, 2000

김기선, 『풍수지리학개론』, 형설출판사, 2001

김기선, 『현공풍수지리』, 도서출판 영한, 2004

김동규, 『구성학』, 명문당, 1990

김동규 옮김, 『인자수지』, 명문당, 1999

김두규, 『명산론』, 비봉출판사, 2002

김두규, 『조선 풍수 학인의 생애와 논쟁』, 궁리출판사, 2000

김두규, 『지리신법』, 비봉출판사, 2001

김두규, 『풍수학사전』, 비봉출판사, 2005

김득황, 『한국사상사』, 대지문화사, 1978

김명제, 『팔십팔향진결』, 명문당, 2000

김선술·석한섭, 『눈을 뜨면 땅속이 보인다』, 백산출판사, 2001

김석주, 『양택과 풍수』, 우석, 2003

김석주, 『풍수지리실무』, 좋은글, 2002

김석진, 『대산주역강의 1·2·3』, 한길사, 2000

김영소, 『만산도』, 명문당, 1996

김영소, 『지리십결』, 명문당, 1989

김은용·여운일·홍정원, 『정통 하락이수대전』, 명문당, 1984

김종문, 『풍수패철』, 도야출판사, 2001

김종윤, 『최씨유산록』, 광장, 1980

김종철, 『명당요결』, 오성출판사, 2000

대한역빕연구소 옮김, 『신증 천기대요』, 대지문화사, 1983

류호기·권도훈 편역, 『玄空秘旨』, 祥元文化社, 2014

리귀홍, 『도선국사 풍수비법』, 나남출판, 2006

문길여, 『구성학의 기초』, 가림M&B, 2001

박시익, 『한국의 풍수지리와 건축』, 일빛, 1999

박시익, 『풍수지리와 현대건축』, 기문당, 1992
백남대, 『상·장례의 역사와 문화』, 들샘, 2012
백남대, 『제·의례학』, 자미원, 2013
백남대, 『地理輯要』, 오성미디어, 2007
백남대, 『풍수지리 좌향론』, 북랜드, 2009
백남철, 『오운육기학』, 한림의학사, 1979
백운기, 『명당보감』, 남산당, 1983
손정고, 『풍수지리해설집』, 신지서원, 2002
송길룡, 『라경과 산지생기』, 오성문화사, 1995
송길룡, 『풍수지리 좌향법』, 오성, 2000
신광주, 『정통 풍수지리학 원전 1·2·3』, 명당출판사, 1994
신 평, 『고전풍수학 설심부』, 관음출판사, 2001
신 평, 『신나경연구』, 동학사, 1996
신 평, 『나경15층미론』, 현문, 2004
오상익, 『장경(금낭경)』, 동학사, 1999
와타나베 요시오(이화 옮김), 『동아시아 풍수사상』, 이학사, 2010
유종근·최영주, 『한국풍수의 원리 1·2』, 동학사, 1997
윤갑원, 『도선통맥지리』, 지선당, 2005
윤갑원, 『반평의 진리』, 지선당, 2003
윤갑원, 『정통통맥지리』, 지선당, 1999
이몽일, 『한국풍수사상사』, 명보문화사, 1991
이세복·이우영, 『정통풍수의 이론과 방법』, 동학사, 1997
이수학회, 『풍수정설』, 대흥기획, 1989
이준기·김강동, 『지리진보 전·후』, 문현사, 1986
이익중, 『길한 터 흉한 터』, 동학사, 1994
이중환(이익성 옮김), 『택리지』, 을유문화사, 2003
이천교, 『하락이수 해설』, 가람출판사, 1997
이호일, 『조선의 왕릉』, 가람기획, 2004
이황(조남국 옮김), 『성학십도』, 교육과학사, 1995
임창재, 『감결도록』, 인문사, 1997
임창재, 『역리 풍수지리학서』, 인문사, 1996
조정동(김경훈 옮김), 『양택삼요』, 자연과 삶, 2003
조정동(신평 옮김), 『지리오결』, 동학사, 2005

장용득, 『명당론』, 남영문화사, 1980
장태상, 『풍수총론』, 전통문화사, 2000
정경연, 『부자 되는 양택풍수』, 평단, 2005
조석필, 『태백산맥은 없다』, 사람과산, 1997
조선광문회, 『산경표』, 민속원, 1995
조술래, 『玄空紫白訣譯解』, 전통문화사, 2004
지창룡, 『한국지리총람』, 명문당, 1994
차진원, 『감여 萬歲曆』, 자미원, 2013
차진원, 『풍수지리의 근간 堪輿相地學』, 상상커뮤니케이션, 2007
차진원, 『풍수지리의 원론 堪輿相地學』, 도서출판 영한, 2010
청오선생, 『원본 청오경』, 명문당, 1992
村山智順(최길성 옮김), 『조선의 풍수』, 민음사, 1991
최래옥, 『한국구비전설의 연구』, 일조각, 1981
최창조, 『한국의 풍수사상』, 민음사, 1993
최명우, 『현공풍수』, 답게, 2005
한동석, 『우주변화의 원리』, 행림출판사, 1966
한중수 편역, 『지리대전』, 한림원, 1989
현진상, 『한글 산경표』, 풀빛, 2000
홍준연, 『한국사상의 이해』, 박영사, 1995

[외국도서]

沈竹礽, 『沈氏玄空學 上·下』, 武陵出版有限公司, 2004
沈竹礽, 『地理辨正抉要』, 武陵出版有限公司, 2000
臥龍山人, 『自看家宅風水』, 香港快澤有限公司, 1992
王其亨, 『風水理論硏究』, 天津大學出版社, 1992
王德循, 『地理眞傳』, 竹林書局, 1985
楊筠松, 『正三元楊公祖師心法』, 武陵出版有限公司, 1999
楊筠松, 『撼龍經疑龍經』, 武陵出版有限公司, 2003
楊筠松, 『楊公開門放水經』, 武陵出版有限公司, 1999
楊筠松, 『靑囊經』, 武陵出版有限公司, 1995
楊發達, 『陰宅總論』, 竹林書局, 1976
梁貴博, 『地理綜合水法』, 武陵出版有限公司, 1994

梁湘潤, 『堪輿辭典』, 行卯出版社, 1996
梁湘潤, 『陽宅辭典』, 行卯出版社, 1995
葉九升, 『挨星闡微』, 武陵出版有限公司, 1992
劉公中, 『堪輿闢謬傳眞』, 武陵出版有限公司, 1992
尹一勺, 『地理四秘傳書』, 武陵出版有限公司, 2001
曾子南, 『水龍經』, 瑞成書局, 2002
蔣大鴻, 『地理辨正疏』, 武陵出版有限公司, 2000
張子微, 『玉髓眞經 上·下』, 森夏出版社, 2002
趙九峯, 『地理五訣』, 瑞成書局, 2000
鐘義明, 『玄空現代住宅學』, 武陵出版有限公司, 1993
鐘義明, 『中國堪輿名人小傳記』, 武陵出版有限公司, 1996

풍수지리학개론

초판 발행 2015년 2월 25일
2쇄 발행 2024년 9월 25일
저 자 백남대 · 이강대
펴낸이 변창훈
펴낸곳 대구한의대학교 출판부
주 소 712-715 경북 경산시 한의대로 1
전 화 053-819-1577,1578
등 록 1987년 11월 21일
ISBN 978-89-94999-44-9

정가 · 18,000원